全国高速铁路客运乘务专业规划教材

总主编 鄢向荣

形象设计与化妆技巧

XINGXIANG SHEJI YU HUAZHUANG JIQIAO

朱淑靖 陈曦 主编

胡家莹 赵倩 罗敏 副主编

张姝 刘亚琼 胡凤群 蓝穆 参编

IM

旅游教育出版社

·北京·

图书在版编目（CIP）数据

形象设计与化妆技巧 / 朱淑靖，陈曦主编. -- 北京：旅游教育出版社，2023.7

全国高速铁路客运乘务专业规划教材

ISBN 978-7-5637-4575-3

Ⅰ. ①形… Ⅱ. ①朱… ②陈… Ⅲ. ①高速铁路－乘务人员－形象－设计－高等职业教育－教材②高速铁路－乘务人员－化妆－高等职业教育－教材 Ⅳ. ①F530.9

中国国家版本馆CIP数据核字(2023)第115033号

全国高速铁路客运乘务专业规划教材

形象设计与化妆技巧

朱淑靖　陈曦　主编

胡家莹　赵倩　罗敏　副主编

张姝　刘亚琼　胡凤群　蓝穆　参编

策　　划	刘彦会
责任编辑	何　玲
出版单位	旅游教育出版社
地　　址	北京市朝阳区定福庄南里 1 号
邮　　编	100024
发行电话	（010）65778403　65728372　65767462（传真）
本社网址	www.tepcb.com
E - mail	tepfx@163.com
排版单位	北京旅教文化传播有限公司
印刷单位	唐山玺诚印务有限公司
经销单位	新华书店
开　　本	710 毫米 ×1000 毫米　1/16
印　　张	20.5
字　　数	260 千字
版　　次	2023 年 7 月第 1 版
印　　次	2023 年 7 月第 1 次印刷
定　　价	39.00 元

（图书如有装订差错请与发行部联系）

前　言

伴随着我国铁路"八纵八横"路网布局形成，"十四五"时期铁路规划预计2025年底全国铁路营业里程将达16.5万千米，其中高速铁路（含部分城际铁路）5万千米，且在超过50万人口的城市覆盖率高达95%以上，基本形成"全国123高铁出行圈"。在实现铁路高质量发展跃上新台阶的同时，社会也急需各类高铁人才，尤其是对服务于旅客的一线乘务人员岗位人才的需求更为迫切。

高铁乘务服务工作人员在工作中需要具备阳光亲和的微笑、美丽大方的职业妆容、规范标准的着装、训练有素的礼仪形象等专业的职业素养。本教程针对高铁岗位职业形象的要求，提炼典型工作任务，从高铁乘务类专业学生的发型、妆容、服饰、仪态等方面进行了细致、周全的规范，以"外塑形象，内强素质"为培养目标，使学生掌握高铁乘务服务人员的审美标准，具备良好的职业形象、职业风范，为学生适应职业岗位形象要求、顺利就业奠定良好基础。

本教程在内容上具体分为四个模块：形象塑造基础知识、职业仪容形象塑造、职业仪表形象塑造、职业仪态形象塑造。形成了四大特色：第一，化繁为简，紧紧围绕高铁乘务各岗位形象塑造的核心要求，精心组织编排教学内容。第二，系统性强，基本涵盖了高铁乘务人员形象塑造的重要方面，从个人的外在形象规范和个体差别性形象设计，从面部妆容到举手投足进行全方位的指导。第三，实操针对性强，以职业能力培养为目标，搭建理论与实践一体化的教学平台，通过省级在线开放课程（可扫描本书附录中二维码观看）的导入，强化课程内容，从而优化教学效果，切实提高学生的职业形象塑造能力。学生可以用电脑端（PC端）登录https://www.xueyinonline.com/

detail/237164207，或用手机端（移动端）下载“学习通”APP搜索“形象设计与化妆技巧”课程，免费注册账号，进行学习。第四，趣味性强，通过大量图片（部分图片为方便读者查看彩色效果配有彩图二维码）、案例及视频材料来和现实充分联系，并以二维码的形式配备了每章的“思考与练习”的参考答案，可扫描本书附录中二维码查看，实现在生动有趣的学习中取得进步的效果。

本教材为校企合作教材，由学校和企业专家共同编撰，针对性和实用性强。全书共分四个模块，十八章。具体编写分工为：江西环境工程职业学院朱淑靖负责起草制订编写大纲、视频统筹拍摄，编写了第二章、第六章、第十章、第十一章；襄阳职业技术学院陈曦负责全书统稿，编写了第一章、第十五章、第十六章、第十七章；江西环境工程职业学院胡家莹负责全书的图片拍摄及视频拍摄；襄阳职业技术学院赵倩负责编写第三章、第四章、第五章；江西环境工程职业学院罗敏负责编写第十二章、第十三章、第十四章；江西环境工程职业学院张姝负责编写第八章、第九章；江西环境工程职业学院刘亚琼负责编写第七章；中国铁路武汉局集团有限公司武汉职工教育培训基地胡凤群负责编写第十八章；艾慕彩妆造型职业培训中心蓝穆负责材料编写前期的资料收集及在线资源拍摄。

在本教材的编写过程中，教材编写团队参考了大量的相关专业书籍和文献，通过铁路官网和各类学习平台查阅相关知识点，并拍摄了大量乘务员和学生的图片，力求做到理论知识够用、技能实训内容丰富、实用性和可操作性强。在此，对相关书籍、文章的作者及为本书提供图片和素材的人员深表感谢！由于编者水平有限，书中难免有所纰漏，敬请读者批评指正！

编者

2023年3月

目 录

Contents

模块一 形象塑造基础知识

模块二 职业仪容形象塑造

模块三　仪表形象塑造

模块四 职业仪态形象塑造

模块一

形象塑造基础知识

第一章 形象设计概述

引 言

好形象是人生的一种资本，充分利用它不仅能给你的日常生活添色加彩，更有助于你的人生一帆风顺。形象是对外展示的窗口，每个人都通过自己的形象让他人认识自己，而周围的人也会通过这种形象对你做出认可或不认可的判断。来自别人的评价不一定都是客观的，对于形象的评价会随每个人的层次不同而各异，然而要想在与人交流时留给对方一个良好的印象，你必须具备良好的形象。这种形象不仅包括人的外貌与装扮，而且还包括言谈、举止、表情、姿势等能够反映人的内在本质的内容。

学习目标

知识目标

1. 理解形象设计的概念、内容和意义；

2. 领会形象设计的方法和原则。

技能目标

能根据高铁服务人员职业形象塑造要求进行自我审视。

第一章

导学案例

张小楠和王丽丽同为高铁乘务专业毕业生，两人同时应聘武汉铁路局动车组乘务员。面试当天，张小楠素面朝天、穿着自己最喜爱的休闲长裙和白球鞋，而王丽丽则化着淡妆、穿着一套黑色的职业装前去面试。最后结果可想而知，只有王丽丽通过了面试当上了乘务员，而张小楠却名落孙山。张小楠站在考场外，看着身边化着精致的淡妆、穿着职业装束的应聘者们，终于明白自己输在了哪里。

点评：“以貌取人”并不是现代才流行起来，早在公元6世纪的唐朝，就有了以貌取人的制度。唐代选官曾有“身、言、书、判”的标准。由此可见，以貌取人的思想早已经在人们的头脑中根深蒂固了。如今，以貌取人已经渗透到我们生活的方方面面，不仅影响着我们正常的人际交流，甚至还影响着事业发展。有时候，它的影响力化成一种竞争力，成为加速成功的通行证。利用自己出众的仪表来加快成功速度的例子比比皆是，而因外在因素被挡在成功大门之外的却也不在少数。外貌在一定程度上已成为衡量一个人竞争力的标准之一。

原来铁路公司对乘务人员的要求并不只是学历那么简单，平庸的长相和不拘小节的装束打扮让张小楠的竞争力大打折扣。

第一节 形象塑造的内涵

一、职业形象塑造的概念

1. 形象塑造

形象塑造又称形象设计，主要是分析人的外观和造型的关于视觉传达的一种设计，处于设计和艺术的学科交叉地带。在不少西方国家，形象设计属于实用美学范畴，是塑造人整体形象的一门理论学科，它涉及化妆、服饰、发型、美学、礼仪以及心理学等多门学科，源于1950年美国的舞台美术，最初被应用于时装表演行业。

2. 形象

形象指能引起人的思想或感情活动的具体形态或姿态，是人们通过视觉、听觉、嗅觉、触觉等对一件物品或一个人物产生的整体感受。从心理学的角度来看，形象就是人们通过视觉、听觉、触觉、味觉等各种感觉器官在大脑中形成的关于某种事物的整体印象，简言之是知觉，即各种感觉的再现。有一点认识非常重要：形象不是事物本身，而是人们对事物的感知，不同的人对同一事物的感知不会完全相同，因而其正确性受到人的意识和认知过程的影响。由于意识具有主观能动性，因此事物在人们头脑中形成的不同形象会对人的行为产生不同的影响。

3. 个人形象

个人形象是指能够引起公众感知并做出整体评价的个人的内在素质与外显表现等印象的总和；也就是一个人的外表或容貌也是一个人内在品质的外部反映，它是反映一个人内在修养的窗口。从心理学的角度来看，他人通过观察、聆听、气味和接触等各种感觉形成对某个人的整体印象，简单地说，个人形象是指公众对个人感知和评价的总和。

个人形象并不等于个人本身，而是他人对个人的外在感知。不同的人对同一个人的感知不会是完全相同的，因为它的正确性被人的主观意识所影响，在认知过程中在人的大脑中产生了不同的形象。社会学者普遍认为一个人的形象在人格发展及社会关系中扮演着举足轻重的角色。人类容貌的改变有一定的理论可做依循，主要取决于人类的基因、年龄和病变等。

对个人形象的感知其实体现出个人的社会认知感。个人形象不仅体现在衣食住行等方面，而且是在社会活动以及社会交流过程中体现出来的自我认同以及认知自我的过程，那么这种个人形象自然和心理活动有着密切的联系。

维护在别人面前的个人形象的原因体现在以下几个方面：首先个人形象反映着个人的素养，其次个人形象能够客观地反映个人真实的生活状态，再次个人形象体现出交流过程中个人的意愿，最后个人形象和工作有着直接的联系。个人形象既是个人发展的需求，也是社会发展对于个人的要求。

4. 职业形象

职业形象是指在职场中公众面前树立的印象，具体包括外在形象、品德修养、专业能力和知识结构这四大方面。它是通过衣着打扮、言谈举止等反映出一个人的专业态度、技术和技能等。

职业形象需要严格恪守一些原则性尺度。其中最为关键的就是职业形象要尊重区域文化的要求。不同文化背景的公司肯定对个人的职业形象有不同的要求，绝对不能我行我素破坏文化的制约，否则受损的永远是职业人自己。其次，不同的行业、不同的企业，因为集体倾向性的存在，只有在你的职业形象符合主流趋势时，才能促进自己职业的升值。

二、职业形象塑造的内容

职业形象包括多种因素：外表形象、知识结构、品德修养、沟通能力等。如果把职业形象比作一座大厦的话，外表形象好比大厦外墙，知识结构就是地基，品德修养是大厦的钢筋骨架，沟通能力则是连接大厦内部以及大厦与外界的通道。因此，职业形象塑造应该是由内而外的综合设计工程，外在显性形象塑造和内在气质修炼缺一不可。

（一）外在形象塑造

外在形象具体包括六个方面，亦称个人形象六要素。第一是仪容。仪容，是指一个人个人形体的基本外观。第二是表情。表情，通常主要是一个人的面部表情。第三是举止。举止，指的是人们的肢体动作。第四是服饰。服饰，是对人们穿着的服装和佩戴的首饰的统称。第五是谈吐。谈吐，即一个人的言谈话语。第六是待人接物。所谓待人接物，具体是指与他人相处时的表现，亦即为人处世的态度。

（二）内在气质修炼

气质是指人相对稳定的个性特征、风格以及气度。一个人的真正魅力主要在于特有的气质，这种气质对同性和异性都有吸引力，这是一种内在的人格魅力。

气质美首先表现在丰富的内心世界。理想则是内心丰富的一个重要方面，因为理想是人生的动力和目标，没有理想的追求，内心空虚贫乏，是谈不上气质美的。品德是气质美的另一重要方面，为人诚恳、心地善良是不可缺少的。文化水平也在一定程度上影响着人的气质。此外，还要胸襟开阔，内心安然。

气质美看似无形，实为有形。它是通过一个人对待生活的态度、个性特征、言行举止等表现出来的。气质外化在一个人的举手投足之间。走路的步态，待人接物的风度，皆属气质。朋友初交，互相打量，立即产生好的印象。这种好感除了来自言谈之外，就是来自作风举止了。热情而不轻浮，大方而不傲慢，就表露出一种高雅的气质。狂热浮躁或自命不凡，就是气质低劣的表现。

气质美还表现在性格上。性格开朗、潇洒大方的人，往往表现出一种聪慧的气质；性格开朗、温文尔雅的人，多显露出高洁的气质；性格爽直、风格豪放的人，气质多表现为粗犷；性格温和、风度秀丽端庄的人，气质则表现为恬静……无论聪慧、高洁，还是粗犷、恬静，都能产生一定的美感。相反，刁钻奸猾、孤傲冷僻或卑劣萎靡的气质，除了使人厌恶以外，绝无美感可言。而富有感情的人，在气质上当然更添风采。

高雅的兴趣是气质美的又一种表现。例如，爱好文学并有一定的表达能力，欣赏音乐且有较好的乐感，喜欢美术且有基本的色调感，等等。

当然，单纯地在乎外表或者单纯地注重内在的美，都是对个人形象概念的片面解释，只有二者的完美结合才能体现一个人的修养。一个人良好的形象能适应各种场合，给他人留下深刻的印象，以及获得社会的好评。

案例一

古时候，有一位年轻帅气的小伙子，是雕刻师，专门雕刻钟馗的石碑。年复一年日复一日，突然有一天，年轻帅气的小伙子发现自己的样貌变得非常狰狞，他心里很害怕、也很苦恼。于是他来到一座寺庙祈福。他告诉神明：他一生都没有做过坏事，对工作也是尽心尽力，但不知为什么老天要惩罚他，让他变得丑陋不堪。这时，一位得道高僧听到了小伙子的苦恼，便询问他是做什么的。小伙子说自己是做雕刻的。得道高僧又问他雕刻什么图案。小伙子告知是雕刻钟馗。得道高僧哈哈大笑说："想恢复你从前的样貌并不难，就是从此不要再雕钟馗了，你就改雕弥勒佛。"自此以后，年轻小伙子不仅恢复了从前的样貌，而且样貌变得更加和蔼可亲。

三、职业形象塑造的意义

美国一位形象设计专家对美国财富排行榜前300位中的100人进行过调查，调查的结果是：97%的人认为，如果一个人具有非常有魅力的外表，那么他在公司里会有很多升迁的机会；92%的人认为，他们不会挑选不懂得穿着的人做自己的秘书；93%的人认为，他们会因为求职者在面试时的穿着不得体而不予录用。

所以，不管你愿意与否，你时刻带给别人的都是关于你的形象的一种直接印象。当两个人初次见面的时候，第一印象中的55%是来自你的外表，包括你的仪容衣着、发型等；38%来自一个人的仪态和声音，包括你举手投足之间传达出来的气质，说话的语气、语调等；而只有7%来源于交谈的内容。也就是说，第一印象中的93%都是关于你的外表形象的。现代社会竞争日益激烈，良好的个人形象是树立自信心乃至事业成功的金拐杖。

（一）打造专业化职业印象的重要手段

心理学研究发现，与一个人初次会面，45秒钟内就能产生第一印象。它主要是获得了对方的性别、年龄、长相、表情、姿态、身材、衣着打扮等方面的印象，判断对方的内在素养和个性特征。这一最先的印象对他人的社会知觉产生较强的影响，并且在对方的头脑中形成并占据着主导地位。而且这种先入为主的第一印象是人的普遍的主观性倾向，会直接影响到以后的一系列行为。在现实生活中，首因效应所形成的第一印象常常影响着人们对他人以后的评价和看法。

因此，高铁客运服务中，我们要努力塑造符合高铁专业要求的职业形象，包括发型、着装、表情、言谈举止、待人接物、女士的化妆及饰品等。通过得体的职业形象塑造在旅客心中留下严谨专业的美好印象，这将有利于后续服务工作的顺利开展。

（二）展示铁路企业形象的重要窗口

塑造自身的完美形象既是对自身的关爱，也是对别人的尊重，更是企业形象外在表现的关键。

企业形象完全是每一位员工形象的综合体现。每个人的自身形象不只是代表自己，还代表所处企业的形象。这使得我们更要注意和培养自己良好的个人形象，使个人形象和企业形象相互依存、相互促进。

因此，高铁服务人员作为一线服务岗位人员是铁路企业服务质量的展示窗口，旅客对于服务人员工作的满意度直接影响着其对该企业的认可度。因此，高铁客运服务人员更加需要时刻保持良好的职业形象，以饱满的热情、专业化的技能大方得体地为旅客提供服务，为铁路企业赢得良好的声誉，助力铁路企业树立良好的社会形象。

（三）沟通旅客的有效工具

俗话说“人靠衣装马靠鞍”，商业心理学的研究告诉我们，人与人之间的沟通所产生的影响力和信任度来自语言、声音和形象三个方面。它们的重要性所占比例是：语言内容占 7%，声音占 38%，视觉（即形象）占 55%，由此可见形象的重要性。而服装作为形象塑造中的第一外表，成为众人关注的焦点。一个人的形象就是自己的未来。在当今激烈竞争的社会中，一个人的形象远比人们想象的更为重要。一个人的形象应该为自己增辉。当形象成为有效的沟通工具时，塑造和维护个人形象就成了一种投资，长期持续下去会带来丰厚的回报，让美的价值积累，让个人消费增值。没有什么比一个人许多内在的东西都没有机会展示，还没领到通行证就被拒之门外的损失更大了。

总而言之，成功的形象是事业成功的一个重要的游戏规则。外表可以为你事业的成功起着推波助澜的作用，也可以破坏或阻挡你事业的顺利发展。一个成功的形象，展示给人们的是自信、尊严、力量、能力，不仅仅反映在对别人的视觉效果中，同时也是一种外在辅助工具。它让我们对自己的言行有了更高的要求，能立刻唤起我们内在沉积的优良素质，通过我们的穿着、微笑、目光接触、握手等一举一动，让我们浑身都散发着成功者的魅力，让我们做事业时事半功倍。

每个人都有自己的主导风格，每一种风格都有着它独特的优势和本色形象。形象设计的根本目的是对原有的不完善形象进行改造或重新构建，扬长避短，使自己的本色形象更加完美，营造出“更像自己”的自然境界。

● 案例二

曾经有一位著名的心理学家做过这样一个令人深思的实验。他让两个学生来参加自己的实验，测试的两位学生学历相同，知识水平也差不多。心理学家让两位学生在相同的时间内做相同的30道题，并且让他们只做对其中的一半，但是要求学生甲尽量做对靠前的题目，大多数出现在前15道题目中，而让学生乙做对的题目靠后，几乎都出现在后15道题中，然后让一些被试对这两个学生进行评价和判断：这两者相比较，谁更聪明一些？

测试的结果发现，大多数的被试都认为学生甲更聪明一些，而学生乙相对来说稍微差一些，尽管这两位学生的成绩是一样的。心理学家说，这就是第一印象的影响。

第二节 职业形象塑造的原则和方法

讨　论

乘坐动车，乘务员端庄的相貌、修饰得体的容貌、恰到好处的发型、怡人清新的味道、发自内心的微笑，犹如一股春风扑面而来，迎接着来自四面八方的朋友们。那么，高铁客运服务人员应该如何塑造自己得体的形象呢？

一、职业形象塑造的原则

形象，并不是一个简单的穿衣、外表、长相、发型、化妆的组合概念，而是一个综合的全面素质，一个外表与内在结合的在流动中留下的印象。因此，个人形象是一个多要素的组合系统，构成个人形象的要素包括有理念系统的构成要素、行为系统的构成要素、视觉系统的构成要素等方方面面，各要素之间不是孤立的，而是互相联系的，形成一个形象体系，因此在职业形象塑造时需要遵循一定原则。

（一）客观与求实的原则

职业形象的塑造的目的是实现自我、改善自我和超越自我。它像中药一样是只能改善体质，并非能起死回生的灵丹妙药。可以说是主观作用于客观，主客观和谐统一，而客观性是塑造的基础。个人形象的塑造可以站得高一些，但不能随意脱离个人的实际加以拔高，像作家搞艺术典型化那样去驰骋想象，树“高、大、全”“假、大、空”的所谓典型人物。只有客观地、实事求是从个人的实际出发，通过对个人形象的调查、分析，才有坚定可靠的基础。只有这样，对职业形象的定位才会符合个人的实际。

（二）协调性与和谐性的原则

协调，是指配合得当。职业形象塑造应当强调搭配得当。一个人因为协调而美，五官的协调、身材的协调、气质的协调、风度的协调，协调就是美。协调指整体各部分的协调，各子系统的协调，含有全局的观点与整体的观点，这是基于各子系统相互配合从而产生最佳效果的深刻内涵。

对一个人的形象来说，协调包括三个层次：一是指外观方面的协调。如美容化妆、服装打扮等的协调，按照每一个人的先天条件，如搭配得当、对比匀称就会使人赏心悦目，就能达到协调美的目的。二是行为的协调。这是指行为与动作上的协调，如说的与做的一致，从而达到最佳效果。三是指思想与行为的协调。思想指导行为，也就是要心口一致，想的与说的和做的一致，这样高度协调，才能达到协调美的境界。反之，就会成为思想的巨人，行动的矮子，就无所谓协调可言，而是思想与行为的脱节和分离。在这里还必须强调指出的是，个人本身三个层次之间不仅要注意协调，而且还要学会与人协调、与自然协调，才能在人际关系与自然环境中舒适地生活、朝气蓬勃、茁壮成长。

职业形象塑造不仅应当强调协调，还要达到和谐美的目的。要使设计的职业形象与自己所扮演的角色、与集体形象相一致，与自己的精神、气质相吻合，还要与本人的发展目标、与所处人际网络、与时代环境相和谐。

（三）弹性和发展的原则

随着信息社会的推进，人际关系交流沟通频率的提高，生活群体更新速度的加快，在不同的场合和环境中，应富有弹性的风姿美，使风姿或含蓄、或挥洒，运用自如，适度得体。这种可扬可抑、可进可退的风姿调节能力对个人职业形象的设计与塑造十分重要，因为富有弹性的风姿魅力无穷。这就要求个人形象设计之初，就应具有弹性，留有余地，让个人职业形象能自我完美地向前发展，因为任何事物都是在动态中向前发展的。事实上，具有弹性的职业形象，具备扩张力和辐射力，能轻易地支持个人向更广、更高、更深的领域进军，使个人形象更丰满、更有特色、更有魅力。

（四）系统性与完整性的原则

职业形象塑造不是一朝一夕、一蹴而就的，它需要一砖一瓦、一针一线、一言一行、一举一动的日积月累，经过经常性、长期性、艰巨性、系统性的工作才能塑造好。既不能把个人形象塑造当作一种权宜之计，也不能当作形象促销的一般策略。所谓整体性是指以个人实力展示个人形象，而不是零敲碎击、支离破碎地传递个人形象的某些信息。因此，必须在个人形象统一的目标、宗旨、精神、文化等指导下规范化、标准化地表现出一个系统整齐划一的形象。

总而言之，职业形象塑造是一项系统工程，有其复杂的一面，也有其自身的规律。因此，在进行个人形象设计时，应当对个人形象的各个要素进行研究，探索塑造个人形象的规律和方法，并以此为指导，才能把个人形象塑造好，使之更具有吸引人的魅力。

（五）个性化的原则

个性主要是指个人先天所具有加上后天磨炼与修养形成的独特的性格、气质、思维方式和行为规律。个性是个人形象魅力的核心所在，也可以说是个人形象的标识与符号。有了个性，就有了灵魂，便能将自己的形象激活，给人以强烈的冲击，从而能够在公众中独树一帜，卓尔不群，形成与众不同的形象符号。个性烙上个人的印记，把自己与别人区别开来。

比如，提起卓别林，人们立即联想起他留着八字髯、手持拐杖、穿着一双大头皮鞋迈着八字步的形象；回忆鲁迅，就在眼前浮现他那根根直立的头发，那一字形浓重的胡子；同样说起陈佩斯，也会使人想起他的大光头、一张圆脸和一双小眼以及滑稽的表情。在这里，可以说明卓别林、鲁迅、陈佩斯在公众心目中的形象已经个性化、符号化。

因此，在塑造个人职业形象时要注意突出与强化自己的个性，即善于发现并挖掘出属于自己的独特的形体特征、独特的身体语言、独特的思维方式、独特的生活方式、独特的兴趣和爱好以及具有人情味的性格等。这样的独特个性更为可信，更容易有自己特定的标识符号。只有独特的、有个性的东西，才有存在的价值，才有生命力。相反，雷同的、千篇一律的东西没有存在的价值，缺乏生命力。

二、职业形象塑造的方法

（一）培养良好的职业心理

职业心理是指个体在职业选择、职业角色扮演、职业适应、职业形象塑造等活动过程中的心理过程、心理状态和心理特征。

个体的职业心理是其个性的心理与所从事职业的相互作用而形成的。个体根据自己的能力、气质、性格和兴趣偏好而去选择、从事、适应一定的职业，在长期的职业活动中，有意无意地按照职业的需求去工作、行动，因而必然打上所从事职业的烙印，形成特定的职业心理。

1. 职业选择心理

职业选择，指个体依据、运用掌握的职业信息，从自己的职业需要、职业兴趣、职业价值观出发，结合自己的素质特点，寻求合适职业的决策过程。

根据美国职业指导专家霍兴德的职业的人格类型理论，每种人格类型都有相应的职业兴趣和感兴趣的职业，从中也可以看出不同个体的职业选择心理。霍兰德把人格划分成六种类型：实际型、研究型、艺术型、社会型、企业型和传统型。实际型：喜欢有规则的具体劳动和需要基本操作技能的工作，典型职业包括技能型和技术性的职业，如农民、修理工、摄影师、制图员、机械装配工等。研究型：喜欢智力的、抽象的、分析的及独立的定向任务这类研究性质的工作，典型职业包括科学研究人员、教师、工程师等。艺术型：喜欢富有想象和创意、自由、具有艺术性质的工作和环境，典型职业包括演员、画家、设计师、歌手、音乐家、诗人、作家等。社会型：喜欢社会交往、关心社会问题、乐于教导和帮助他人，典型职业包括教师、教育行政人员、咨询人员、公关人员等。企业型：喜欢从事领导及企业性质的职业，典型职业包括政府官员、企业领导、销售人员等。传统型：喜欢有系统有条理的工作任务，典型职业包括秘书、公务员、会计、图书馆馆员、出纳等。

2. 职业适应

个体在进入职业岗位后，心理上必然要发生变化。实际的工作岗位与原来想象中的岗位总是有一定差距的。个体需要对职业及自己所做出的选择作进一步了解、评定，探测自己的职业发展方向、途径，以争取自己在职业中的成功。在职业道路中，个体还会碰到职业中的种种变动、职业与家庭生活的协调等许多问题。要解决好这些问题，保证个人积极成长，最终保证职业生涯的发展，都涉及个体对职业的心理适应问题。

个体要增强自身对职业的适应能力，应培养良好的职业心理素质。首先，个体应对自己的能力、智力、性格等方面有一个客观、准确的了解，并积极进行自我教育，把握与适应周围的环境。其次，个体应对自己将从事的职业进行全面了解，逐步培养自己对职业岗位的认同感，从而积极主动地投入职业工作。最后，针对自己在职业适应中的不良情绪反应，个体要培养坚强的意志品质予以克服或采取有效的方法予以疏导。

3. 职业角色扮演心理

职业角色是个体在一生中所扮演的几个最关键的角色之一。从心理的角度讲，个体在进行职业角色扮演时应注意以下几个方面的问题。

第一，个体要培养良好的职业角色意识。所谓职业角色意识，是指职业承担者对自己所承担的职业角色的看法和认识。如果个体对自己所承担的职业角色非常明确，即职业角色知觉良好，在职业角色行为中能够做出正确的判断，他所担任的职业任务就会完成得很好，也就更容易塑造出良好的职业形象。

第二，个体要加强对职业角色的学习。职业角色学习主要包括两个方面：一是学习职业角色的权利、义务和规范；二是学习职业角色的知觉、情感和态度。前者是职业角色的“硬件”，后者是职业角色的“软件”。例如，一个企业的工人，不但要知道工人的职责、各种规章制度，而且对工作要积极热情，要培养形成“爱岗敬业”的良好意识，从而使自己真正成为一名合格的工人这一职业角色。

第三，要培养良好的职业角色扮演心理素质。在职业角色扮演中，个体会遇到各种各样的问题，特别是遇到角色冲突的情况，这时就需要有一种过硬的心理素质。

（二）培养良好的职业道德精神

职业道德是人们在一定的职业活动范围内所遵守的行为规范，用以调整职业内部、职业与职业之间、职业与社会之间的各种关系。各行各业尽管千差万别，但都有各自的职业道德，它是社会道德在职业行为中的特殊表现。

在现代社会，职业道德是一种高度社会化的角色道德。它不仅是社会道德系统中的一个有特色的、新兴的分支，而且是一个较有代表性、起中坚作用的道德层面。它具有道德的时代特征，是现实社会的主体道德；它具有社会公共性和示范性，是一种实践化的道德。职业道德是一个社会组织面向社会现实实现自身价值的重要标准，起着对外树立行业形象，对内培养和考评人员素质、协调和统一群体风格的作用。

对个体而言，职业道德精神或意识的培养，是塑造其良好的职业形象的关键。

（三）培养良好的职业能力

职业能力是个体职业形象塑造的主体。职业能力的培养包括职业技能的培养、职业创新能力的培养、职业角色转换能力的培养等方面。

1. 职业技能的培养

掌握良好的职业技能是个体从事职业活动的前提。而且在科学技术日益发展的现代社会里，对职业技能的要求越来越高。为此，个体必须通过各种形式的教育和培训，掌握各种职业技能和科学知识，才能适应现代职业的发展。一方面，要勤于业务钻研，不断提高自己的业务能力，做到不仅能胜任自己所承担的工作任务，而且效果、水平是“高、精、尖”的；另一方面，要树立终身学习的观念，不断进行知识积累、更新。特别是在当今知识经济时代，知识就是财富，知识对个体的职业活动越来越具有决定性的影响或作用。

2. 职业创新能力的培养

在职业能力当中，创新能力是关键。创新能力不仅表现为知识的摄取、改组和运用，而且是一种追求创新的意识，是一种发现问题、积极探究的心理取向，是一种善于把握机会的敏锐性，是一种积极改变自己并改造环境的应变能力。在职业活动中，个体创新能力的强弱，直接影响其所承担的职业任务效果的高低。为此，个体首先必须树立创新意识，要善于创造性地开展工作；其次，个体在职业实践中，要有目的、有意识地加强对自身的创造性思维训练，培养自己的想象力、创造力等。

3. 职业角色转换能力的培养

随着社会、经济的发展，职业结构也随之在不断发展变化。以我国为例，随着经济体制的转轨和产业结构的调整，人们就业的方式逐渐多元化，而且职业之间的流动、转换日益频繁。以往更多的是一生只从事一项工作、一种职业，但在今日科技发达的时代中，社会变迁快速，社会流动性大，如都市人口的膨胀使得失业人群增加，而新地区的再次开发又引起就业需求增加，出现了就业和失业的大轮回。因此，无论是地域上的横向流动，还是代际职业、个人职业的升降等综合流动都有加剧的趋势。这就要求个体培养良好的职业角色转换能力，以适应新的职业角色要求。

案例三

令人羡慕的新娘

总台接待员王丽丽新婚后第一天上班，衣着光鲜，满脸幸福。一身合体的红色毛料套裙，手上戴着红宝石戒指，脸上新娘妆犹存，与平时判若两人。女伴们围着她看了又看，羡慕不已。到点了，王丽丽换好工作服站在前台，面带微笑迎接客人。老住客李总外出到前台交钥匙，微笑着说：“王小姐，以后得叫你新娘子啦，祝福你哦！”相识的钱太太带着钱先生来办入住手续，看见王丽丽的戒指，对钱先生说：“结婚纪念日不要买红宝石啦，给我买个蓝宝石戒指吧，红宝石太惹眼啦。”王丽丽听了不以为然，“哼，没眼光！红色多喜庆”，她轻轻撇了一下嘴。

（资料来源：黄海燕，王培英．旅游服务人员礼仪［M］．天津：南开大学出版社，2006.）

问题：前台服务员王丽丽在上岗期间错在哪里？

第三节 高铁职业形象塑造的要求

一、职业道德要求

职业道德不仅是从业人员在职业活动中的行为标准和要求，而且是本行业对社会所承担的道德责任和义务。职业道德是社会道德在职业生活中的具体化。

（一）爱岗敬业，忠于职守

高铁服务工作是与人打交道的工作，服务人员的一言一行所表现的不仅是个人素质和形象，它直接影响运输企业乃至国家的形象，所以高铁服务人员必须有爱国、爱企业的道德素质，有强烈的事业心和责任感，有良好的职业道德，这是做好服务工作的前提。

案例四

铁路故事：顾全大局舍小家，无私奉献为大家

杨丽萍一家三口均在铁路系统工作，她每隔3天回一趟家；丈夫石志成每隔4天回一趟家，儿子石磊每隔7天回一趟家，周而复始，很难有一次圆满的团聚。儿子石磊说：“在自己的记忆中，从小到大父母从来就没有陪自己去过一次游乐场，父母没有带他到奶奶家过上一个春节。”但是21年间，杨丽萍从未因圆自己的团圆梦而向车间请过一次假，就连张罗自己儿子的结婚大事都是利用自己的休息时间一点一滴地去筹备，从未因个人的事情向领导请假，给领导出难题。同事们都劝她说：“21年了，没在家过过一个团圆年，今年新过门的儿媳妇头一次在家过年，干脆请假算了。”可她摇摇头说：“每年春运都是我们最繁忙的时候，加挂车人员紧张，不能给领导找麻烦。”

（资料来源：中国铁道论坛）

（二）真诚热情，耐心服务

高铁对旅客服务要热情真诚。真诚是人类永恒不变的价值取向和道德标准，真诚让人与人之间靠得更近，让服务表现更加出色。为此，我们在服务过程中应当常怀一颗真诚无欺的心，与人为善、与己为善，真诚地去做好一切服务工作。同时服务过程中要有耐心，注重工作方法，多从旅客角度考虑，学会换位思考，细心、耐心为旅客服务。

案例五

铁路故事：特殊的旅客

7月2日晚接到车队通知：7月3日K603次列车上有一名坐轮椅的残疾旅客要乘车到山西霍州。北京站台上运京车队第五包乘组列车长看到坐轮椅的旅客，询问核实后，与乘务员将其推上车。列车长郑建霞将该特殊旅客调整到离厕所最近的铺位，途中乘务员细心为该旅客清理铺位、送水，为其送去晚餐。为了方便这位残疾旅客，列车长临时为他配备一台对讲机，受到旅客的赞扬。

（资料来源：中国铁道论坛）

（三）尊重同事，长于协作

协作精神是高铁服务人员应有的素质。高铁各部门都是以班组为单位开展工作的，每个班组由多个岗位组成，成员之间互相牵制多，需要纵向与横向紧密合作，如果高铁服务人员缺乏协作精神，个人意志太强，或者独断专行，工作秩序就会打乱，工作就要出问题。具有良好的协作精神，就能提高工作效率，增加工作收益，并能为建立和谐单位、和谐社会以及为社会经济快速发展做出更大的贡献。

案例六

铁路故事：耐心讲解规章标准，悉心打造精干高徒

俗话说："一枝独放不是春"，作为乘务车间的骨干，每当有新入路、新转岗的人员，车间都会安排杨丽萍承当起当师傅的重任，杨丽萍对徒弟工作上严格管理，一丝不苟，生活上嘘寒问暖，关爱有加，使得徒弟在工作期间能够全身心地投入没有后顾之忧。人常说"严师出高徒"，在她的点拨及引导下，她所带的20余名徒弟均已定职上岗，而且个个表现出色，好多人还通过自己的努力担任广播员、行李员、列车值班员以及列车长等重要岗位，使得保安全、落标准的美丽之花在列车上处处盛开。

（资料来源：中国铁道论坛）

二、心理素质要求

（一）要有敬业精神

顾客是上帝，善待每一位旅客是对旅客服务的最高宗旨，也是对所有高铁从业人员的职业要求。铁路客运服务每天工作量极大，节假日加班对于高铁服务人员而言就是家常便饭，因此，没有奉献精神是做不好这个职业的。

（二）具备积极乐观的精神和吃苦耐劳的品质

高铁服务人员在工作中往往会遇到各种困难和压力，只有具备积极乐观的精神和吃苦耐劳的品质才能顺利解决各种问题；而且每天都要面对形形色色的客人，对不同的人每天都要保持笑脸相迎，这不是一件容易的事情，所以必须具备乐观的心态。

（三）要具备应变能力

因为高铁从业人员的服务对象是旅客，因此还需要具备灵活应对各种突发事件的能力。在客运服务过程中，要始终保持清醒的头脑、处变不惊、沉着应变方能提供优质满意服务。

（四）要具备情绪管理能力

客运服务过程中会遇到形形色色的旅客，当面对旅客的刁蛮和误解时，

高铁服务人员要勇于承受，耐心做好解释、安抚工作；要管理好自己的情绪，始终保持微笑服务。

三、形象气质要求

（一）身体素质

高铁服务人员要求身体强健，必须能够承受长时间持续工作。具体身高要求是男生在 170~185cm，女生身高在 160~175cm；五官端正、肤色好、形象气质佳、身体健康、身材匀称、性格开朗，口齿清楚，普通话流利，英文发音基本准确，无明显内外八字步、O 形腿；无色盲、色弱、斜眼，听力不低于 5 米；面部、颈部、手部无明显疤痕，无久治不愈的皮肤病，无精神病史及癫痫病史，肝功能正常，无肾炎、传染病及各类慢性疾病。

（二）外在形象要求

一名合格的高铁服务人员，除了在服务过程中通过对旅客的关爱、周到的服务，体现其高尚品质与素养的心灵美之外，外表上的容貌美往往能够给旅客留下完美的第一印象，拉近与旅客的距离，促进服务的顺利进行。铁路服务人员的形象决定着旅客对铁路企业的印象，显示着铁路企业服务品牌的内涵和价值。

因此，铁路企业要求员工上岗时要化淡妆，妆容要简约、清丽、素雅，具有鲜明的立体感为宜，给人以深刻的印象。总体来说，就是要清淡而又传神，恰到好处地充分展现个人的光彩与魅力，主要修饰面颊、眉眼和唇部，不能过分突出性别特性，不过分引人注目。

发型要求大方利落，男性为短发，要求前不覆额、后不及颈；女性为盘发，露出额头、不要刘海儿，女性短发者两侧的短发不能遮住脸颊。

服装方面一律要求穿制服，不同岗位制服的颜色式样不同（见图 1-1 高铁制服）。

图 1-1　高铁制服

（三）内在气质要求

高铁服务人员属于服务行业的从业人员，因此，对高铁服务人员的气质定位为优雅、大方、谦和、可亲、严谨、稳重。具体体现在甜美的微笑、亲切的话语、谦逊的态度、周到的服务等方面。将美好的外部形象和优雅大方有机结合，努力给旅客留下较深的好印象，是成功开展对旅客服务的重要前提。

四、服务行为规范

高铁服务人员的服务行为规范，主要是指高铁服务人员在对旅客服务中的站立、行走、动作、姿态等方面的行为标准和服务要求。它是旅客评价服务质量的重要标准之一。高铁服务人员的行为规范可以反映他的性格和心灵，举止大方文雅、热情有礼，会给旅客带来良好的感受，使旅客愿意选择高铁出行，形成良好的企业印象。

因此，高铁服务人员要在对旅客服务时努力给旅客留下挺拔健美、热情亲切、专业干练的印象；行走时要“灵、轻、稳”，不要给旅客留下慌张杂乱的感觉；坐姿要“稳、正”；重点做到“六勤”：眼勤、口勤、耳勤、手勤、腿勤、脑勤。

眼勤指眼里有活。在对旅客服务过程中眼睛密切关注旅客，主动发现旅客需求。口勤指见到旅客主动打招呼，热情询问旅客需求，主动介绍服务设施的使用方法，主动提醒旅客安全注意事项。耳勤是指多听取旅客好的意见和建议。手勤指多用手提供系列服务。腿勤指多主动巡视、走动服务。脑勤指工作中勤于思考，为提高服务质量多动脑筋想办法，特别是在处理突发事件或各种矛盾冲突时，更加需要开动脑筋。

总之，高铁服务人员在对旅客服务过程中要做到“三要”“四心”“五主动”。其中“三要”是指接待旅客要文明礼貌，纠正违章要态度和蔼，处理问题要实事求是。“四心”是指对待旅客热心，解决事情耐心，接受建议虚心，工作认真细心。“五主动”是指主动迎送旅客，主动扶老携幼，主动解决旅客困难，主动介绍旅客须知，主动征求旅客意见。有了这些良好的行为规范，才能为旅客提供满意服务。

知识链接

《铁路旅客运输服务质量标准》

3.3.4 仪容仪表

3.3.4.1 按季节统一着装，整洁大方，佩戴职务标志。胸章佩戴在上衣左胸口袋上方正中，上衣左胸无口袋时，佩戴在相应位置；臂章（职务标志）佩戴在上衣左袖肩下四指处。客运员以上职务同时佩戴胸臂章。

3.3.4.2 精神饱满，仪容整洁，举止大方，表情自然。女客运人员可淡妆上岗。仪容仪表做到“十不”：不歪戴帽子，不挽袖筒和裤腿，不敞胸露怀，不赤足穿鞋，不穿高跟鞋（足跟高不超过4cm）、钉子鞋、拖鞋，不戴首饰，不留长指甲，不染彩色指甲、头发，男不留胡须、长发，女发不过肩。

3.3.4.3 立岗姿势：挺胸、收腹，两脚跟并拢，脚尖略分开，双手自然垂直。迎送列车时，足踏白线，目迎目送，从列车进入站台开始至开出站台为止。

3.3.4.4 举止稳重，姿态端庄。服务岗位做到“四不”，不背手、叉腰、抱膀、插兜，不高声喧哗、嬉笑打闹、勾肩搭背，不在旅客面前吃食物、吸烟、剔牙齿，不出现其他不文明、不礼貌的动作。

本章小结

认识形象设计的意义和内涵是学好形象设计课程的基础。本章主要阐述了形象设计的内涵，讨论了内在形象设计和外在形象设计的关系，确定了形象设计的具体内容和方法，明确了高铁服务形象塑造的具体要求。

思考与练习

一、选择题

1. 形象塑造，又称______，主要是分析人的外观和造型的关于视觉传达的一种设计。

A. 形象设计　　B. 形象管理　　C. 形体塑造

2. 高铁服务人员在行走时要______、______、______。

A. 灵　　B. 轻　　C. 稳　　D. 缓

3. 商业心理学的研究告诉我们，人与人之间的沟通所产生的影响力和信任度，是来自语言、语调和______三个方面。

A. 形象　　B. 性格　　C. 行为　　D. 态度

二、填空题

1. 高铁服务人员要求身体强健，必须能够承受长时间持续工作。具体身高要求是男生在______；女生身高在______。

2. 铁路企业要求员工上岗时要化______，妆容要简约、清丽、素雅。

3. 气质是指人相对稳定的______、______以及气度。

三、简答题

1. 简述个人形象六要素。

2. 高铁服务人员如何做到“三要”“四心”“五主动”。

四、实训题

1. 讨论：修身是否有利于职业形象塑造?

2. 分组实训：小组成员之间互相观察，指出仪容仪态方面是否有不符合大学生形象的地方，并提出改造意见。

第二章

形象设计的色彩基础

引　言

在人类物质生活和精神生活发展的过程中，色彩始终焕发着神奇的魅力。人们不仅发现、观察、创造、欣赏着绚丽缤纷的色彩世界，还通过日久天长的时代变迁不断深化着对色彩的认识和运用。人们对色彩的认识、运用过程是从感性升华到理性的过程。所谓理性色彩，就是借助人所独具的判断、推理、演绎等抽象思维能力，将从大自然中直接感受到的纷繁复杂的色彩印象予以规律性地揭示，从而形成色彩的理论和法则，并运用于色彩实践。

学习目标

知识目标

1. 了解色彩形成的要素；
2. 了解色彩的分类；
3. 掌握色彩色调间的关系。

技能目标

1. 能掌握色彩的情感意义和视觉心理效应；
2. 能根据人体色彩结构对自我人体色彩认知；
3. 能根据四季色彩的特征正确选择自我对应色彩。

导学案例

1666 年，牛顿在一间漆黑的房间进行了著名的色散实验，他只在窗户上开一条窄缝，让太阳光射进来并通过一个三角形挂体的玻璃三棱镜。结果出现了意外的奇迹：在对面墙上出现了一条七色组成的光带，而不是一片白光，七色按红、橙、黄、绿、青、蓝、紫的顺序一色紧挨一色地排列着，极像雨过天晴时出现的彩虹。同时，七色光束如果再通过一个三棱镜还能还原成白光。这条七色光带就是太阳光谱。

点评：太阳光谱是一种不同波长的吸收光谱，分为可见光与不可见光两部分。可见光的波长为 400~760nm，散射后分为红、橙、黄、绿、青、蓝、紫七色，集中起来则为白光。不可见光，又分为两种：位于红光之外区的叫红外线，波长大于 760nm，最长达 5300nm；位于紫光之外区的叫紫外线，波长 290~400nm。太阳光具有明显生物效应，植物在太阳光作用下可发生合成作用，动物皮肤在太阳光作用下维生素 D 发生转换作用。红外线具有巨大的热效应，紫外线有明显杀菌作用等。

第一节 色彩原理基础

在人类物质生活和精神生活发展的过程中，色彩始终焕发着神奇的魅力。人们不仅发现、观察、创造、欣赏着绚丽缤纷的色彩世界，还通过日久天长的时代变迁不断深化着对色彩的认识和运用。人们对色彩的认识、运用过程是从感性升华到理性的过程。所谓理性色彩，就是借助人所独具的判断、推理、演绎等抽象思维能力，将从大自然中直接感受到的纷繁复杂的色彩印象予以规律性地揭示，从而形成色彩的理论和法则，并运用于色彩实践。

一、色彩的形成

色彩是以色光为主体的客观存在，对于人则是一种视像感觉，产生这种感觉基于三种因素：一是光；二是物体对光的反射；三是人的视觉器官——眼。即不同波长的可见光投射到物体上，有一部分波长的光被吸收，一部分波长的光被反射出来刺激人的眼睛，经过视神经传递到大脑，形成对物体的色彩信息，即人的色彩感觉。人类最基本的视觉经验得出了一个最朴素也是最重要的结论：没有光就没有色。白天使人们能看到五色的物体，但在漆黑无光的夜晚就什么也看不见了。倘若有灯光照明，则光照到哪里，便又可看到物像及其色彩了。所以，颜色是通过眼、脑和我们的生活经验所产生的一种对光的视觉印象。

美国光学学会（Optical Society of America）的色度学委会对色彩定义为：色彩是除了空间和时间的不均匀以外的光的一种特性，即光的辐射刺激人的视网膜，使观察者通过视觉而获得的景象。我国国家标准 GB/T5698—1985《颜色术语》中，将颜色的定义为：色是光作用于人眼的视觉特性，而人的视觉特性是受大脑支配的，也是一种心理反应。所以，色彩感觉不仅与物体本来的颜色特性有关，而且还受时间、空间、外表状态以及该物体的周围环境的影响，同时还受各人的经历、记忆力、看法和视觉敏感度等各种因素的影响。

二、色彩的种类

科学研究表明，人的肉眼可以分辨出的颜色多达几百万种，要将它们细分差别进行命名是非常困难的。因此，色彩学家将色彩分成了三类：有彩色、无彩色以及特殊色，以便于我们更好地学习和研究。

牛顿用三棱镜将太阳光分解出红、橙、黄、绿、青、蓝、紫七种色彩，这七色便是太阳光谱中的可见光，我们也称之为有彩色或基本色（见图 2-1 有彩色）。其中红、黄、蓝这三种颜色可以两两相加形成其他颜色，却不能由别的颜色混合而来，所以红、黄、蓝为三原色，也被称为“母色”或第一次色。基本色之间不同量的混合以及与黑、白、灰三色之间不同量的混合会产生成千上万种有彩色。

彩图2-1

图 2-1　有彩色

无彩色（见图 2-2 无彩色），即黑、白、灰不带颜色的色彩，黑色和白色是具有不变唯一性，但灰色却有多种色阶（或称色度差）。黑、白、灰在色彩体系中非常重要，在颜料中也有着重要作用。例如当一种有彩色的颜料里加入白色，这个颜色就会变得明亮起来，相反，在一种有彩色的颜料里加入黑色，这个颜色就会变得比较深暗，而加入黑色与白色混合的灰色时，将失去原有的鲜艳度。

彩图2-2

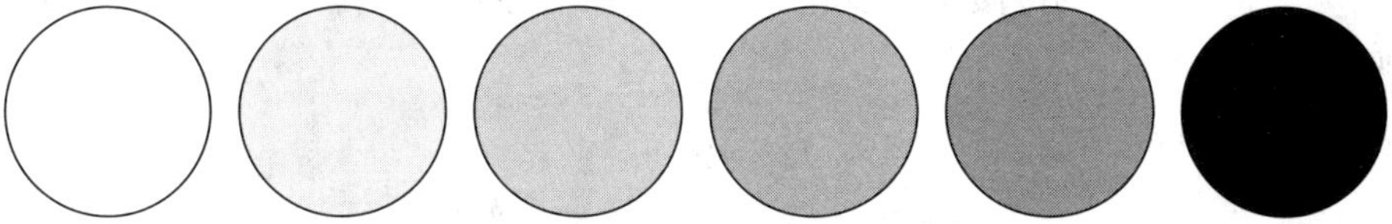

图 2-2　无彩色

特殊色是根本无法用无彩色或者有彩色调出来的颜色，如金色、银色、钢铁色、琥珀色、珠光色、玉色等（见图 2-3 特殊色）。

彩图2-3

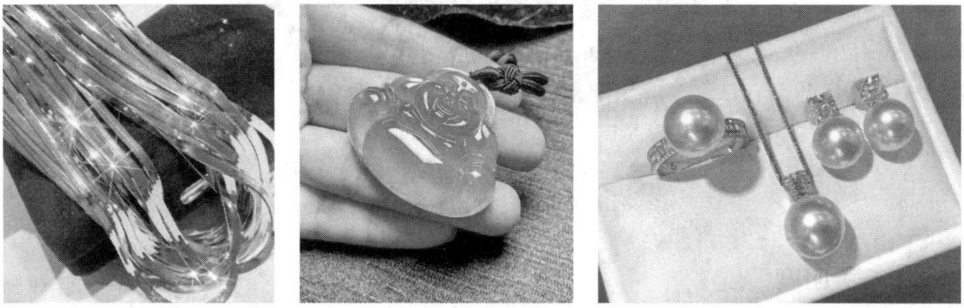

图 2-3　特殊色

三、色彩的属性

色彩是多种多样的，有鲜艳、柔和、明亮、暗沉各类深浅不同的颜色，要用人类的眼睛去辨别，需要考虑的是色彩的三个属性，即色相、明度和彩度，这也是界定色彩感官识别的基础。灵活应用三属性变化是塑造形象的基础。

（一）色相

色相（见图 2-4 基本色相图）是色彩的“相貌”和“特征”，用来区分和辨别不同的颜色，是色彩命名的标准。不同颜色呈现的是不同色相，如红色、黄色、绿色等，而相似的颜色也能呈现不同的色相差异，如红色系列中有大红、粉红、朱红、玫瑰红等。色相在形象设计中占了主导作用，色彩的丰富性、色的冷暖感以及色彩的心理和情感属性都是通过色相的对比体现出来。

彩图2-4

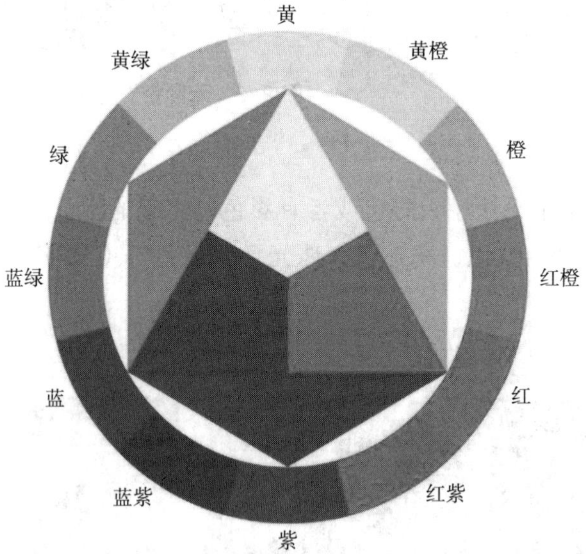

图 2-4　基本色相图

（二）明度

明度（见图 2-5 明度高低色标图），顾名思义是指色彩的明暗程度，它决定了颜色的深浅和明暗的变化，是表现色彩层次感的基础。各种不同颜色之间的明度存在差别。据物体的表面反射光的程度不同，色彩的明暗程度就会不同。一般来说，色彩浅，其明度就高；色彩深，其明度就低。

彩图2-5

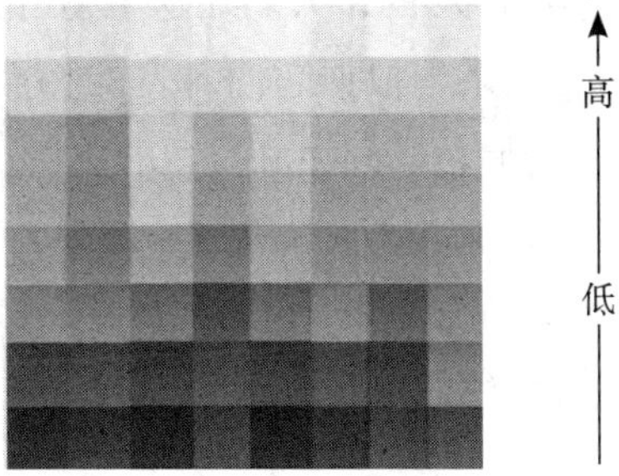

图 2-5　明度高低色标图

（三）纯度

纯度（见图 2-6 色彩纯度变化图）指色彩的纯净程度，又称“饱和度”，通常将某一颜色与其他颜色混合的比例来分辨纯度的高低，混合比例越低则纯度越高，混合比例越高则纯度越低。当颜色纯度降至为零时，就成为无彩色灰色，也叫浊色。

彩图2-6

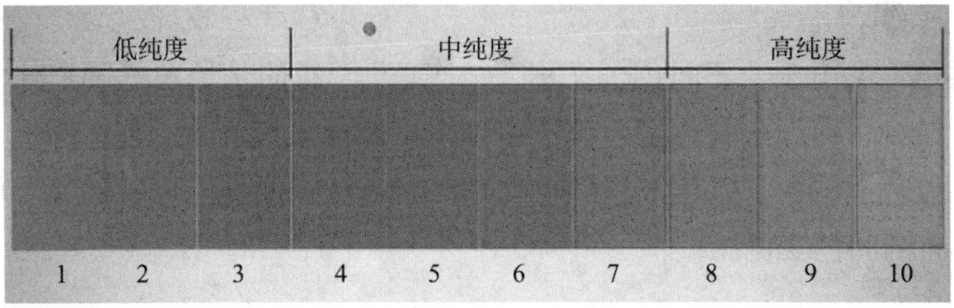

图 2-6　色彩纯度变化图

色相、明度、纯度是色彩学中最为重要的属性，我们在认识和应用色彩时必须同时考虑三属性之间的关系。但需要注意的是，无彩色系黑、白、灰没有色相和纯度，只有明度的变化，但它们可以左右其他有彩色的纯度变化。有彩色与黑、白、灰等色系按不同比例调配出来的色彩仍属于有彩色，极大地丰富着有彩色的色彩范围和层次变化。

四、色彩间的关系

（一）丰富色彩的产生

在阳光的作用下色彩变化是丰富多彩的，人们在这丰富的色彩变化当中，逐渐认识和了解了颜色之间的相互关系，根据它们各自的特点和性质，总结出色彩的变化规律，并把颜色概括为原色、间色和复色三大类。

1. 原色

色彩的来源被称为原色（见图 2-7 三原色），原色分别是红色、黄色、蓝色。也叫第一次色，是纯度最高的颜色，所有的颜色都是通过三原色的交叉和均匀混合调配出来的。

彩图2-7

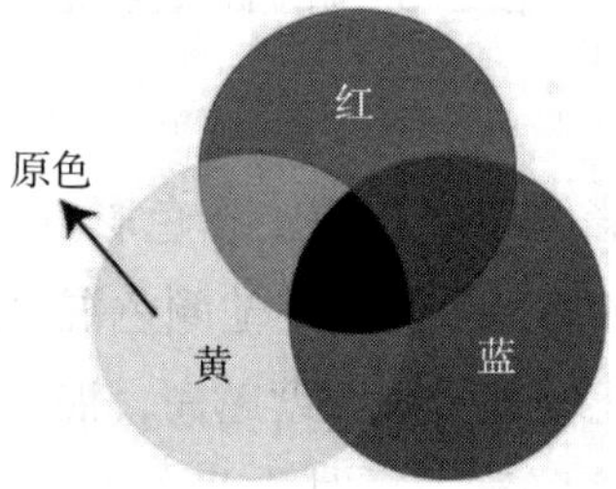

图 2-7　三原色

2. 间色

间色（见图 2-8 三间色）又称“二次色”，指的是原色基础上任意两种颜色的结合，即红 + 黄 = 橙、黄 + 蓝 = 绿以及蓝 + 红 = 紫，橙、绿、紫就是间色。橙色、绿色、紫色三种颜色就是三间色。在调色时原色的量不同，会产生丰富的间色变化。

彩图2-8

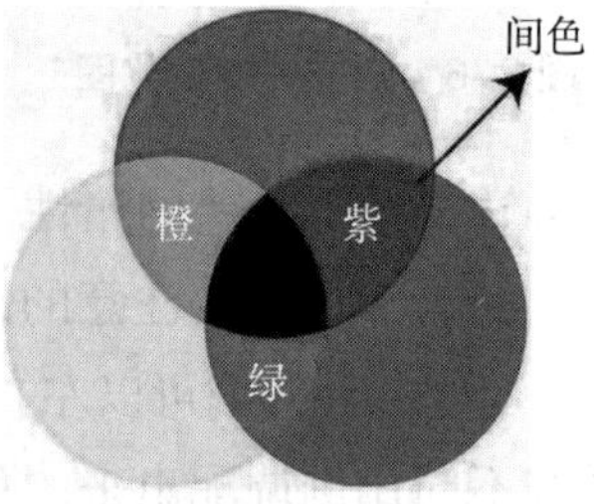

图 2-8　三间色

3. 复色

复色又称“三次色”（见图 2-9 复色），顾名思义就是色彩的第三次调配，在色彩中通常是原色与间色的结果。复色有橙黄、橙红、黄绿、绿蓝、蓝紫、紫红等。复色的色彩变化是非常丰富的。除此之外，复色包括了原色和间色之外的所有颜色。

彩图2-9

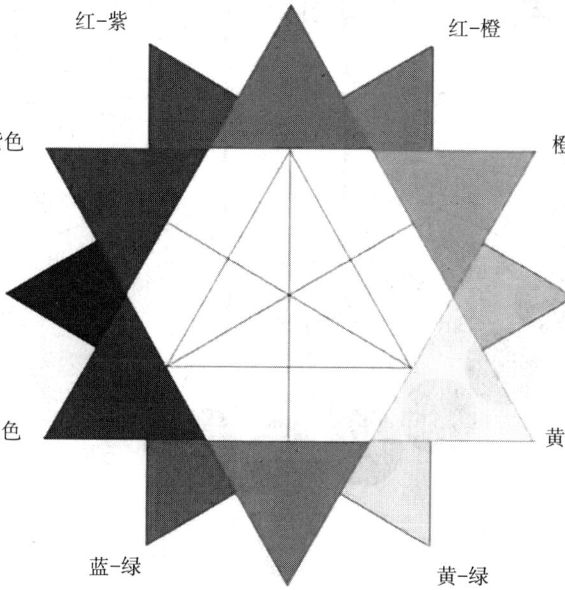

图 2-9 复色

（二）色彩间关系

1. 互补色关系

在 24 色色相环中彼此相隔十二数位或者相距 180 度的两个色相均是互补关系，互补色（见图 2-10 互补色）结合的色组是对比最强的色组。比如红色和绿色，蓝色和橙色，黄色和紫色，这些颜色的搭配具有强烈的对比效果。黄色和紫色的强烈对比，传达出时尚、活力、精神、能量、兴奋等意义，使人的视觉产生刺激性、不安定性。

彩图2-10

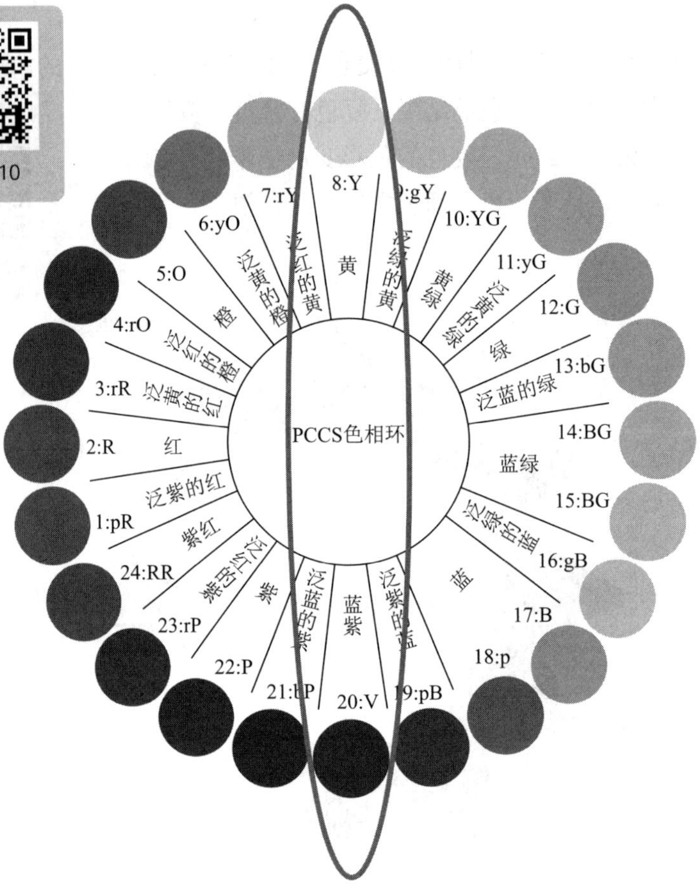

图 2–10 互补色

但如果互补色配合不当，容易产生生硬、浮夸、急躁的效果。因此要通过处理主色相与次色相的面积大小或分散形态的方法来调节、缓和过于激烈的效果。互补色想要在设计中达到比较好的效果，最好其中一种颜色面积比较小，另一种的面积比较大。比如一整块紫色的界面中搭配一点黄色。

2. 对比色关系

色相环中相距 135 度或者彼此相隔八九个数位的两色，为对比色（见图 2-11 对比色）关系，属中强对比效果的色组。两色色相鲜明，对比效果反差性大，给人活泼、旺盛的感觉。配色时，可以通过处理主色与次色的关系而达到色组的调和，也可以通过色相间秩序排列的方式求得统一和谐的色彩效果。

彩图2-11

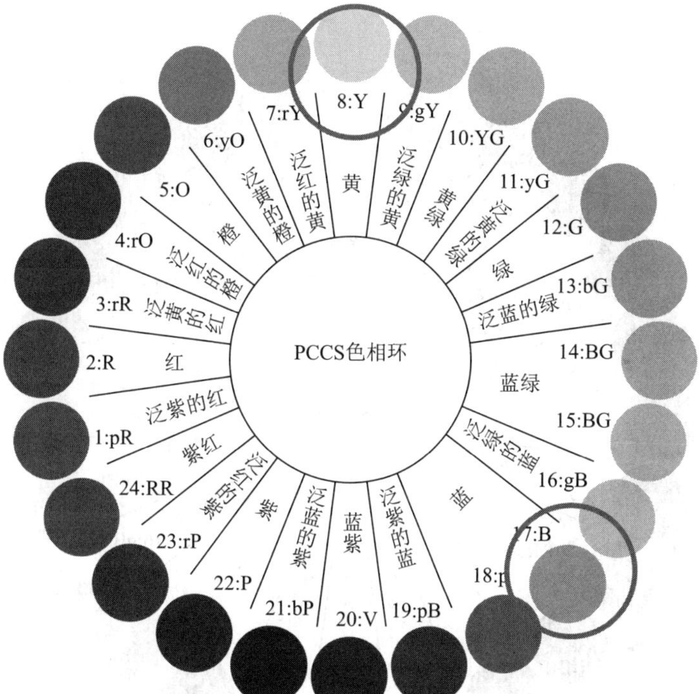

图 2-11　对比色

3. 邻近色关系

色相环中相距 90 度或者相隔五六个数位的两色为邻近色（见图 2-12 邻近色）关系，属中对比效果的色组。色相间色彩倾向近似，冷色组或暖色组较明显，色调统一和谐、感情特性一致。邻近色的搭配是不错的一种色彩搭配方式，可以在同一个色调中搭配出丰富的质感和层次。如蓝紫色、蓝色、蓝绿色，橙黄色、黄色、黄绿色是非常不错的色彩搭配方式。这种搭配产生一种低对比度的和谐美感，颜色非常丰富。

彩图2-12

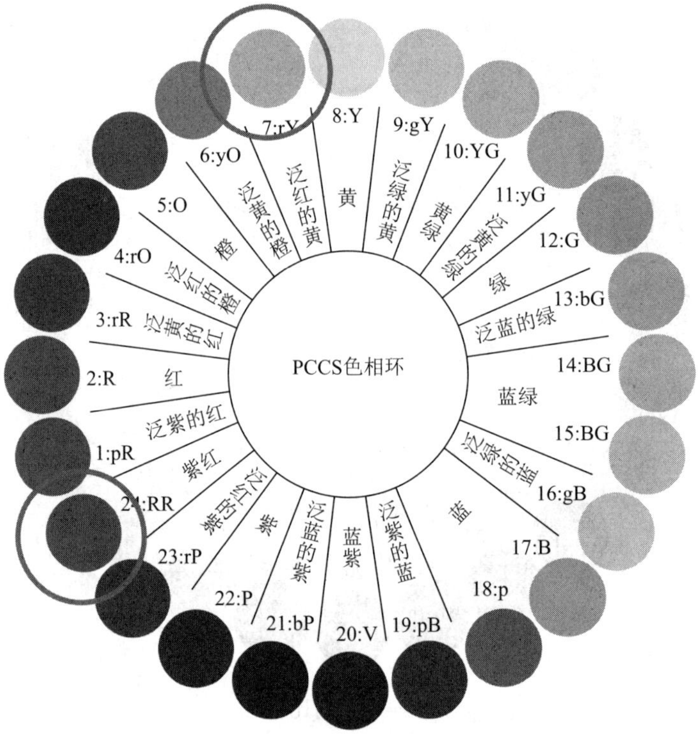

图 2-12　邻近色

4. 同类色关系

色相环中相距 45 度或者彼此相隔两三个数位的两色为同类色（见图 2-13 同类色）关系，属弱对比效果的色相。同类色色相主调十分明确，是极为协调、单纯的色调。高纯度的色彩给人以欢快、充满朝气的感觉，低纯度的色彩给人以雅致、沉稳的感觉。

彩图2-13

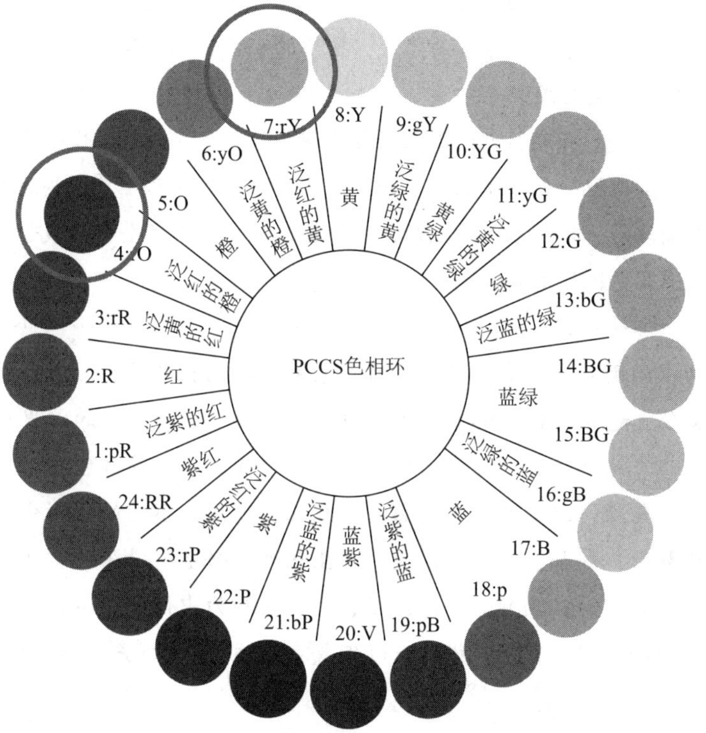

图 2-13　同类色

第二节 色彩搭配规律

导学案例

英国泰晤士河上有一座非常著名的波利菲尔大桥，之所以著名不在于它的设计和外观，而是因自杀成名。原本这座桥是沉闷的黑色，来这里自杀的人颇多。伦敦当局听取了心理学家的建议，把桥的颜色由黑色改成了绿色，来这里自杀的人数竟然大大减少。

在美国加州，有座监狱的囚犯经常寻衅闹事，看守长时常懊恼不已。有一天，他很偶然地把一伙狂暴的犯人换到一间粉红色的牢房里，那些原来暴躁的犯人竟然渐渐地平静下来了。之后，看守长便把所有囚室全部刷成粉红色，犯人闹事的情况竟然大大减少。

点评：两则真实的案例让我们看到色彩在人们长期的生活中形成了一些固定的象征，也就是使色彩具有了某种情感与含义。它使人的心里对色彩产生不同联想。绿色的大桥让自杀的人对生命产生渴望，粉红色的牢房安抚了囚犯内心的焦躁，这些主要是色彩的色相在起作用。不同的色彩分别引起不同的心理联想，譬如：暖色可以使人产生热烈、兴奋、紧张的心理效应；冷色使人感觉到宁静、幽静、安定；黑、白、灰则为中性色，不含任何情感倾向，起到调和作用。在形象设计中我们要灵活运用，让色彩正确地表达出人的情感。

一、色彩的情感意义

康定斯基认为：“绿色具有一种人间自我满足的宁静，这种宁静具有一种庄重的、超自然的无穷奥妙。”从这句话我们可以看出绿色使人宁静、心旷神怡。另外，红色象征热情，使人激动和振奋；黄色是让人安静和愉快的色彩；

蓝色则象征理智，看见蓝色便使人冷静。色彩有着丰富的含义和象征，不同民族对色彩表现出不同的认识和感受，这也和人的年龄、性格、素养、习惯分不开。例如：看到红色，联想到太阳，万物生命之源，从而感到崇敬、伟大、活力希望、发展、和平等；看到黄色，似阳光普照大地，感到明朗、活跃、兴奋。

其实色彩本身并没有情感，也没有什么好坏之分，但丰富多彩的色彩却能给人们带来心理或者视觉感受，相应的这些色彩也就被人赋予了不同的情感，从而让人产生了不同的联想。同时我们清楚地认识到色彩的情感体现具有两面性，例如红色既给人热情奔放的感觉，又让人感觉紧张危险，蓝色让人深沉冷静，但又使人缺乏生气。这些色彩的两面性成为我们进行形象设计的重要参考因素。人对色彩的感觉既实际又复杂。同样的一种色彩由视觉传达到人脑，也会因人的个性、生理状况、经历、接受的时间、情绪反应而产生不同的反应，更会因性别、年龄、生活、种族、风俗习惯而有个别或群体的差异。

（一）红色情感

红色在光谱中光波最长，是强有力的颜色，是最突出和醒目的一种色光。红色让我们联想到爱情、喜庆、热闹、速度与激情的场景。在中国红色也是最受喜欢的色彩之一，是喜庆与吉祥的表现。逢年过节或结婚生子，人们用红灯笼、红字、红衣、红爆竹来渲染热闹的气氛，表达内心对美好生活的向往。另外，红色也象征攻击性和愤怒，表示危险、禁止，所以在很多警示标识中也常常运用红色。当红色与其他颜色结合纯度与明度发生变化时所呈现的特点也会发生变化，如粉红色是现代大多数女性喜爱的颜色，它体现了细腻、温和、浪漫的个性。粉红色具有镇静作用，在生理上抑制人的肾上腺素分泌，可以让人平静和消除焦躁。在形象设计中，大红色一般作为唇彩和眼影以表达情感；粉红色用在少女和新娘化妆上以表现温馨与浪漫；橘红如火焰一般奔放、光芒四射，表现了青春活力；而饱满、沉稳的深红和玫红用于成熟女性的妆容更能表现出高雅与端庄。

（二）橙色情感

橙色相对于红色来说对比没有那么强烈，它是红色与黄色相结合形成的间色，波长仅次于红色，融合了红色的热情与黄色的明智。橙色在中国古代称为“丹黄”或“赤黄”，是高贵富有的象征。橙色代表温暖、夏日、充满活力，能够创建出温馨美满的气氛，同时也给人动感、跳跃的感觉，让许多年轻人喜欢。橙色还能提高人的食欲，所以被很多连锁快餐店运用于自己的装修装饰与产品包装上。另外，橙色易让人产生焦躁与不安的情绪，象征着冲动和背叛。

（三）黄色情感

提到黄色，很容易将它与太阳和温暖联系起来。黄色是三原色之一，也是最明亮的有彩色。黄色能使人更兴奋，对人的感官刺激作用十分强烈，因此引人注目，常常被用在提醒人们注意的标识中，如安全帽、道路警示标志。在古代中国，黄色是权力的象征、皇权的象征，是皇帝专用的颜色，大量地使用在与皇室有关的事物中，如故宫、龙袍等。另外，黄色给人轻薄和苍白的印象，有一种与生俱来的扩张感和尖锐感。在形象设计中黄色妆容能体现时尚新锐感，与不同的颜色搭配呈现不同的视觉冲击，有多方面的表现价值。

（四）绿色情感

绿色的波长适中，对人的生理和心理影响较为平衡。绿色代表着希望、生命、活力、环保、自然，是充满了生机与平和的色彩，象征着青春、健康、生命与和平。绿色是中性色的代表，能恢复眼睛的视觉疲劳，令人舒适与放松。所以医院常常把淡绿色做空间背景色和手术医生的服装色。在形象设计中我们常把绿色应用于表现自然、环保的概念。

（五）蓝色情感

蓝色波长较短，不具备刺激作用，较为深邃和理性。蓝在生活中的使用非常频繁，是最大众化的色彩之一。蓝色代表科技、凉爽、干净、清洁，不同明度的蓝色会给人不一样的感受、想法和情绪。深蓝色给人一种悲伤的感觉，让人联想起伤心时的蓝调音乐。而浅蓝色通常让人想起天空和水，给人提神、清凉、自由、平静的感觉。形象色彩中的蓝色系有浅蓝、天蓝、湖蓝、深蓝等，广泛地在各种明度和纯度中寻求变化能使妆容和造型呈现立体感和层次感。

彩图2-14

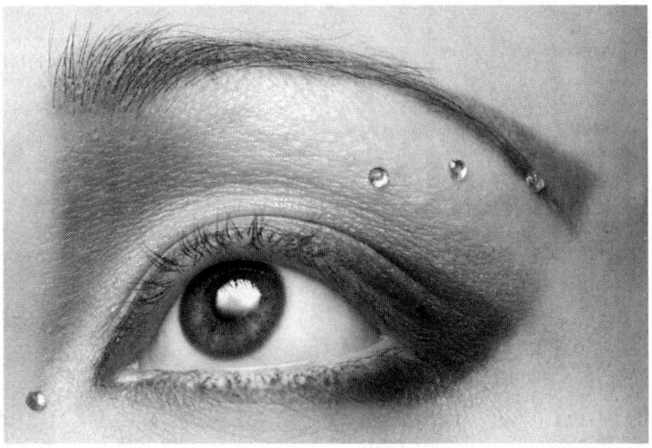

图 2–14　蓝色情感

（六）紫色情感

紫色在可见波长中波长最短，所以明视度和注目性最弱。紫色是高贵、奢侈、优雅、神秘的代表，可以跟浪漫、梦幻产生联想，也有一种神秘感。在中国自古以来就有以紫为贵的文化传统。在古代紫色十分稀少，是通过非常复杂的程序从罕见的矿物和植物中提取出来的，历史上曾用“紫色门第”来形容达官贵人的家庭。另外，紫色还具有一定的消极意义，代表着悲伤、绝望与恐怖，如死神撒旦的代表色就是紫色。紫色是一种间色，是红色与蓝色的结合，当红色成分居多，紫色就偏红，具有暖意；当蓝色成分居多，紫色就偏蓝，带有冷意。在形象设计中，也常用紫色表现女性温柔和梦幻的意境。

（七）白色情感

白色是万色之源，它是可见光谱中全部色彩的总和，有全光色和复合光色之称。最为明亮的白色让人联想到白云、牛奶、白雪、婚纱等，象征着纯洁、光明、神圣，具有朴素、圣洁的印象。在东西方的文化中，白色的运用却有差别，西方人钟情于白色，新娘的婚纱必须是象征纯洁和神圣的白色，但在中国白色是作为哀悼逝者的殡葬用色。白色是非常具有包容性的色彩，它能与任何色彩进行组合搭配。在形象设计中白色的使用范围很广，比如在化妆中可以用在面部凸起的部位，增加立体感，在头饰中增加白色珍珠头饰能体现浪漫、纯净、自然的效果。

彩图2–15

图 2-15　白色情感

（八）黑色情感

彩图2-16

庄重、肃静的黑色通常能使人产生凝重、威严、恐怖的感觉。时装设计师克里斯丁·拉克鲁瓦（Christian Lacrois）对黑色的感受是："黑色是一切的开始，是零，是原则，是载体而不是内容，如果没有它的阴影、它的凹凸，如果没有它的支持，我认为其他的颜色都不存在。"黑色是无彩色，也是无光时让人产生的一种视觉现象，更是所有有彩色混合而成的最终色。黑色既象征着沉着、庄重与高雅，也代表悲痛、哀伤、腐败与邪恶。黑色因为是白色的对立色，而白色通常代表纯洁美好的事物，黑色通常代表着黑暗和未知，同时也会让人产生焦虑的感觉。但黑色是一种万能的颜色，当黑色搭配其他的颜色，会碰撞出不一样的其他意义。在形象设计中黑色能将有彩色完全显露，将其需要表现的内容发挥到极致。

图 2-16　黑色情感

（九）灰色情感

灰色是黑色和白色的混合，我们把以黑白各 50% 融合而成的灰色称为正灰色，它能最大限度地满足人眼对色彩明度舒适性的要求。灰色会让人联想到乌云、灰尘，给人无力、平凡、中庸、消极、乏味的感觉。在形象设计中灰色的适当使用能带来高雅、精致、含蓄、朦胧与神秘的感觉。比如化妆中我们常用灰色来修饰轮廓、五官，衬托明亮鲜艳的颜色。

彩图2-17

图 2-17　灰色情感

二、色彩的视觉心理效应

人看到色彩时，视觉神经直接接受色彩的刺激，对眼球内网膜产生刺激，又通过视神经达到支配大脑的神经中枢，从而产生色感觉，这种感觉在思维方面也可能产生对生活经验、环境事物的联想，从而影响人们的心理情绪，这种反应称为色彩的视觉心理效应。色彩的视觉心理效应概括为七种，即冷暖感、轻重感、软硬感、兴奋与沉静感、强弱感、膨胀与收缩感、华丽与朴素感。这些视觉心理效应有些取决于色彩本身的维度（明度、纯度和浓度），而有些联系到色彩情感效应和色彩形成特征。

（一）色彩的冷暖感

色彩本身并无温度，是人们对不同颜色的视觉在心理上产生了冷暖感。这种冷暖感不依赖于眼睛对色光的触觉，而是来源于人们对色光的印象和心理联想。从色彩心理学考虑，一般把橘红色纯色定为最暖色，称为暖极；把天蓝色纯色定为最冷色，称为冷极。凡与暖极相近称暖色，与冷极相近称冷色，凡与两极距离相等各色，称为冷暖中性色。由此可知，红、橙、黄属暖色，蓝绿、蓝紫属冷色；黑、白、灰、绿、紫属于中性色。色彩冷暖感的形成与人的生活经验和心理联想有联系，色彩的冷暖定位也是一个假性的概念，冷暖并不是绝对的，而是相对的。例如：红色加入一点橙色，就成了带有橙味的暖红色；而加入一点冷调的紫色就成了冷红色。所以在同一个色相中，由于纯度、明度及光照的不同，也会形成一定的冷暖差异。

彩图2-18

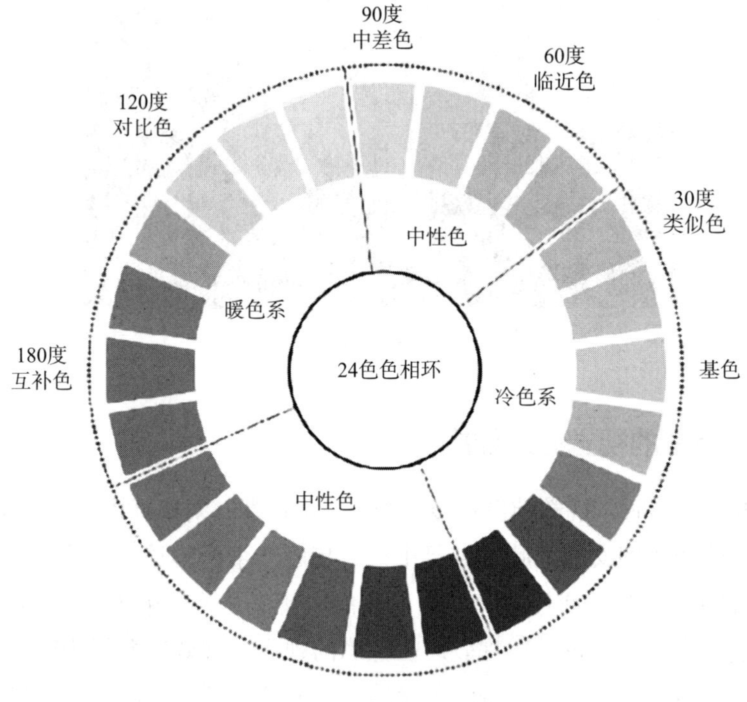

图 2-18　色相环冷暖色

彩图2-19

（二）色彩的轻重感

看到色彩而产生的轻与重的感受与色相无关，无论哪种色相都分别让人产生轻或重的感受。色彩的轻重感主要取决于明度。高明度具有轻感，低明度具有重感；白色最轻，黑色最重；低明度基调的配色具有重感，高明度基调的配色具有轻感。一般说暖色给人感觉密度大，偏重；冷色给人感觉密度小，偏轻。

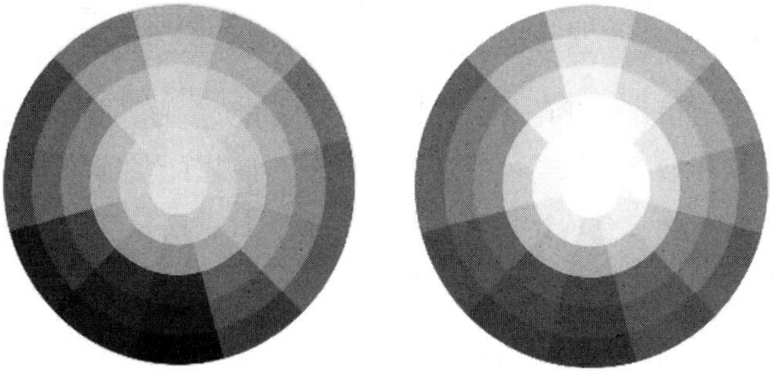

图 2-19 色彩的轻重感

（三）色彩的软硬感

软硬感与色彩的明度、纯度有关，有彩色中暖色系、高明度、低纯度的色彩给人软的感觉，冷色系、低明度、高纯度的色彩给人以硬的感觉；无彩色中的黑、白、灰三色，黑色和白色给人的感觉硬，而灰色给人的感觉相对软些。

（四）色彩的兴奋与沉静感

有事实证明，红色房间里人的平均握力为 40.1kg，而蓝色房间里人的平均握力为 38.4kg，因此可以认为红色有激起人们兴奋感的作用，蓝色则有平静作用。这与色相、明度、纯度都有关，其中纯度的作用最为明显。在色相方面，凡是偏红、橙的暖色系具有兴奋感，凡属蓝、青的冷色系具有沉静感；在明度方面，明度高的色彩具有兴奋感，明度低的色彩具有沉静感；在纯度方面，纯度高的色彩具有兴奋感，纯度低的色彩具有沉静感。因此，暖色系中明度最高纯度也最高的色彩兴奋感觉强，冷色系中明度低而纯度低的色彩最有沉静感。

（五）色彩的强弱感

色彩对人的刺激所造成的震撼力强度与弱度的关系即色彩的强弱感，与色彩的纯度密切有关。高纯度色有强感，低纯度色有弱感；有彩色系比无彩色系有强感，有彩色系以红色为最强；对比度大的具有强感，对比度低的有弱感。强色的感觉是明快、强烈、兴奋、紧张的，而弱色的感觉是温婉、柔和、松弛、亲切的。

（六）色彩的膨胀与收缩感

案例七

据说法兰西国旗一开始是由面积完全相等的红、白、蓝三色制成的，但是旗帜升到空中后感觉三色的面积并不相等，于是召集了有关色彩专家进行专门研究，最后把三色的比例调整到红30%、白33%、蓝37%的比例时才感觉到面积相等。这究竟是什么原因呢？

点评：这是因为当各种不同波长的光色同时通过眼睛的水晶体时，聚集点并不完全在视网膜的一个平面上，因此在视网膜上的影像的清晰度就有一定差别。长波长的暖色影像似焦距不准确，因此在视网膜上所形成的影像模糊不清，似乎具有一种扩散性；短波长的冷色影像就比较清晰，似乎具有某种收缩性。所以，如果我们将红色与蓝色对照着看，由于色彩同时对比的作用，其面积错视现象就会更加明显。这种色彩带来的错觉我们也能运用在形象设计中。

色彩的膨胀、收缩感不仅与波长有关，而且还与明度有关。由于“球面像差”物理原理，光亮的物体在视网膜上所呈影像的轮廓外似乎有一圈光圈围绕着，使物体在视网膜上的影像轮廓扩大了，看起来就觉得比实物大一些，如通电发亮的电灯钨丝比通电前的钨丝似乎要粗得多，生理物理学上称这种现象为“光渗”现象。我们在形象设计和化妆过程中可以利用这一错觉来修正和弥补面部的缺陷。

（七）色彩的华丽感与朴素感

色彩的华丽感与朴素感与纯度关系最大，其次是与明度有关。凡是纯度高、明度也高的色彩都具有华丽感，凡是纯度低、明度也低的色彩都具有朴素感。有彩色系具有华丽感，无彩色系具有朴素感。强对比色调具有华丽感，弱对比色调具有朴素感。但需要注意的是，这个对比都是建立在相对的概念中，比如将一个华丽色放在比其更华丽的色中，便变化为朴素色了。

第三节 个人色彩理论

每一个人都是独一无二的，每一个人都有属于自己的美。从外在的特征上看个体的不同所呈现的特点也不尽相同。肤色、毛发色、眼珠色等是我们进行化妆造型与服饰搭配的重要依据。个人色彩理论通过判断合适自己的色彩体系，寻找让肤色视觉上呈现出健康状态的颜色，使自己的外在形象进入最佳状态。资料显示，一个人给他人的“第一印象”有 67% 是受外在的色彩影响。个人色彩的掌握成了形象设计的第一步。

一、人体色彩的构成

“人体色”是人体外表所呈现出来的色彩状态，包括皮肤色、毛发色、瞳孔色等。每个人的人体色都存在着一定差异，这和种族、地域、遗传、环境等有一定联系，这些都是进行个人形象设计与化妆的基础。

（一）肤色

人的肤色不同是由于三种色素组成不一样：血红素、核黄素和黑色素。血红素使皮肤呈现红色，核黄素使皮肤呈现黄色，黑色素使皮肤呈现茶色。这三种色素中血红蛋白和核黄素的多少决定了个人肤色的冷暖，而黑色素决定了个人肤色的深浅明暗。如果血红蛋白较多，肤色红润；如果血红蛋白量少则会苍白，人的脸色会发青或者发黑，一旦黑色素增加，肤色会偏黄褐色或褐色；如果核黄素增多，皮肤的颜色将变成黄色。

● 案例八

帽子上的四季色彩

20 世纪 40 年代的美国，在一家帽子店里，售货员苏珊娜在五颜六色的帽子中帮助顾客挑选。“苏珊娜，你总是知道我应该戴什么样的帽子，尤其是颜色，选得那么合适！”每次顾客都会开心地说。

日子一天天过去，来找苏珊娜买帽子的人越来越多，那她到底有什么销售的秘密呢？

原来这并不难。长期以来，在她脑海中，早就下意识地把顾客的肤色特征分为四类，分别和四类色彩相对应，一类浅淡而温暖，一类浅淡而凉爽，一类温暖灿烂，最后一类冷冷的、深深的。不同肤色的顾客对帽子色彩的需求是不一样的，苏珊娜掌握了其中的规律，更清晰地了解了顾客的需求，满足了他们的需求。

肤色的冷暖是我们进行人体色分析和进行形象设计的基础。如何辨别自己肤色的冷暖呢？可以在白天自然光条件下（不要直接照射），着白色上衣，用白色毛巾盖住头发，从镜子中观察自己的面部肤色：如果皮肤透着牙白、金黄、褐色或金褐色的肤色底调，就称为黄基调肤色，属于暖肤色；如果皮肤透着粉红、蓝青、暗紫红或灰褐色的肤色底调，就成为蓝基调肤色，属于冷肤色。但也有一种肤色既不偏冷也不偏暖，呈现中性色的色彩状态，这是中性肤色也称为中间色调。另一种方法还可以用冷暖色的唇彩涂在唇部进行实验，如果涂上橙色的唇彩后看上去与面部肤色更加协调，便是暖色调皮肤，反之，则为冷色调皮肤；如果冷暖色唇彩都与面部协调，则为中性肤色色调。

中国人属于黄种人，肤色偏黄，在明度和纯度中表现适中，与黑头发、黑眼睛的色调都能形成一定的对比关系。黄肤色也分偏冷和偏暖两种类型。黄肤色搭配明度、纯度不同的蓝紫色系列，能产生一定对比效果，可提亮肤色，但注意搭配冷色面积要小一些，最好有呼应色出现。黄肤色与橘色、褐色、绿色在一起易使肤色更黄，缺乏生气。

（二）毛发色

毛发色是人体所生长的头发和体毛的颜色，在形象设计中毛发色可以分为头发色、眉毛色和睫毛色。其中头发会因为人种的不同而有所差别，并且在同一人种也会因为黑色素的多少而呈现出不同的颜色，黄色基调的发色包括黄色、橙色和棕色，蓝色基调的发色基本是发质坚韧、光亮的黑色头发。许多人不再满足自然发色，而是通过染发来改变原有的发色，让自己适合更多的色彩。

而睫毛和眉毛是面部化妆的重要部位，是视觉焦点。眉毛的颜色每个人也各不相同，这和眉毛的色泽、多少、眉形都有关系。眉毛和睫毛颜色深的在穿着上可以运用深浅色对比较强的服装，呼应人体的毛发色，更显白皙；相反，如果眉毛和睫毛颜色较浅，就穿着浅色的服装，使肤色温和淡雅。

（三）瞳孔色

瞳孔周边一圈放射状的圆环色彩就是虹膜的颜色，虹膜上的色素不同，眼睛才会呈现不同的色彩。中国人是有色人种，虹膜色素含量多，所以瞳孔看上去是焦茶色、黑褐色，而眼睛距离眉毛和头发近，在描眉和染发时尽量做到与瞳孔色泽相近。而现代流行的隐形眼镜、美瞳等都具有丰富的色彩，完全可以改变瞳孔的颜色，但美瞳的选择还是要根据自己的肤色和发色进行合理选择。

二、四季色彩理论

“四季色彩理论”是当今国际时尚界十分热门的话题，它于20世纪80年代由美国的卡洛尔·杰克逊女士提出，并迅速风靡欧美。1998年，该体系由色彩顾问于西蔓女士引入中国，并针对中国人特征进行了相应的改造。“四季色彩理论”的重要内容就是把生活中的130多种常用色按照基调的不同进行冷暖划分和明度、纯度划分，进而形成四大组和谐的色彩群，每一色彩群的特征与四个季节的色彩特征刚好吻合，由此命名为“春”“夏”“秋”“冬”四季色彩，其中春、秋季色彩为暖色系，夏、冬季色彩为冷色系。

彩图2-20

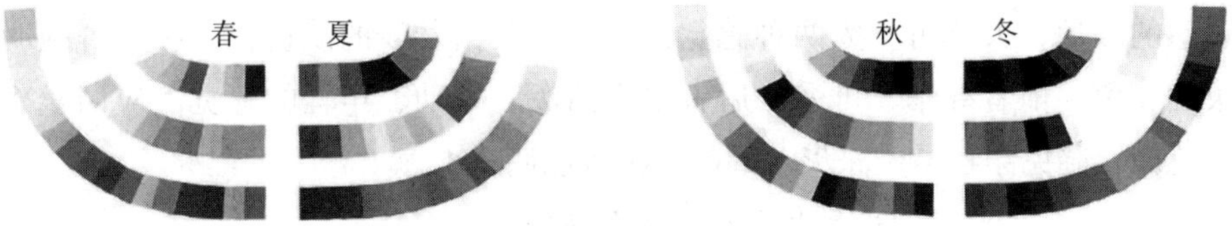

图2-20 四季色彩

目前全国有许多大中城市都有专业的色彩顾问运用“四季色彩理论”进行色彩诊断，以个体自身特质为分析依据，不以色彩顾问主观意志为准绳，帮助女性进行个人色彩诊断的专业咨询、自我形象的科学定位和设计。

根据“四季色彩理论”，色彩顾问拿着一沓由130块色布组成的“女士个人色彩诊断标准色布”在被测者的上半身一块一块进行测试，对不同肤色、发色、眼睛瞳孔色的“人体色特征”进行科学的分析与分类，按明暗和强弱程度在春、夏、秋、冬四大色彩系列中找到属于自己的季节。各种色彩群都有各自特点。

（一）四季色彩之春季型人

春季型人给人的第一印象大多是犹如万物复苏的春季一样阳光明媚，白皙光滑的脸上总是透着珊瑚粉般的红润，明亮的眼睛好像永远都显露出不谙世事的清纯。春季型人是生活中最快乐和靓丽的一族，正如大自然春天带给我们的欣喜一般，春季型人是朝气而充满活力的。

1. 春季型人的身体色特征

肤色为浅象牙色、暖米色、粉色，肤质细腻，具有透明感；脸上呈现珊瑚粉色、鲑鱼肉色、桃粉色的红晕；眼珠呈亮茶色、黄玉色、琥珀色，眼白呈湖蓝色，瞳孔为棕色；眼神活跃，有如玻璃珠般透亮、灵活，感觉水汪汪的；发色呈柔和的棕黄色、浅棕色、栗色、明亮的茶色；嘴唇呈珊瑚红色、桃红色，自然唇色较突出。

2. 春季型人的色彩特征

春季型人属于暖色系。身体色特征与春季花园里常见的新绿、嫩黄、暖粉的色调相吻合，适合穿着以黄色为基调的各种明亮、鲜艳、轻快的颜色，如浅水蓝、亮绿、暖粉色。使用颜色时，可采用对比色调，两种或两种以上的颜色在身上可同时出现。穿衣原则是一年中都穿属于自己的明亮浅调有温暖感的颜色，大体可分为两种感觉：一种是发白发浅的淡色，一种是鲜艳明快的亮色。前者纤细、可爱；后者给人活泼、好动、年轻的感觉。应回避冷暗色调，避免穿着黑、深灰、藏蓝等深重色调。

3. 春季型人的妆面特征

彩图2-21

春季型人的妆面特征为清凉、活泼、明艳，所以在化妆用色上选择明亮、轻快的暖色系。适合清薄透明的妆面，最好选用浅象牙色的粉底，忌用泛蓝的玫瑰色系列。眼影色采用明亮的浅金棕色系列和近来流行的金黄色，再把黄、绿作为点缀色涂在眼角处，会很有特点。口红、腮红适合珊瑚粉和橘红系列。

图 2-21　春季型人色彩

（二）四季色彩之夏季型人

夏季型人大多温柔、贤淑，文静的脸上往往呈现出玫瑰粉的红晕，宁静、柔和的眼神仿佛永远都在诉说着安稳而平静的生活，她们是最具女人味的一族。炎热的夏天带给我们的是对凉爽的渴望，而夏季型的女人便会给我们一份远离浮躁的清凉。

1. 夏季型人的身体色特征

肤色为柔和的米色、小麦色、健康色、褐色；脸上呈现玫瑰粉的红晕，容易被晒黑；毛发为柔和的深棕色、褐色、柔软的黑色；眼珠呈现深棕色、玫瑰棕色，眼神柔和；嘴唇发紫、发粉。

2. 夏天型人的色彩特征

最贴近夏天型人体色的色系是常春藤色、紫丁香花色和夏日海水、天空的颜色。适合穿着各种深浅不同的发白、发旧的蓝色和紫色，适合以蓝色为底调的柔和淡雅的颜色，这样才能衬托出她们温柔、恬静的个性，比如磨砂、水洗、砂洗等面料。夏季型人适合穿深浅不同的各种粉色、蓝色和紫色，以及有朦胧感的色调。同时，夏季型人还适合穿可可色、玫瑰棕，与色彩群中的浅蓝黄、清水绿、淡蓝色搭配。若要穿红色，可以玫瑰红为主。粉色系也适合夏天型人。为了不破坏夏天型人独有的亲切温和的感觉，在色彩搭配上最好回避强烈色彩反差对比，适合在同一色系里进行浓淡搭配，或者是在蓝灰、蓝绿、蓝紫等相邻色系里进行搭配。夏季型人选择适合自己的颜色一定要柔和、淡雅。不适合穿黑色，过深的颜色会破坏夏季型人的柔美，可用一些浅淡的灰蓝色、蓝灰色、紫色来代替黑色。夏季型人穿灰色会非常高雅，但注意选择浅至中度的灰。另外，夏季型人不太适合藏蓝色。

3. 夏季型人的妆面特征

彩图2-22

夏季型人的妆面特征为清爽、柔美、知性，化妆品要选择清爽的冷色系。粉底宜选用偏玫瑰粉的冷米色，眼影最好用和服装一样的颜色，如浅蓝、浅紫、浅粉色。口红和腮红应统一在玫瑰红色系里变化。整个妆容都须浅淡。切记夏季型人不适合咖啡色系列。

图 2-22　夏季型人色彩

（三）四季色彩之秋季型人

秋季型人端庄而成熟，匀整而瓷器般的皮肤、沉稳的眼神给人一种处事不惊的平稳，她们是生活中最具都市品位的女性一族。正如大自然的秋天带给我们的浓郁、丰盈一般，秋季型人是华丽而富饶的。

1. 秋季型人的身体色特征

秋季型人有着陶瓷一般的皮肤，脸色很少有红晕，给人一种深象牙色、金棕榈色、有金黄色调的感觉。沉稳的眼睛、略带棕色的头发，给人以成熟稳重的美丽感。

肤色为匀整而瓷器般的象牙色、褐色、土褐色、金棕色，脸上很少有红晕；毛发为褐色、深棕色、金色、发黑的棕色；眼睛为浅琥珀色、深褐色、石油色，眼神沉稳；嘴唇泛白，一部分人为深紫色。

2. 秋季型人的色彩特征

秋季型人是暖色系中的沉稳色调，适合的色系是大自然秋季的颜色，像深秋的枫叶色、树木的老绿色、泥土的各种棕色以及田野上收割在即的成熟色调。浓郁而华丽的颜色衬托出秋季型人成熟高贵的气质，越浑厚的颜色也越能衬托秋季型人陶瓷般的皮肤。这些深色宜采用同一色系浓淡搭配。在服装的色彩搭配上，不太适合强烈的对比色，只有在相同的色相或相邻色相的浓淡搭配中才能突出华丽感。春夏时节，注意选择自然的麻色、浅黄、浅绿中偏暖的颜色，同样能穿出不一样的味道。过于鲜艳的颜色会使皮肤显得死板、没有血色、缺乏生气。想突出自己的华丽感时，适合戴哑金色首饰，最好不要戴银色系首饰。秋季型人适合深深浅浅的驼色和棕色，穿棕色时配橙色系会让人显得充满活力。

3. 秋季型人的妆面特征

秋季型人的妆面特征为华丽、成熟、稳重，化妆时粉底选用与肤色相同的颜色，突出皮肤的自然质感。眼影以咖啡色为基本色，也可配合衣服颜色使用苔绿色、泥金色、砖红色，会有独特的感觉。涂上棕红、砖红色系的口红、腮红，脸部会瞬间显得健康而有生气。

彩图2-23

图 2–23　秋季型人色彩

（四）四季色彩之冬季型人

冬季型人外向而热情，明亮锐利的眼睛给你一种干练而张扬的印象，她们是生活中最出众一族。正如大自然冬天冰与火的对立，冬季型人是敢爱敢恨和魅力十足的。黑发白肤与眉眼间锐利鲜明的对比给人深刻的印象，充满个性、与众不同。

1. 冬季型人的身体色特征

冬季型人有冷白肤色和暗黄肤色之分，面部很少有红晕，如果有也是玫瑰色系。眼睛乌黑发亮，目光锐利有神。头发一般为光泽感十分好的黑色。面部特征呈现强烈的对比关系。

肤色为偏白、偏青底调，有光泽，从很浅的青白到暗褐色。脸上没有红晕。毛发发质较硬，光泽感好，发色为黑色、带红基色的黑褐色、深灰色。头发较早灰白是冬季型人的典型特点。眼睛黑白对比分明，眼珠呈黑色、深棕色、黑褐色、榛子褐色或灰色；眼白呈冷白色；瞳孔呈深褐色、焦茶色、黑色；典型的是眼球虹膜外面有一灰色的圈；目光坚定、锐利、有神，给他人以强烈的距离感。嘴唇为深紫色、冷粉色。

2. 冬季型人的色彩特征

冬季型色彩基调体现的是“冰”色，即塑造冷艳的美感。在四季颜色中，只有冬季型人最适合使用黑、纯白、灰这三种颜色，藏蓝色也是冬季型人的专利色。冬季型人适合纯正、鲜艳、有光泽感的颜色，除了适合黑、白、灰三种无彩色的颜色外，其他均为红、黄、蓝、绿、紫等纯白色和一组冰色系。在各国国旗上使用的颜色都是冬季型人最适合的色彩。可以红、绿宝石蓝、黑、白等为主色，冰蓝、冰粉、冰绿、冰黄等皆可作为配色点缀其间。以强烈对比搭配来体现冷峻惊艳的魅力。冬季型人选择红色时，可选正红、酒红和纯正的玫瑰红。要避免浑浊、发旧的中间色。穿着深灰、藏蓝、纯黑等深色时，一定要有对比色出现，如果失去颜色之间或同一颜色之间的深浅对比，会显得黯然失色、毫无特色。冬季型人选择适合自己的颜色的要点是：颜色要鲜明，光泽度高。冬季型人着装一定要注意色彩的对比，只有对比搭配才能显得惊艳、脱俗。

彩图2-24

3. 冬季型人的妆面特征

冬季型人的妆面特征为冷艳、时尚、个性。应使用清澈、明艳、光泽感好的化妆色。眼影采用蓝灰、银色系列。口红、腮红用深玫瑰红、深酒红系列。可在眼影、口红上加荧光以体现时尚感。冬季型人适合明艳的妆色，忌用咖啡色眼影和黯淡口红，别试图用轻柔色彩冲淡自己的锐利感，那样会失去冷艳的魅力。

图 2–24　冬季型人色彩

本章小结

在形象塑造的过程中色彩的把控是关键的因素，本章带领大家一起学习了色彩的基础理论，对色彩的形成、分类到色彩间的关系和情感意义及色彩导致的心理效应都一一展开介绍。学生在本章学习到如何寻找属于自己的色彩，为之后自我形象塑造铺垫了基础。

思考与练习

一、选择题

1. 复色，又称______，色彩变化是非常丰富的。

A. 二次色　　B. 三次色　　C. 多次色　　D. 一次色

2. 在 24 色色相环中相距______度的两个色相均是互补关系。

A. 90　　B. 120　　C. 60　　D. 180

3. 色相环中相距 45 度，或者彼此相隔二三个数位的两色为______，属弱对比效果的色相。

A. 同类色关系　　B. 邻近色关系　　C. 对比色关系　　D. 互补色关系

二、填空题

1. 通常将某一颜色与其他颜色混合的比例，来分辨纯度的高低，混合比例越低则纯度越______，混合比例越高则纯度越______。

2. 色彩的来源被称为原色，原色分别是______、______、______。

3. 从色彩心理学考虑，一般把______纯色定为最暖色，称为暖极；把______纯色定为最冷色，称为冷极。

三、简答题

1. 冬季型人的身体色特征、色彩特征及妆面特征是怎样的？

2. 色彩间关系有哪几种？各有什么特点？

四、实训题

1. 个人能力测试：

（1）请在以下12色盘中用“A”标明三原色、用“B”标明三间色、用“C”标明三次色。

（2）互补色：______与______；对比色：______与______。

（3）相邻色：______与______；同类色：______与______。

彩图

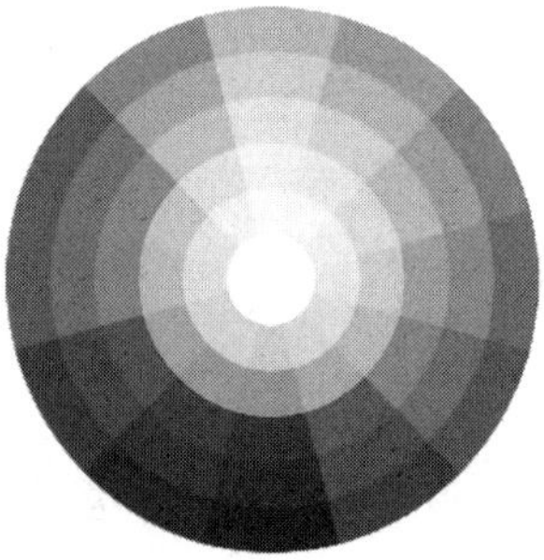

2. 分组实训：

（1）课程前期准备中要求全班同学穿好有彩色的服饰，课程中小组成员之间互相观察，指出小组成员服饰色彩中的配色关系，并提出改造意见。

（2）以小组为单位，制作人体色判断表格，根据四季色彩理论将小组成员的人体色彩进行判断。

（3）以小组为单位用色布进行四季色彩的诊断，确认小组成员的季节色彩和用色范围，并给本小组1~2位组员进行色彩服饰搭配，再将搭配的思路想法进行讲解与分析。

模块二

职业仪容形象塑造

第三章

高铁职业仪容概述

引 言

由于乘客对高铁客运服务的要求越来越高，高铁客运服务工作人员的形象影响着公司的形象，甚至决定着旅客对铁路公司形象的评价，故各乘务段对高铁客运服务工作人员除了在服务质量方面有严格要求外，对其外在形象的要求也非常严格。而高铁客运服务工作人员的形象，不仅仅体现于工作场合，其素养的体现取决于平时习惯的养成，尤其是仪容方面，是乘务人员形象要求中的重中之重。高铁客运服务工作人员应将美丽的外貌和高雅的气质、美好的德行与动听的语言结合起来，展示出人格气质、专业精神、企业文化，体现出完整的内外兼修的美好职业形象。

学习目标

知识目标

1. 了解仪容的概念；
2. 清楚仪容修饰对于高铁客运服务工作人员的重要作用。

技能目标

1. 能根据仪容修饰的基本原则审视自己的仪容修饰；
2. 能根据仪容修饰的基本要求进行自我仪容修饰。

第三章

[illegible]

导学案例

王丽丽和张小楠是高铁客运服务专业的应届毕业生，她俩同时被某高铁站聘用。上班的第一天，王丽丽和张小楠都希望自己能给领导和同事们留下一个好的印象。皮肤黝黑健康的王丽丽五官甜美，身材修长匀称，是她们班里的“黑美人”。这天，她在自己的面部涂上象牙白的粉底液，戴上长长的假睫毛，穿上了流行的低腰喇叭牛仔长裤和带钻高跟鞋，配上披肩的大波浪长发，上班的路上赢得了颇高的回头率。张小楠，梨形脸，天生一对粗黑浓密的剑眉，别看她身材矮胖，相貌平平，在校时可是出了名的勤奋努力，正是因为优异的成绩和表现使她从众多的竞聘者中脱颖而出。在去上班的前一天晚上张小楠还认真地看了看自己以前上学时的学习笔记，早上她仍像往常一样将头发高高束起，随意穿了件磨损得起球的毛衣和弹力牛仔裤，信心满满地去上班了。

讨论：你觉得她们第一天上班的形象好吗？为什么？

一、仪容的概念

仪容，通常是指人的外观、外貌，其中的重点是人的容貌。仪容是人们在社会交往中逐渐形成的对个人外在形象的要求，包括个人卫生、发式妆容等。高铁客运服务工作人员仪容是高铁客运服务工作人员在工作中个人外在形象的综合表现，它可以反映出个人的精神状态和礼仪素养。

二、高铁客运服务工作人员仪容修饰的重要性

（一）个人素养的重要体现

对于仪容修饰的讲究是现代人际交往中重要的一部分。《礼记·冠义》中曰：礼仪之始，在于正容体，齐颜色，顺辞令。其意是指，礼是从端正容貌和服饰开始的，一个良好修养的人，一定是体态端正、服饰整洁、表情庄敬、言辞得体。所以仪容仪表和内在美存在着表里关系，注重外在的修饰也是个人素养的体现，既是维护自尊，也是尊敬他人。高铁客运服务工作人员注重其仪容仪表不但能看出其职业素养，同时也显示其人生哲学和价值观。

（二）服务效果的重要影响

高铁客运服务工作人员在工作岗位上，以个人的品德修养和服务技能开展了各项服务工作，在与各类旅客面对面直接接触的过程中彰显着个人的职业素养和道德情操。高铁客运服务工作人员外在的形象也会直接影响旅客对服务效果的判定，得体的修饰会带给旅客稳重、安心的旅行氛围，不规范的仪容修饰会让旅客质疑所接受的所有服务是否规范，对高铁客运服务工作人员产生不信任感。

（三）铁路公司形象的重要展示

看似仪容仪表是个人的形象，但也直接影响着铁路公司和所属乘务段的形象。高铁客运服务工作人员是铁路公司的工作主体，是铁路公司服务质量的外在表现，高铁客运服务工作人员的素养就是铁路公司的服务质量保证。

三、仪容修饰的基本原则

（一）干净卫生

讲究个人卫生是保持自身良好形象的基础和前提，也是最起码的文明准则。养成良好的卫生习惯是爱护自己、尊重他人和热爱生活的表现。

1. 面部的清洁

洁面是每天必做的日常清洁工作，早晚洁面对面部肌肤的保养起着重要的基础作用。同时也要注意面部清洁的细节问题：眼部的保洁需要注意分泌物的清除；鼻部无鼻垢，无外露鼻毛；耳部的耳孔无耳垢；牙齿的清洁做到洁白无牙垢，日常防护中做到牙齿不发黄、无牙结石、口气清新等。

2. 手部的洁净

作为高铁客运服务工作人员要养成勤洗手的良好习惯。用洗手液或香皂洗手，一是为了杀菌，二是为了清洁污垢。洗手时注意清洗指甲缝。洗手后要及时涂护手霜，对指甲周围的死皮要定期修理。

3. 脚部的保洁

脚部虽然隐藏在鞋子里不能被看见，但也不能忽略。平常不注重足部的护理，也会在工作时造成不小的麻烦，比如因为太干开裂而久站后出血，也会因为保养不当而血液不通导致脚部水肿从而影响自己服务的质量。所以，我们对支撑整个身体重量的足部要细心护理。

4. 全身的清洁

对于全身的清洁工作从头部头发的干净整洁开始，要求没有头屑、没有异味、松软亮泽、整齐有型，这样才能展示出良好的素养和气质。所以，要养成周期性清洁头发的习惯，避免因为头屑、污垢堵塞头皮的皮脂分泌孔，产生发痒、头发枯燥和掉发的现象，并要定期修剪。

身体的清洁可以帮助我们保持身体无异味，同时要注意勤换衣服，特别是夏季，气温高容易出汗，一旦过多汗渍建议将衣服更换，保持身体清新整洁。

（二）整洁大方

高铁客运服务工作人员在仪容修饰上应该做到干净整洁、温柔大方，这里的干净整洁是对仪容中面部皮肤护理的要求，而温柔大方是对仪容的妆容要求，使旅客有亲近感，展现出专业服务的亲和力。

（三）适度协调

仪容仪表也要注意适度协调，与职业特性相符，与自身个体条件相符。高铁客运服务工作人员通过仪容仪表展示出自己的职业感，同时也要将自身的脸型、体型、年龄、气质等个性特征掌握好，注重整体的效果。

（四）端庄得体

高铁客运服务工作人员的仪容修饰不讲究个性的突出，更注重职业感。客运服务是一个需要展现亲和力和专业度的职业，高铁客运服务工作人员在仪容修饰上应注意职业素养的体现。仪容上精神饱满，健康向上，杜绝浓妆艳抹，不涂有颜色的指甲油，不使用有刺激性气味的化妆品；配饰不要太夸张，点缀即可。

四、高铁客运服务工作人员仪容修饰的基本要求

仪容是指一个人的容貌，是个人形象礼仪的重要组成部分。高铁客运服务的职业决定了个人的形象代表了铁路公司的形象，是铁路公司推出的服务产品的组成部分。随着时代的发展，高铁客运服务工作人员应顺应旅客的需求提高服务质量，提升自我形象管理。特别是女性在工作环境中更应关注自身形象建设，对妆容和发式的学习应用是非常必要的。仪容修饰要注意以下几个方面：

（1）扬长避短。在化妆时要注意根据自己的面部特点进行适度矫正，做到修饰得体，以达到化妆的最佳效果。

（2）真实自然。化妆要求美化、生动，更要求真实、自然。妆容最高境界是没有被过度修饰的痕迹，显得干练有精神，所以不用过浓过艳的颜色，头发的颜色上也注意染大众色，不染扎眼的颜色。

（3）整体协调。高水平的妆容强调的是整体效果，应使妆面协调、全身协调、场合协调、身份协调，以体现出自己的职业品位。

（4）修饰避人。化妆或补妆、整理发型时应该遵循“修饰避人”的原则，选择无人的地方，如化妆间、洗手间等。切忌在他人面前肆无忌惮地化妆或补妆。一般情况下，女士在用餐、饮水出汗等之后应及时在化妆间或洗手间为自己补妆。

本章小结

本章对仪容的概念做了阐述，帮助同学们认识到了仪容修饰对个人和对职业的重要性，指导同学们在进行仪容修饰时需要注意的原则和基本要求，为学习后面的内容做好理论基础。

思考与练习

一、选择题

1. 仪容修饰要注意的几个方面是______（多选）。

A. 扬长避短　　B. 真实自然　　C. 整体协调　　D. 修饰避人

2. 以下不属于仪容修饰范围的是______。

A. 面容　　B. 手部　　C. 发式　　D. 腰部

3. 仪容修饰的整体协调是指______（多选）。

A. 妆面协调　　B. 全身协调　　C. 协调行为　　D. 身份协调

二、填空题

1. 用洗手液或香皂洗手，一是为了______，二是为了______。

2. 要养成______的习惯，避免因为头屑、污垢堵塞头皮的皮脂分泌孔，产生发痒、头发枯燥和掉发的现象，并要定期修剪。

3. 在化妆时要注意根据自己的______进行适度矫正，做到______，以达到化妆的最佳效果。

三、简答题

1. 什么是仪容，高铁客运服务工作人员仪容修饰的重要性可以体现在哪些方面？

2. 仪容修饰的基本原则有哪些？

四、实训题

1. 讨论：外在形象和内在涵养哪个更重要？

2. 根据仪容修饰的基本原则自查自己的仪容修饰是否符合原则。

第四章

认识脸型和面部基本特征

引　言

打造完美的妆容，首先需要对脸部的特征有所了解。中国传统审美观中人的面部具有独特的标准，我们从中国古代画论中就可以看出，比如“三庭五眼”之说，三庭是面部纵向比例，眉毛和鼻翼的两条水平线将面部划分为三等分。而五眼是面部横向比例，以自己两眼眼距为基础，在双眼内眼角之间还有一只眼睛的距离，双眼的外眼角到发际线有两只眼睛的距离。此外还有“三低四高”也是对面部的立体感做了美学要求，我们在学习仪容修饰的过程中有了理论的基础。

学习目标

知识目标

1. 了解常见脸型的分类；
2. 了解常见脸型的面部基本特征。

技能目标

1. 能掌握不同脸型的分类方式；
2. 能根据面部基本特征识别不同脸型。

● 导学案例

一天，张小楠希望自己看起来更加成熟稳重一些，来到发型设计中心想要换个新发型。发型师观察张小楠脸型后，提供了一些参考意见和一本发型样板图。张小楠拿着样板图翻来翻去都不满意，这时正好有一名顾客刚做好发型从她身边走过，张小楠非常喜欢这位顾客的新发型，于是要求发型师按照那位顾客的样子给自己也做了一个。发型师多次解释张小楠并不适合该款发型，都没有改变张小楠的想法，无奈下发型师做了该款发型。最后，发型效果不理想，张小楠抱怨了发型师。

讨论： 1. 你认为张小楠的新发型效果不理想谁负有主要责任呢？

2. 为什么相同的发型却不是适合于所有人呢？

第一节 标准脸型的面部特征

一、美学原理

我们知道，如果是符合黄金分割律的构造，在视觉上都会让观察者产生欣赏的印象。理想瓜子脸的长与宽比例为 34∶21，这一比例正好符合黄金分割律。普拉克西特的著名雕塑《尼多斯的维纳斯》的面部是公认的魅力样板，从发际到下颌的长度与两耳之间的宽度之比，也接近黄金比例。

中国传统审美观对人面部的结构美特别重视，中国古代画论中有“三庭五眼”的说法，说的是人的面部正面观的纵向和横向比例关系。“三庭”是指将面部正面横向分为三等分，即从发际到眉线为一庭，从眉线到鼻底为一庭，鼻底以下为一庭。“五眼”是指将面部正面纵向分为五等分，以一只眼长为一等分，即两眼之间的距离为一只眼的距离，从外眼角垂线到外耳孔垂线之间为一只眼的距离，整个面孔正面纵向分为五只眼的距离。额头是丰满的，但不能过宽，以双眼外侧为中心点向下做垂直线，线里侧是有组织的，线外侧是没组织的。此外，现代审美中完美脸型的标准还要符合四高三低。四高（四个部位的高点）：额头高、鼻尖高、下巴尖、有唇珠。三低（三个部位的低点）：鼻根部、人中沟、唇沟。三庭五眼、四高三低见图 4–1。

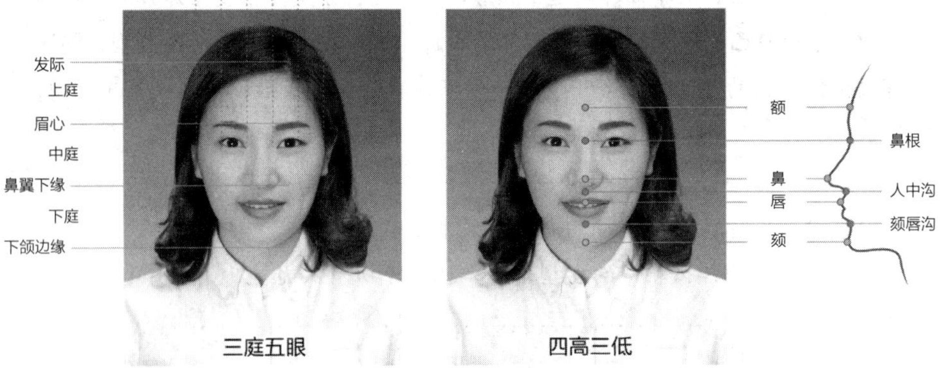

图 4–1　三庭五眼、四高三低

面部结构和谐是容貌美三要素中的最高级的形式。垂直方向的和谐是颜面结构的规律性表现形式之一。有人认为，正常人面下 1/3 与面中 1/3 高度应大致相等。有人则认为，正常人面部的中、下部分一般是协调的，但不一定相等，面下 1/3 高度仅应接近面中 1/3 高度。因鼻根点系骨性标志，表面不明确，故主张以眼外眦到口角距离代之。无论如何，面下 1/3 必须有足够高度才可使表情自然，这是容貌美的基础之一。若面下 1/3 高度明显小于面中 1/3，便会形成短面印象。反之则给人以长面畸形之感。从另一个角度来说，美貌人群颜面和谐还表现在宽度的协调，面中宽（双髁状突间距）约等于面下宽（双侧下颌角间距）的 1.3 倍。若面下宽等于或大于面中宽均为宽度不调。正面观之下颌角多过度外展，嚼肌肥大而膨隆外突；侧面观之下颌角多小于通常所见的 123°，甚至几乎呈直角，会给人以方面之感。这对于男性虽可勉强说是有阳刚之气，但对于女性则完全失去了容貌的温柔与灵秀。因此大众欣赏的瓜子脸因具符合上述自然美诸项特征，获得了人们的普遍喜爱，被大家认定为最想拥有的标准脸型。

二、标准脸型的面部特征

（1）采用黄金分割规律，把面部划分为上、中、下三部分，各占1/3的黄金分割。

（2）唇中线把面部下1/3分成1∶2的两个部分。

（3）脸长度平均值182~186mm，以眼的宽度分成5个等分。

（4）鼻尖、下唇、下巴三点连成一条线，上唇与下唇两者略缩于该线。

（5）发际到眼角距离 = 眼角到嘴角距离。

（6）发际到眉梢距离 = 眉梢到鼻翼距离。

（7）鼻翼宽度 = 眼睛宽度。

（8）嘴的宽度比两眼角间距稍大。

（9）两眼间距离是眼睛的宽度。

（10）眉梢在眼梢与鼻翼的连接线上。

中国传统审美中说到的理想瓜子脸的长与宽比例为34∶21，瓜子脸上部略圆，下部略尖，形似瓜子，一般又称为鹅蛋脸。在众多脸型之中，中国的传统审美观点认为瓜子脸是最美的一种脸型。

第二节 各种脸型分类及特征

一、脸型的分类

人们脸型的分类方法有很多种，在我国古代的绘画理论和面相书中就有各种各样的分类法，并对脸型赋予了人格的内容。下面是几种常见的脸型分类法：

（一）形态观察法

形态观察法比较简单，可以把脸全部露出来拍张正面照，用笔在脸上的上下左右两侧对应地画些记号并连接起来，你便得到了一张自己的脸型图

（见图 4-2 各类脸型）。

波契（Boych）将人类的脸型分为十种：①椭圆形脸型；②卵圆形脸型；③倒卵圆形脸型；④圆形脸型；⑤方形脸型；⑥长方形脸型；⑦菱形脸型；⑧梯形脸型；⑨倒梯形脸型；⑩五角形脸型。

亚洲人脸型的八种类型：①三角形脸型；②卵圆形脸型；③圆形脸型；④方形脸型；⑤长圆形脸型；⑥杏仁形脸型；⑦菱形脸型；⑧长方形脸型。

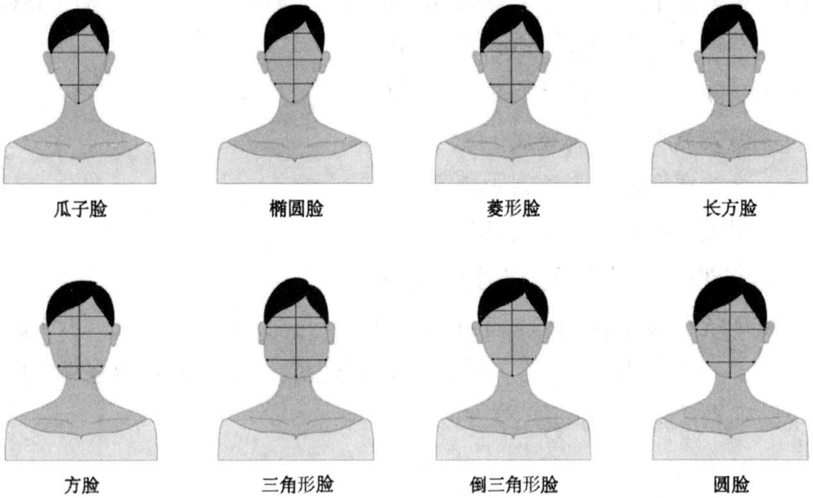

图 4-2　各类脸型

（二）字形分类法

字形分类法是中华民族的传统美学中根据脸型和汉字的相似之处对脸型的一种分类方法。

字形分类法通常将人的脸型分为八种：（1）田字形脸型；（2）国字形脸型；（3）由字形脸型；（4）用字形脸型；（5）目字形脸型；（6）甲字形脸型；（7）风字形脸型；（8）申字形脸型。

二、不同脸型的观感

人们拥有不一样的脸型，给人的感觉也各不相同，从不同角度看不同的脸型给人的印象也不同。下面我们从正看脸型、侧看脸型及观察具体组织点与脸型的关系来了解脸型带来的观感。

（一）正看脸型

1. 从整体的脸部轮廓

从正面方向看整体的脸部轮廓有以下脸型。

（1）田字形脸（圆脸型）的特点。圆圆的脸型，一方面圆圆的脸蛋会让人显得娇小可爱，但同时也会让人的脸显得肉嘟嘟的，给人年轻可爱的印象，但缺少棱角，感觉不成熟、不稳重。若要“消除”这令人不快的肉嘟嘟，可以在头顶或两侧增加头发的高度，使用两边不对称的设计会让脸部看来瘦很多，这一方法对大多数的圆脸女性来说是很有效的。如果颈部的头发可采用碎发，而且头发长度适中还会使下巴更为显现，轮廓感更强。

（2）国字形脸（方脸型）的特点。方方正正的脸纵向距离比较短，且棱角分明，缺乏柔和感，太生硬。女性可以用柔软、浪漫的卷发会让脸部线条看上去柔和起来，再以两侧的头发自然地掩饰脸部鼓突出来的“刚硬”部分。长长的碎直发也适合这种脸型，让其自然垂下，盖住脸部鼓突出来的“刚硬”部分，便会让脸变得曲线玲珑，十分可人。

（3）目字形脸（长脸型）的特点。长方形的脸型上下的落差较大，横向距离又小，且额头较宽，给人老成、刻板的印象，整个面部缺乏柔和生动的感觉。发型上首先将刘海的长度剪短，并且做一些纹理丰富的造型，可以减少脸长的感觉。然后用蓬松卷曲的头发突出强调脸的宽度，特别是中部的宽度，这样会改变长方形脸型的视觉效果。最后建议选择一些明亮、艳丽的发色，鲜亮的颜色更有助于使长脸变小脸，也会显得年轻有活力。

（4）由字形脸（正三角形脸）的特点。三角形脸的特征是窄额头、宽下巴，两颊显肥大。三角形脸型的改变不难，只要调整一下发型，会使胖脸马上变瘦。在脑门以上增加头发的宽度，下巴部分减少宽度，就可以使脸在视觉上平衡。波波头就很适合这一脸型。

（5）甲字形脸（瓜子形脸）。瓜子脸上部略圆，下部略尖，形似瓜子，一般又称为鹅蛋脸。在众多脸型之中，瓜子脸是现代审美中最美的一种脸型。理想瓜子脸的长宽比例为 4∶3。对于那些脸部线条本来就很柔和，腮部不太明显的女生来说，干干净净地露出来俊俏的脸蛋反而会让脸部看起来较小。而向上扎起的马尾也会给人一种错觉——圆圆的脸蛋变长了。

2. 从五官比例的角度

从正面方向看五官比例的角度又可以分为六种脸型。

（1）内脸型。内脸型人的五官都朝中间集中，双眼两侧到脸廓的距离长，脸颊面积也较宽大，会让人觉得脸部偏大。

（2）外脸型。外脸型的人五官都往外跑，感觉五官扁平，一般外脸型双眼的眼距比较宽，眼尾到脸部的外轮廓距离偏短，五官的位置很分散，脸颊整体留白比较少，这样的脸型修饰得好看会让人感觉大气成熟。

（3）上脸型。上脸型的人五官都集中在上半部，脸颊到下巴的距离很长，额头相对而言比较窄。

（4）下脸型。下脸型的人额头很高很宽，五官都往下半部集中，长相可爱，显得孩子气。

（5）吊脸型。吊脸型的眉毛、下眼尾、嘴角全部往上提拉。吊脸型的五官线条都有往上提的一个趋势，显得非常有神，很有气场。

（6）垂脸型。垂脸型与吊脸型完全相反，垂脸型的眉毛、眼睛和嘴角都有下垂感，下嘴唇偏厚，总是给人一脸倦态的感觉，所以显老。

（二）侧看脸型

正面的脸型会给人直接的印象，侧面脸型也是另一个衡量角度。侧面脸型一般有三种：凸侧脸、平侧脸、凹侧脸。

1. 凸侧脸

凸侧脸小额头、大鼻子、轮廓感很强，很具有欧美人种脸型的特点。这种脸型做瘦脸发型时，先要增加前额的头发，使脸看上去直一些，后脑的发量也可以适量增加。这种脸型的女性可以做微卷长发。

2. 平侧脸

平侧脸脸部侧面线条过于平直，起伏不大。这种脸型的相对瘦脸发型禁用直发，应用卷发，它可以缓解脸侧面线条的平直程度，卷发可以夸张一些，凌乱而有序的卷发充斥着野性美。

3. 凹侧脸

和凸侧脸相反，凹侧脸最显著的特点是它有一个突出、外伸的下巴。所以，想让脸部看起来瘦一些时注意前颚的头发不要太多，采用柔和上翘的边缘，以及后脑膨胀的发量，在瘦脸的同时，也使得那突出、外伸的下巴一下子变得性感了许多。若需要戴眼镜修饰脸型的女性，在做发型时除了要考虑发型带来的瘦脸功能外，还要让发型与眼镜的大小、样式做到和谐，整体美才最美。另外，应注意不要把发型做得太复杂，那样只会让脸部显大。

（三）具体组织点与脸型的关系

1. 颌与脸型美的关系

人的容貌美主要体现在脸的下半部，因为下半部有从眉骨中间到鼻中间、从颧骨到嘴角两个“S”形曲线，这是最能体现脸部曲线美的部位。而脸的长短、下半部的形状，则主要取决于颌骨的形状和大小。所以说，颌骨在容貌美中有特殊的重要性。

下颌是人的脸型美中的重要结构，占面容的 1/4。它决定脸型的下半部分，只有下颌和面部其他器官相互和谐才能有五官端正和谐的面部轮廓。

2. 额与脸型美的关系

额在脸的上部，是比较平坦的部位。额部发育良好，才能显示出头部健康而富有生命力的美丽姿容。额是智慧的象征，有了额部的优美曲线，人的容貌才获得精神性格的体现。

根据额平面与头部冠状面所形成的角度，可将额部分为明显倾斜型、中等倾斜型和直立微斜型三类。额部微微突起并缓和地过渡到鼻根，额、鼻的角度约为 135°，从额至鼻尖形成一条“S”形曲线，使面部更为柔和婉媚。前额太大或太小都不好，太大会让人觉得呆头呆脑；太小则显得天庭不够饱满，缺少智慧。

3. 颧与脸型美的关系

颧骨位于脸的中部，它主要通过与鼻、颞部和颊的关系来影响面部美。我国东南地区如广东、广西和福建等地，高颧骨的脸型较多。他们的主要脸型特征是额和颧骨突出，眼眶下陷，颧骨的特征则是向前、向外突出，使得颞部和脸颊凹陷、低平，鼻根也很扁平，这种脸型多为菱形脸。

按照突出程度，以及对鼻梁和颊的遮盖程度，可以将颧骨分为三级：Ⅰ级，颧骨体突出，从侧面看鼻颊间界线被颧骨所遮盖；Ⅱ级，颧骨体中等发达，鼻颊间界线大部分可见；Ⅲ级，颧骨不突出，颧骨从前面逐渐转向侧面，鼻颊间界线清晰。颧骨与鼻和颊和谐统一，脸型的中部自然平缓，这样的容貌具有魅力；如果颧骨过于肥大，就会破坏脸型的和谐。

4. 颊与脸型美的关系

颊位于面部的两侧，上起颧弓，下至下颌下缘，前界在鼻唇沟，后界在嚼肌前缘。颊部的美是由面部肌肤和脂肪形成的柔软、光滑而富有弹性的红扑扑的脸颊所展示给我们的青春美和健康美。女性颊部的美学意义在于它参与面部表情，协助口唇表达笑容，辅助说话、吮吸和咀嚼活动。脸部的丰满度在很大程度上也是由颊部决定的，颊部在微笑时能为容貌平添风采。

本章小结

本章介绍了常见脸型的分类和各类脸型的面部基本特征，并从多角度对比了不同脸型观感的优劣点。结合中西方审美标准，通过介绍脸型的面部基本特征，帮助同学们识别不同脸型。掌握不同脸型特征识别不同脸型，认识到脸型的不同观感，对后续课程中如何使用发型及化妆手段去修饰脸型，从而获得亲切感、职业感起到非常重要的作用，所以高铁服务人员在上岗前要进行自我脸型辨识的训练。

思考与练习

一、选择题

1. 现代审美中完美脸型的标准要符合“四高三低”。以下选项中符合“三低”的是______（多选）。

A. 鼻根部　　B. 人中沟　　C. 唇沟　　D. 眉心

2. 在众多脸型之中，中国的传统审美观点认为______是最美的一种脸型。

A. 瓜子脸　　B. 椭圆脸　　C. 菱形脸　　D. 方脸

3. 理想瓜子脸的长与宽比例为：______

A. 26 : 29　　B. 39 : 16　　C. 34 : 21　　D. 23 : 22

二、填空题

1. 中国古代画论中有“三庭五眼”的说法，说的是______。

2. 由字形脸（正三角形脸）的特征是______。

3. 中华民族的传统美学中根据脸型和汉字的相似之处对脸型的一种分类方法，名称是______。

三、简答题

1. 简述中国古代画论中的“三庭五眼”。

2. 为什么瓜子脸能获得人们的普遍喜爱，被大家认定为最想拥有的标准脸型呢？

四、实训题

1. 讨论：防晒不仅是夏天的专属任务，它应成为全年日常护肤的重要一环。请大家一起讨论一下紫外线对皮肤的具体伤害（如光老化、色斑等），并说说如何正确选择和使用防晒产品，包括对 SPF 值、PA 等级的理解及不同场合下的防晒策略。

2. 分组实训：小组成员之间互相观察，指出小组成员各自的脸型归属及特征，并讨论出扬长避短的建议。

第五章

面部化妆准备及皮肤基础护理

引　言

皮肤的基础护理贯穿于人们的日常生活中，皮肤状况的好坏影响着妆面的质感与持久度；面部化妆准备需要借助日常护理产品及美妆工具，为适宜的淡雅职业的妆容打下基础，因此化妆前的准备工作及皮肤的基础护理，对能否展现特定的职业妆容起着十分重要的作用。

学习目标

知识目标

1. 了解皮肤的基础知识及常见分类；
2. 了解皮肤的常规护理程序；
3. 了解卸妆的程序与方法。

技能目标

1. 能掌握不同肤质的适当护理办法；
2. 能根据肤质选择适当的卸妆产品及程序。

第五章

导学案例

张小楠和王丽丽亲密无间，她们年纪相仿，兴趣相投，就连护肤品都使用相同的品牌和种类。但让张小楠困惑的是，为什么大家日常保养使用的产品一样，王丽丽的皮肤光滑有弹性，而自己的皮肤却暗沉长痘、坑坑洼洼呢。

讨论：1. 请思考案例中造成两位女士皮肤状态截然相反的原因有哪些？

2. 本案例对你有哪些启示？

第一节 皮肤基础认知

皮肤覆盖全身，由表皮、真皮和皮下组织构成，并含有附属器官（汗腺、皮脂腺、指甲、趾甲）以及血管、淋巴管、神经和肌肉等。皮肤是人体面积最大的器官。一个成年人的皮肤展开面积大致为 1.5~2 平方米，平均约为 1.7 平方米。皮肤的重量约占人体总体重的 14%~16%。最厚的皮肤在足底部，厚度达 4 毫米，眼皮上的皮肤最薄，只有不到 1 毫米。

一、皮肤的七大生理功能

（1）保护作用。皮肤对外界的刺激有抵御能力，使体内各种组织和器官免受物理性、机械性、化学性和病原微生物性的侵袭。皮肤具有两个方面的屏障作用：一方面防止体内水分、电解质、其他物质丢失；另一方面阻止外界有害物质的侵入。

（2）感知作用。皮肤内含丰富的感觉神经末梢，可感觉外界各种刺激，如疼痛、压力、冷热。

（3）调节作用。皮肤可以通过血管和汗液蒸发调节体温。

（4）分泌和排泄作用。汗腺可以分泌汗液，皮脂腺可以分泌皮脂，皮脂在皮肤表面与汗液混合，形成乳化皮脂膜，滋润保护皮肤、毛发。排泄主要通过汗排泄体内代谢的这些废物。

（5）吸收作用。用任何护肤品都要有吸收。

（6）代谢作用。皮肤细胞有分裂和繁殖的功能，有更新代谢的过程。皮肤的新陈代谢在晚上 10 点到凌晨 2 点之间最为活跃，应该保证这期间良好的睡眠。

（7）呼吸作用。皮肤可以通过毛孔进行呼吸。

二、皮肤的常见类型

（一）干性皮肤

表现特征：皮肤水分、油分均不正常，干燥、粗糙，缺乏弹性，皮肤的 pH 值不正常，毛孔细小，脸部皮肤较薄，易敏感。面部肌肤暗沉、没有光泽，易破裂、起皮屑、长斑，不易上妆。但外观比较干净，皮丘平坦，皮沟呈直线走向，浅、乱而广。皮肤干燥易松弛、容易产生皱纹和老化现象。干性皮肤又可分为缺油性和缺水性两种。

保养重点：多做按摩护理，促进血液循环，注意使用滋润、美白、活性的修护霜和营养霜。注意补充肌肤的水分与营养成分、调节水油平衡的护理。

护肤品选择：多喝水、多吃水果、蔬菜，不要过于频繁地沐浴及过度使用洁面乳，注意周护理及使用保持营养型的产品，选择非泡沫型、碱性度较低的清洁产品、带保湿的化妆水。

（二）中性皮肤

表现特征：水分、油分适中，皮肤酸碱度适中，皮肤光滑细嫩柔软，富于弹性，红润而有光泽，毛孔细小，纹路排列整齐，皮沟纵横走向，是最理想漂亮的皮肤。中性皮肤多数出现在小孩当中，通常以 10 岁以下发育前的少女为多。年纪轻的人尤其青春期过后仍保持中性皮肤的很少。这种皮肤一般炎夏易偏油，冬季易偏干。

保养重点：注意清洁、爽肤、润肤以及按摩的周护理。注意日补水、调节水油平衡的护理。

护肤品选择：依皮肤年龄、季节选择，夏天选亲水型，冬天选滋润型，选择范围较广。

（三）油性皮肤

表现特征：油脂分泌旺盛、T部位油光明显、毛孔粗大、常有黑头、皮质厚硬不光滑、皮纹较深；外观暗黄，肤色较深、皮肤偏碱性，弹性较佳，不容易起皱纹、衰老，对外界刺激不敏感。皮肤易吸收紫外线，容易变黑、易脱妆、易产生粉刺、暗疮。

保养重点：随时保持皮肤洁净清爽，少吃糖、咖啡、刺激性食物，多吃维生素B2/B6以增加肌肤抵抗力，注意补水及皮肤的深层清洁，控制油分的过度分泌。

护肤品选择：使用油分较少、清爽性、抑制皮脂分泌、收敛作用较强的护肤品。白天用温水洗脸，选用适合油性皮肤的洗面奶，保持毛孔的畅通和皮肤清洁。暗疮处不可以化妆，不可使用油性护肤品。化妆用具应该经常清洗或更换。

（四）混合性皮肤

表现特征：一种皮肤呈现出两种或两种以上的外观（同时具有油性和干性皮肤的特征）。多见为面孔T区部位易出油，其余部分则干燥，并时有粉刺发生，80%的成年男性都是混合性皮肤。混合性皮肤多发生于20~39岁。

保养重点：按偏油性、偏干性、偏中性皮肤分别侧重处理，在使用护肤品时，先滋润较干的部位，再在其他部位用剩余量擦拭。注意适时补水、补营养成分、调节皮肤的平衡。

护肤品选择：夏天参考第三项油性皮肤的选择，冬天参考第一项干性皮肤的选择。

（五）敏感性皮肤

表现特征：皮肤较敏感，皮脂膜薄，皮肤自身保护能力较弱，皮肤易出现红、肿、刺、痒、痛和脱皮、脱水现象。

保养重点：经常对皮肤进行保养；洗脸时水不可以过热过冷，要使用温和的洗面奶洗脸。早晨，可选用防晒霜，以避免日光伤害皮肤；晚上，可用营养型化妆水增加皮肤的水分。在饮食方面要少吃易引起过敏的食物。皮肤出现过敏后，要立即停止使用任何化妆品，对皮肤进行观察和保养护理。

护肤品选择：应先进行适应性试验，在无反应的情况下方可使用。切忌使用劣质化妆品或同时使用多重化妆品，并注意不要频繁更换化妆品。不能用含香料过多及过酸过碱的护肤品，而应选择适用于敏感性皮肤的化妆品。

第二节 护肤品的选择及应用

一、清洁类护肤品的种类及应用

清洁类护肤品主要有洗面用品、卸妆用品和面膜，其作用主要是去除面部汗渍、油垢、彩妆残留、老死角质（皮屑）。从功效上可分为泡沫型、溶剂型、无泡型；从形态上分为膏霜类、液体类、乳液类、纸类、固体类、泡沫类；从清洁效果上可以分为日常清洁、专业卸妆、周护理；同时从清洁部位可以分面部、眼部、唇部专用清洁类护肤品。

中性和油性皮肤在选择清洁类护肤品时可以在春夏季选择清洁力度强的泡沫型的洗面用品，而在秋冬季节可以选择有一定保湿作用的无泡型的洗面用品。而干性皮肤则在四季使用无泡型加强补水保湿的清洁类护肤品。如果是混合性皮肤，可以准备两支混用，一支以强力清洁为主，一支以保湿为主，根据皮肤的情况和空气中水分子含量的不同来进行交替使用。过敏性皮肤需要用抗过敏的无泡型清洁类护肤品。

二、滋养类护肤品的种类及应用

根据部位把滋养类护肤品分为眼部、面部、颈部和手部。

（一）眼部

目前市场上出售的眼部保养品有眼霜、眼胶、眼部精华液、眼膜等多种。眼霜的滋润性、营养性强，适合于眼部有皱纹者；眼胶是一种植物性啫喱状物质，成分温和易吸收且不油腻，适合于黑眼圈、眼袋等。一般是先用精华液，再用眼霜或眼胶。取用时约绿豆大小足够，最好先热敷再涂抹，并配合按摩和指压，效果更好。每周 1~2 次的眼膜护理，提供眼部特别的滋润与放松，可用胶原蛋白眼膜护理。

（二）面部

水、精华液、露、乳、霜、面膜是面部主要护肤品。

1. 水

水分为爽肤水、紧肤水、调理水、柔肤水、洁肤水等。它们都具有稳定肌肤、滋润肌肤的功效，各自的侧重点却不同。爽肤水涂抹的感觉比较清爽，能补充肌肤的水分。紧肤水（收敛水）的最大功效在于细致毛孔，还可以有效平衡油脂分泌。紧肤水特别针对需要收缩毛孔的油性肌肤，或混合性肌肤的 T 字部位所设计，其他肌肤并不适合使用，因为通常含有酒精成分。调理水的作用是调整肌肤的酸碱值，肌肤在正常状态下呈弱酸性，洗完脸后，用调理爽肤水将肌肤恢复到弱酸性。柔肤水相较其他两种水而言比较滋润，给予肌肤细致的呵护，可以软化角质层，增加肌肤吸收滋润护肤品的能力。洁肤水除了用于洗脸清洁肌肤之外，含有一些爽肤水，能再次清洁脸部的残余污垢，等于是洁肤的保障。

根据皮肤的类型不同水的使用也不同，油性皮肤使用紧肤水，健康皮肤使用爽肤水，干性皮肤使用柔肤水。对混合皮肤来说，T 字部位使用紧肤水，其他部位使用柔肤水和爽肤水皆可。敏感皮肤则可以选用敏感水、修复水，而要想美白的话就可以选用美白化妆水。

2. 精华液、露、乳、霜

面部精华液大致分为美白精华液、补水精华液、抗皱精华液，紧致肌肤收缩毛孔精华液（包括瘦脸精华）。精华液是分子量最小、渗透性最强的护肤品，可让肌肤充分吸收。护肤顺序先用温水清洁肌肤，然后涂上足够的保湿水，再涂抹豌豆粒大小的精华液，涂完精华液后涂面霜或乳液，把养分锁进肌肤里。完成这三部曲后接着是防晒隔离。以保湿效果由低到高排列是露、乳、霜。根据肤质和季节选择和决定使用的量，油性越强的用保湿效果越低的，肤质越干的用保湿效果越高的，当空气中的水分子越多用量越小。

3. 面膜

（1）面膜按照质地大致可分为泥状面膜、膜状面膜、保养品面膜三类。泥状面膜多半以高岭土、绿陶土为主要成分，有吸附油脂的功用，油性肤质的人使用后有清爽的感觉。泥状面膜也常常会添加一些木瓜、菠萝等植物酵素，加速代谢老化角质与粉刺等。另外，大家喜欢在家DIY美容，一些水果、酸奶、小麦粉、面粉、奶粉等调制而成的面膜，也算是泥状面膜的一种。膜状面膜多半是以一些纸类、不织布、生物纤维等为素材，向皮肤释放各种精华液，利用“膜”不透气、保温的特性，加速皮肤吸收保养品的能力。常见的各种保湿面膜、美白面膜都属于膜状面膜。保养品面膜很像一般的保养品，有的呈凝胶状，有的呈现乳液状或乳霜状，要求直接薄薄涂抹一层在脸上，有保湿、滋养、调理功能，使用后直接清洗或用面纸擦拭即可。有些产品还标明不必清洗，这一类的面膜多半属于日常保养性质，现在很流行的睡眠面膜大多是这类。

（2）面膜按使用方法可以分为揭除面膜和水洗面膜两大类。使用揭除面膜时，应避开眼眶、眉部、发际及嘴唇周围的肌肤，将面膜均匀地涂于脸部，待干了之后，从边缘开始，轻轻地揭下来。首先，涂抹面膜的先后顺序很重要，人的脸部各个位置的皮肤温度不同，所以最好从温度较低的两颊开始涂抹，然后是额头、鼻子、下巴，利用时间差，使面膜的干燥时间一致，这样敷过后就容易将面膜完好地从脸上整张地揭除。其次，涂抹的厚度也有讲究，不能是薄薄的一层，要稍微厚一点，一定要盖住毛孔才能起到清除毛孔中污垢的作用。揭除面膜的干燥时间因种类不同而不尽相同，为5~15分钟。因为揭除时会损伤新长出的角质，也会刺激肌肤，所以每周做一次就可以了。而水洗面膜使用起来则较为简便，不会干燥，敷在脸上停留一定时间后，用清水冲洗干净就可以了。冲洗前用指腹在面部以轻柔画圈的方式去除老死的角质，一周可做一到两次。

（3）面膜按功效大致可分为深层清洁面膜、保湿面膜、紧肤面膜和美白面膜等。深层清洁面膜可清除角质层中的脏东西，能够将皮肤毛孔内的污垢、多余的油脂、老化角质清除干净，使用后的肌肤滑爽柔软。保湿面膜是以保湿为主要目标的面膜，通常以膜状出现，精华液中一般会含有玻尿酸、丙二醇、甘油、氨基酸、胶原蛋白、维生素B5和油脂类等保湿成分。敷完脸之后，会让皮肤充满水嫩的感觉。要注意的是，敷完保湿面膜之后，一定要擦上乳液来防止水分蒸发、留住滋润效果，不然脸上很快又会变得干燥。美白淡斑面膜是市场中的明星产品，也是以膜状形态居多，精华液中多含有果酸、维生素C、熊果素、胎盘素、桑葚萃取液、曲酸等美白成分，利用面膜的密封、微温性质，让皮肤加速吸收美白成分，达到快速淡化黑色素、斑点的效果。瘦脸紧肤面膜比较独特，可在肌肤上形成一层薄薄的膜，绷紧原本松弛的脸颊，恢复紧致度。如果因工作压力大脸部出现肌肤粗糙、疲惫状态，使用后效果很好。活颜亮彩面膜里含有果酸、水杨酸等成分，能快速清理掉那些老化的死细胞，为皮肤提供养分，保持滋润，让细胞活化。如果早晨上妆前发现肌肤暗沉不吃妆，在涂抹乳液后敷上一层薄薄的活颜亮彩面膜，然后直接上妆，会让面部容光焕发更易上妆。抗老活肤面膜可对肌肤迅速起到修护作用，其内含的植物精华、维生素 A 可帮助肌肤维持天然均衡，防止缺水，软化表皮组织，促进肌肤的新陈代谢，延缓皱纹产生。但需要注意有除老死角质作用的面膜一般都在晚上做，使去除老死角质的肌肤能在夜间修复一下。

（三）颈部和手部

1. 颈部

颈部要以滋养的为主，要根据自己的肤质选用含有抗皱、保湿及防晒等功效的产品。对颈部护理有效的成分有兰花油、茴香精、人参精等，具有抗氧化、保湿及赋活的功能，又不容易产生皮肤过敏现象。

2. 手部

手部补充皮肤油脂膜的方法有很多，使用护手霜是最简单方便的选择。并且最好随身携带一支护手霜，洗一次手抹一次护手霜，不能省略，而且要马上使用，在手上还湿湿的时候使用效果最好，如果等手上的水分已经完全蒸发，皮肤感觉极干时再使用，那么手霜保湿的效果就会差许多。

将护手霜均匀涂于手背后，用手指以螺旋状在手背循环打圈按摩，并针对手指关节进行拉伸按摩，用拇指按摩手背骨骼肌理，直至手部发热护手霜完全被皮肤吸收。拉拉指尖、做做握拳运动、伸长双手，按摩 3~5 分钟就可以了。

三、日常护肤步骤

（一）早上的护理程序

（1）洁面。中性、干性或敏感性肌肤建议使用温水洗面；油性及混合性偏油肌肤建议使用洁面泡沫、洁面乳洁面。

（2）化妆水。中性、干性或敏感性肌肤建议使用柔肤水；油性及混合性偏油肌肤建议使用爽肤水。

（3）精华液。等化妆水完全吸收后，涂上少量的精华液或原液。

（4）眼霜。二十五岁以下或从未用过眼霜的，可用眼部啫喱；二十五岁以上可选用含有油分的眼霜。

（5）乳液。春夏二季可使用质地轻薄的乳液，秋冬二季可使用质地较厚重的乳霜，日霜可选择具美白保湿功效的产品。

（6）防晒隔离乳。夏天可使用 SPF30 以上和 PA++ 以上的防晒隔离产品，春秋冬三季可使用 SPF15 和 PA++ 的防晒隔离产品；如夏季在海边，一定要选择 SPF40 以上的防晒产品。

（二）晚上的护理程序

（1）卸妆。如果面部有彩妆，一定要用卸妆油将彩妆卸净，中性或干性肌肤可使用橄榄油卸妆油，油性肌肤可使用葡萄籽卸妆油。

（2）洁面。面部涂有防晒隔离霜，可使用双效洁面泡沫进行洁面，油性肌肤可选择洁面皂之类的洁面产品。

（3）化妆水。中性、干性或敏感性肌肤建议使用柔肤水，油性及混合性偏油肌肤建议使用爽肤水。

（4）精华液。等化妆水完全吸收后，涂上精华液或原液。

（5）眼霜。晚上尽量选择营养性比较好，含有油分的眼霜或眼部精华。

（6）乳霜。春夏二季请使用质地轻薄的乳液，秋冬二季请使用质地较厚重的乳霜，晚霜可选择具美白保湿、紧致抗皱功效的产品。

（7）精油。精油的渗透性是最好的，而且在睡眠的时候，皮肤的吸收能力也是最佳的，所以精油睡前涂抹效果最好，且每次只需要 2 滴均匀涂抹于面部就足够了。

四、错误护肤的情况及改进措施

（一）肌肤清洁不彻底

女性朋友每天都会化妆，就算不化妆，空气中的粉尘、脸上的油脂等都是必须清洁的有害物质，对肌肤的伤害非常大，光是堵塞毛孔的伤害就很大了，色素色斑产生的原因之一也是不注意清洁肌肤，因此清洁工作必须做到彻底。

清洁措施：每天早晚各一次做脸部清洁工作，首先要选择合适自己肌肤性质的洁面乳，清洗脸部的时候最好选择温水，因为温水可以软化肌肤，让清洁工作更好地进行。为了让清洁工作做得更彻底，最好是用清洁脸部专用的小毛刷。这种小毛刷的毛非常柔软，可以深入清洁脸部的毛孔，而且不伤害肌肤。经过小毛刷彻底清洁之后的肌肤会减少粉刺、黑头、色斑等的产生。清洁完脸部的肌肤之后，最好使用保湿效果比较强的纯天然护肤水。

（二）美白过度

在所有的美白产品中面膜是最受欢迎的。很多人都以为面膜敷越久越好，这就是导致肌肤加快衰老的原因。因为面膜在一定的时间后功效就会消失，而且敷面膜的时候肌肤是不能正常透气的，敷得太久只会有害无益。除了使用面膜时间过长之外，美白还有另一个常见的误区，就是过度美白。使用太多的美白产品或者是美白疗程，肌肤就非常容易变得脆弱，皮肤变薄，之后肌肤就非常容易被晒伤、晒黑，从而导致色素沉淀、色斑产生等。

美白措施：正确使用面膜的方法就是控制时间。一般情况下使用补水类型的面膜都不要超过 20 分钟，一旦时间过长，就会导致毛孔堵塞等情况。至于清洁功效的矿物泥面膜，一般情况下是 3~5 分钟。织布式面膜通常是在 8 分干时就要拿掉了，千万不要等到干了才将面膜拿开，因为这样会将脸部的水分也一起吸干。还有，很多女性朋友喜欢敷面膜过夜，其实这是很不好的习惯，对肌肤也是百害而无一益。使用美白产品也要适度，否则给肌肤带来的伤害远比益处要多得多。

（三）日常防晒不注重

现在越来越多女性都意识到防晒工作对肌肤的保养来说是非常关键的一步，即使在没有太阳或者是冬天，大气中的紫外线都是存在的，对肌肤的伤害也是必然的。防晒不得当，肌肤会变得粗糙衰老，大部分的色斑就是因为光老化而产生的。

防晒措施：外出前半个小时最好就先涂抹好防晒霜，因为防晒霜是涂后 20 分钟才发挥功效的。涂抹的时候要均匀，注意脖子和手也是需要涂抹的，出门的时候防晒工具最好选择具有抵御紫外线功能的太阳伞，或者戴帽子。不管是冬天还是阴天，防晒工作都是必须做的。如果是脸上的肌肤已经被晒黑或者是色素沉淀比较严重，建议尝试美白效果比较好的保湿型天然护肤品。

五、日常护肤注意事项

（一）补充水分

秋天到来后，由于空气水分子含量的减少开始变得非常干燥，加之早晚温差大，天气逐渐变冷，引起皮肤毛孔收缩，皮肤表面的皮脂腺与汗腺分泌减少，从而使得皮肤表面很容易丧失水分。而皮肤衰老的最大原因正是水分不足，加之秋季皮肤新陈代谢缓慢，所以秋风一起，许多人的脸上便起了皱纹或色斑、粉刺，原有的花斑、褐斑也会加深，皮肤变得干燥，皮下脂肪增厚，皮肤紧绷，甚至起皮掉屑。因此，秋季护养肌肤要注意合理饮水，弥补夏季丧失的水分，并防秋燥对体液的消耗。每天都要饮用足够的水，使之渗透于组织细胞间，维护人体的酸碱平衡。保证机体新陈代谢的正常运行，并有效地将人体废物排出体外，从而保持皮肤的清洁与活力。饮水可饮白开水、果汁、矿泉水等。其中白开水是最好的天然饮料，应该首选。中国人喜饮的绿茶有清热泻火的作用，经常饮用，能够预防某些皮肤疾病，如青春痘、粉刺等的发生。一般来说，每天饮 6~8 杯水即能满足皮肤内部的需要。

（二）均衡营养

营养不良会使人的皮肤干、粗、皱、硬。若过多地摄取动物脂肪，则皮肤表现油亮或脱屑，这样易发生痤疮等皮肤病。因此，平时应注意饮食的多样性、营养的合理性，多食能转化皮肤角质层、使皮肤光滑的维生素 A（动物的肝、肾、心、瘦肉等），多吃新鲜的蔬菜、水果，少吃含饱和脂肪酸较高的动物性食物。此外，天气干燥，嘴唇易裂，既影响美观又增加不适感。要解决这个问题，除了用温水洗唇涂上护唇油外，平时应多吃富含维生素的食物，如动物肝、牛奶、鸡蛋、红萝卜、白萝卜、苹果、香蕉和梨等。均衡营养才能加强皮肤的屏障功能。

（三）注重洁肤

秋季空气中的污染物极易阻塞毛孔，从而引起皮肤疾病。另外，入秋后，角质层大量脱落，不及时清洁皮肤也会造成严重干燥、粗糙。所以，不论化妆与否，每天早晚用洗面奶仔细清除污垢，应是一项必做的工作。洁肤应选用杀菌力强、清洁效果好的洗面奶（弱酸性产品）；可适当在洗脸、洗浴水中加入少量食醋，也能达到清洁效果。

（四）睡前护肤

睡前护肤十分重要，因为面部细胞的分裂次数比白天高得多（10 倍以上），新生的细胞需要倍加呵护。针对秋天干燥的气候，还应经常用滋润乳液搽抹脸部，同时用化妆水擦拭额头、鼻翼、下巴等皮脂分泌旺盛的部位，避免出现闭口粉刺等。

六、男士护肤技巧

（一）男士肌肤特点

男士肌肤天生较女性厚，更富有弹性，这是因为他们的皮肤纤维彼此连接很紧密之故。很多男性不注意护肤，觉得自己的皮脂腺和汗腺较发达，对皮肤有很好的保护和营养作用，出现皱纹、皮肤松弛等衰老迹象比女人晚些。但是，恰恰相反的是，由于男性皮肤厚度与密度大于女性，所以男性皮肤的变化看起来较女性更明显更清晰。

男士肌肤还有一个特点就是敏感，容易发红、脱皮、发痒等，这些与需要刮胡子、不正确的保养方式、不良的饮食习惯、吸烟、心理压力等有关。许多人试图用女性护肤品来减轻这些刺激，结果往往把皮肤弄得更糟。症结在于与女性相比较，男人的皮肤 pH 值呈酸性，多数适用于女性 pH 值的护肤品，对男性即使不产生什么刺激，也会有不舒服感觉。弄清了男性皮肤的特殊性，男士如何美容护肤就不难明白了。

（二）男士肌肤护理技巧

1. 做好皮肤清洁，正确清洁皮肤

由于普通香皂会破坏皮肤表层，刺激皮肤，故最好用专门的洗面奶或凝胶洗脸，以对皮肤起到很好的清洁作用。定期进行深层清洁，去除多余油脂、污物，促进血液循环，改善容颜。油性皮肤者、吸烟者、司机以及常年在室内氧气不足的条件下工作的人，尤其需要常做深层的皮肤清洁。

2. 正确刮胡子，最好使用刮胡液

皮肤过早衰老，可能让人患上各种皮肤病，小者如湿疹，大者如皮肤癌等。故皮肤病学专家一致认为，男性也要经常使用保护性日霜，当然最好是男性专用的。此外，如果你因为熬夜，清晨起来显得没精打采，不妨用些护肤霜，它会使你神采焕发，避免过早衰老，缺少精气神。

3. 多喝水

平时多喝水可保持皮肤细胞的正常含水量，使皮肤光洁且富于弹性。美容专家建议，一个健康人每天最好用200毫升容量的杯子喝上6杯水，如晨起时1杯、上班前1杯、上午10点钟1杯、下午4点钟1杯、运动前1杯、睡觉前1杯。

4. 吃出体香

研究表明，如常食菠菜、豆类、动物肝等含铁食物可使人体发出酸枣香味；麦类、海藻类等含镁食物可使人体散发杏香味；玉兰香饮（玉兰花、山楂片泡水，冲入蜂蜜饮用）可令人体发出玉兰香味；芦荟茶可使体香清幽等。这种方法值得一试。

5. 睡足睡好

现代医学研究证明，睡好觉是保证健康乃至美容的重要条件，经常熬夜或者失眠的人容易衰老，包括皮肤衰老。特别是夜间12点到翌日凌晨3点这段时间，皮肤细胞代谢快，“以旧换新”的速度是清醒状态下的10倍多，故享有“美容睡眠期”的雅号。换言之，要想皮肤永葆青春，尤其要注意这段时间的睡眠，切不可错过。

无论男女，健康的肌肤每28天就会完成其更新周期。它会不断地脱去死皮，让内层的新生及青春细胞露出表层，使容颜保持健康动人、容光焕发的美态。不过，皮肤的更新周期会因为年龄增长或经常曝露对于皮肤不利的恶劣环境中而大大减缓，而致皮肤留下了过量久未清理的死皮。如此一来，皮肤开始变得粗糙，肤色变得暗淡无光，其他更复杂的皮肤问题也一一出现，因此护肤不在一时，而在于坚持。

由于这个原因，我们需要经常让皮肤上的老旧角质正常代谢，无论任何性质的皮肤都有这个必要。代谢老旧角质能令皮肤维持健全的更新周期，以便保持最佳状态，展现最动人的一面，让肌肤更晶莹、透晰、柔滑。

第三节 卸妆的程序与方法

化妆后一定需要卸妆，那么，为什么说卸妆很重要呢？化妆品涂在脸上，堵住了毛孔，一天下来吸附了各种脏东西，如果这个时候不清理干净，就会堵着毛孔，长久下来肌肤得不到呼吸，就会加快肌肤的衰老。所以卸妆是非常重要的。肌肤上的污垢可分两种，包括皮脂与日常生活中沾染的水溶性污垢及化妆品等油性污垢。水溶性污垢只需用一般洗颜剂就可轻易去除；而化妆品类油性污垢，除非是同样以油为主要成分的卸妆乳，否则无法清洁干净。彻底卸妆可以更好地清洁毛孔，使肌肤变得光滑，阻止毛孔粗大，保持皮肤白皙，防止痤疮、粉刺的出现。

一、认识卸妆液

卸妆液分为卸妆油、卸妆乳和卸妆水三种。卸妆清洁以卸妆油最强，其次是卸妆乳，卸妆水居末位。

（一）卸妆油

卸妆油是一种加了乳化剂的油脂，可以轻易与脸上的彩妆油污融合，再通过水乳化的方式，冲洗时将脸上的污垢统统带走。卸妆油所使用的油脂及乳化剂是决定产品质量的要素。比起传统的卸妆方式用面纸擦拭后，再用洗脸产品将残留的油脂洗净，要方便许多。

（二）卸妆乳

卸妆力中等，适合淡妆者，乳状易延展推抹，需要在按摩后轻轻擦拭。适合敏感性及油性肤质的人使用。

（三）卸妆水

卸妆水的质地都比较轻薄，有边滋润边卸妆的感觉。卸妆水安全，温和，对肌肤刺激性小，适合大面积卸妆。卸妆水是通过产品中的非水溶性成分与皮肤上的污垢结合，达到快速卸妆的目的，相比卸妆油，它可以保证肌肤的含水量，同时使用后不会觉得油腻。

二、卸妆的流程与技巧

规范的卸妆应按照眼睛、眉毛、嘴唇、面颊的顺序进行。对于十分脆弱的眼部、唇部皮肤，一定要用专门针对眼部或者唇部皮肤的卸妆液，因为这些部位的皮肤较为敏感和脆弱。

（一）眼部卸妆流程

（1）准备棉花棒及纸巾，将纸巾对折放在下眼睑，合上眼，再用蘸了卸妆产品的棉花棒，由睫毛根部向下抹去。然后张开眼睛，将纸巾放在下眼睫毛底部，再用棉花棒由睫毛根部向下抹。注意要轻柔。

（2）用化妆棉蘸满卸妆液，敷在眼皮上几秒，等待彩妆溶解后再开始擦拭。中指稍稍用力，顺着眼皮鼓出来的方向，朝外擦拭，更换化妆棉重复步骤，直到化妆棉上没有颜色，手法要轻。

（二）唇部卸妆流程

（1）如果嘴唇上的唇膏非常浓，先用纸巾把浮色去掉，才开始卸妆的步骤。

（2）嘴唇轻抿，用化妆棉蘸满卸妆液，敷在唇上几秒，等待彩妆溶解。

（3）从嘴角往中间擦拭，用力不可太大，要把唇纹中的唇膏擦掉，更换化妆棉再擦拭，直到化妆棉上没有颜色。

（三）脸部卸妆流程

（1）用化妆棉蘸取适量的卸妆液。

（2）用化妆棉由内向外侧小心地擦拭，连续用化妆棉擦拭 2~3 次，到化妆棉不留下粉底的颜色为止。化妆棉使用过后就应立即丢弃，避免再次使用。

（3）用常温水洗干净，再用洁面产品清洁一遍。

三、错误的卸妆手法

（一）用纸巾卸妆

卸妆不仅仅是清洁，卸妆也是护肤的第一步。如果因为嫌麻烦用纸巾用力擦，不但会卸不干净，还会因为摩擦导致黑色素沉淀。唇部暗淡或者颜色加深有时并不是化妆化多了，而是长期用纸巾摩擦的结果，加速了皮肤的老化。

（二）过度揉搓肌肤

卸妆的时候，力度要轻，手法要轻柔，不要过度拉扯，把细纹给弄出来了。是女汉子还是温柔的女子，从卸妆完全看得出来。全脸一顿乱搓的，基本上都是大大咧咧的女汉子了。过度揉搓，简直不要太恐怖，会长“摩擦斑”。这是因为刺激和摩擦会使皮肤产生黑色素，色素沉淀会慢慢形成“摩擦斑”。除了卸妆过度揉搓，洗脸太用力，化妆太用力都会造成这样的肌肤问题。

（三）先打湿脸再卸妆

脸部呈湿润状态时使用卸妆油或是卸妆乳霜，这样一来使得卸妆产品被水先行稀释，无法发挥完整的卸妆效果。

（四）使用卸妆液或卸妆湿巾后不用水冲洗

通常这类产品含有清洁作用的洁面活性剂，若擦拭之后不用水冲洗干净，会使清洁成分残留脸部，久而久之就会造成肌肤脆弱与受损，加速衰老。

本章小结

本章介绍了皮肤的基础知识及常见分类，并详述了不同肤质的鉴别方式及适当护理办法。高铁服务人员的服务多为与顾客的近距离接触，干净细腻的皮肤能给人清透职业的感觉。皮肤的常规护理程序和正确的卸妆程序与手法是保护皮肤的基础方式。因此，高铁服务人员经过教师训练指导和练习，拥有良好肤质也是展现良好的职业形象的必备要素。

思考与练习

一、选择题（多选）

1. 根据部位把滋养类护肤品分为______。

A. 眼部　　B. 面部　　C. 颈部　　D. 手部

2. 面膜按功效大致可分为______。

A. 深层清洁面膜　　B. 保湿面膜

C. 紧肤面膜　　D. 美白面膜

3. 彻底卸妆，可以______。

A. 清洁毛孔　　B. 使肌肤光滑

C. 皮肤白皙　　D. 防止痤疮、粉刺

二、填空题

1. 皮肤的常见类型有:____。

2. 皮肤的七大生理功能是____。

3. 根据皮肤的类型不同水的使用也不同，油性皮肤使用______，健康皮肤使用______，干性皮肤使用______。

三、简答题

1. 如何做好面部清洁?

2. 简述一下早上的护肤程序。

四、实训题

1. 讨论：日常护肤必须要很烦琐吗?

2. 分组实训：小组成员之间互相观察，根据小组成员各自的描述讨论肤质类型及日常护理要素。

3. 日常卸妆重要吗？为什么?

第六章 面部妆容设计

引 言

妆容应当依据不同的职业要求、工作环境、服务对象及工作范围进行设计。高铁乘务员应选择适合自己的面部妆容设计。在妆容上，高铁乘务员以淡雅、清新、自然为宜，体现高铁乘务员的从容、大方、专业及自信。

学习目标

知识目标

1. 了解化妆用品及化妆工具的分类与特点；
2. 了解面部基础化妆程序；
3. 了解高铁乘务职业妆容标准。

技能目标

1. 能根据面部特征对自己进行职业面部妆容的设计；
2. 能使用化妆工具及用品完成符合高铁乘务职业妆容要求的妆面。

● 导学案例

今天是张小楠第一天在动车上进行乘务服务。张小楠早早地起床梳洗化妆，想以饱满的热情为乘客提供专业的服务。为了使自己看起来更有气色，她使用了比之前用的粉底液更白一号的色号，画上了粉色眼影、黑色挑高眼线、粗粗的一字眉和大红色口红。谁知道，还没走上动车，就感受到了很多顾客异样的眼光。张小楠有些不知所措，却又不知道为什么。

讨论： 1. 你能告诉张小楠这是为什么吗？

2. 你认为她的妆容应该有什么样的调整？

第一节 化妆用品与化妆工具的分类与特点

一、化妆品

生活中常用的化妆品可以分为养护类化妆品和修饰类化妆品。

（一）养护类化妆品

1. 化妆水

日常使用化妆水可清洁皮肤、补充水分、收缩毛孔、软化角质、调节皮肤 pH 值、平衡油脂分泌使皮肤光泽细腻。

2. 润肤品

润肤品，顾名思义，它能够滋润皮肤、保护皮肤，使皮肤柔软、细腻，可以在使用化妆水后使用。

（二）修饰类化妆品

作为化妆品的另一类补充，修饰类化妆品是对皮肤的瑕疵如色斑、痘印等起遮盖作用的化妆品。化妆品通过遮盖，对人的肤色进行调整，对人的容貌进行美化。常见的修饰类化妆品有：防晒霜、隔离乳、遮瑕膏、粉底液、散粉、眉笔 / 眉粉、眼线笔、眼影、睫毛膏、腮红、高光、唇彩 / 口红。

1. 肤色修正液

依据色彩学，使用色彩之间的互补关系来遮盖灰暗的肤色，同时提亮肤色。常见的肤色修正液有紫色、绿色和白色等。

（1）紫色。在色彩学中，紫色的对比色是黄色，因而紫色最具有中和黄色的作用。它可以使皮肤呈现健康明亮、白里透红的状态，适合普通皮肤、偏黄皮肤。

（2）绿色。在色彩学中，绿色的对比色是红色，因而可以中和面部过多的红色，使肌肤呈现亮白的完美效果。另外，还可以有效遮盖痘印。绿色修正液适合偏红和有痘印的皮肤。

（3）白色。白色是专为黝黑、晦暗、色素分布不均匀的肤质而设计的。当使用白色的修正液，皮肤的亮度会增加。白色修正液适合色素不均、暗黑的皮肤。

2. 粉底

粉底是最常见的修饰皮肤底色的化妆品，是妆容的基础。粉状质地的粉底是最常见的，涂在脸上显得轻柔自然，是日常妆的最佳选择。粉底一般有粉饼装与散粉装两种。化妆时，人们总不忘给自己打一层粉底。因此，在某种程度上说，粉底是女人妆容的基础，如何打好这层基础，那就得对照肤色了。任何颜色的粉底在选用的时候都不能脱离本身肤色，而试用时也最好是在脸部皮肤上。

粉底的类型很多，如粉底霜、粉底液、粉条和遮瑕膏等。无论是哪种类型的粉底，它们的基本成分大致相同。粉底用于调整肤色，改善面部质感，遮盖瑕疵，体现质感。粉底的主要成分是颜料、油分、水分和色素，粉底的数值越大，颜色越暗，一般使用时与肤色的色差不要过大，与肤色接近。

3. 定妆粉

定妆粉也叫蜜粉。一般蜜粉比较轻薄透明，用后妆面显得干净。蜜粉比散粉细，没有遮瑕的功能，但是一般有吸油的功能。而且现在蜜粉的色号多一些，在修正肤色方面比粉底要好一些。散粉是遮瑕用的，也可以用作妆的升华。散粉是用在粉饼之上进一步定妆的，使肤色更通透自然。并且在出油出汗化妆后，先用吸油纸吸去油脂后，散粉补妆效果极佳。另外，还有一种粉是压缩散粉，也叫蜜粉饼，是把散粉压成饼状的，功效和散粉一样，压缩的出门携带比较方便。

二、化妆工具

粉饰类化妆用品

（1）化妆刷。化妆品行有卖那种套装的小组合刷，选毛质柔软的，笔杆不很长且握着顺手的，有散粉刷、腮红刷、修眉刷、眉刷、唇刷、眼线刷、2 支以上大小眼影刷、几支双面海绵眼影棒。

（2）粉扑。一种打粉底用的海绵扑，选密度高、弹性好的；一种是扑散粉和垫手用的粉扑，大小合适，小指勾进去牢靠，棉绒手感好就可以了。

（3）眉刀、眉剪、眉钳（镊子）、睫毛夹。

（4）棉签、面巾纸。棉签是很好的补救工具，画错了也不用担心。

（5）假睫毛。根据自己出席的场合和身份确定睫毛的长度和密度，有贴合度好，不容易脱落，经济实惠，适合普通日妆的；有超长卷翘根根分明的；有为了加强视觉效果用于舞台表演的超浓密睫毛。

第二节 面部基础化妆及修饰

一、面部基础化妆

化妆的话先一定要从护肤做起，做好清洁及保湿工作才能为后续的妆容锦上添花。

化妆之前先洗干净脸，拍上爽肤水，薄薄地涂上一层润肤乳液。吸收后擦上防晒霜，抵挡紫外线的照射。再叠加隔离霜，隔离空气中的粉尘、污垢，保护皮肤的同时，起到修整肤色的作用，偏黄的皮肤用淡紫色，偏白的皮肤一般用淡绿色。最简单的准备工作就算完成了。

化妆的程序开始（隐形眼镜要在化妆前戴好）：

（一）步骤一：底妆——均匀肤色

挤出适量的粉底液，用粉底液专用海绵均匀地涂抹在脸上，如果脖子是露出来的则颈部也要涂，否则差异很大，明显地欲盖弥彰。涂完粉底液后再用遮瑕霜轻点瑕疵处，晕开，与周围融合在一起。然后把蜜粉（或散粉）刷遍脸部（颈部），要刷得均匀，刷得薄。有时候感觉妆面脏脏油油的，问题就出在没有仔细定妆。先用干粉扑蘸取适量的蜜粉对折揉匀，用手指弹去多余的粉末，均匀地按压在肌肤上，重点是眼角、鼻翼、嘴角这些油脂茂盛区域，再用大号化妆刷刷去多余的粉末。好的蜜粉不仅仅是起到一个定妆吸走油光效果，更重要的是起到二次修饰作用。

粉底的使用方法

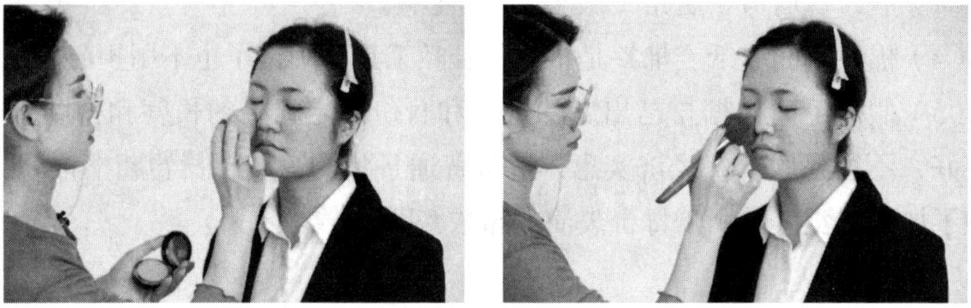

图 6-1　底妆

（二）步骤二：眼妆——修饰眉型、眼型

使用工具包括眉笔、眼线笔（眼线液）、睫毛膏、眼影等。

1. 画眉

画眉是需要技术的，一般遵循眉头淡、眉坡深、眉峰高、眉尾要清晰的原则，当然也要根据出席的场合而定。

眉型塑造

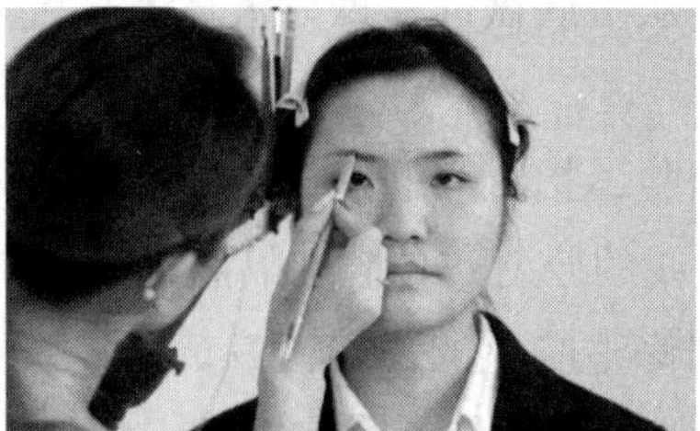

图 6-2　眉妆

2. 眼影

要结合自己的眼型及当天出席的场合，决定使用什么样的眼影。用中号的眼影刷蘸取浅色眼影，从内眼角向外眼角大面积扫满整个上眼皮强调眼部妆容的整体结构范围。用小号的眼影刷在眼线上处反复轻扫几次叠加咖啡色，控制咖啡色的面积，只做小范围使用，这样可以使整个眼部看上去更立体。晕染时要注意层次的过渡，避免涂抹不匀造成的污浊感。

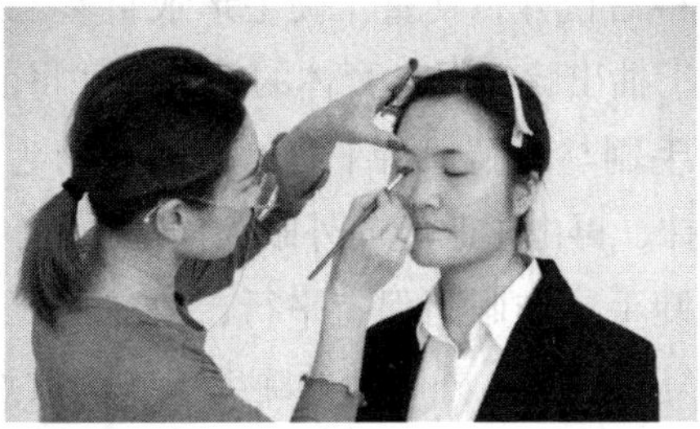

图 6–3　眼影

3. 眼线

将镜子放在距身体 20cm 处，眼睛向下看，用无名指把眼皮轻轻向上拉。上眼线沿睫毛根部由内眼角画至外眼角，内眼角处的线条要画得细、浅一些，外眼角处线条要画得粗、浓一些，眼尾可微微上翘且略长于眼睛的长度。下眼线描画时将眼线画在睫毛根部外侧，由外眼角向内眼角描画，一般画到眼睛长度的 1/3 处逐渐消失，下眼线的颜色以外眼角最深。一般情况下，男士化妆可不用画眼线，若需画眼线，只对上眼线进行轻微的描画，眼尾处不宜拉长。由于眼睛的形状、脸型、气质等不同，在描画眼线时，应根据脸型和妆面的不同要求描画出相符的线条。

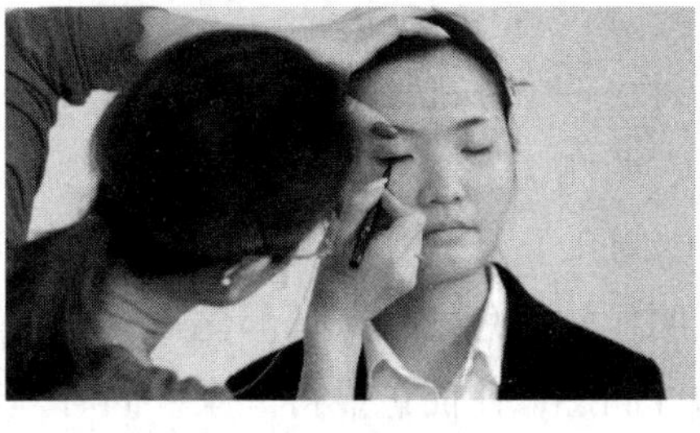

图 6–4　眼线

4. 涂睫毛膏

东方人的睫毛的特征为短而直或向下垂，睫毛化妆时应先利用睫毛夹将上睫毛夹卷翘。其步骤如下：①眼睛向下看，将睫毛夹放在睫毛根部，夹紧睫毛，使睫毛夹与眼睑的弧线相吻合，夹紧睫毛数秒后松开，此动作连做两三次，使弧度与形状固定，角度约为 45 度。②将睫毛夹向前移动至睫毛的中部，约呈 90 度的角度，夹卷数秒后松开。③再将睫毛夹移至睫毛的前端，约呈 120 度，夹卷两三秒后松开，使整个睫毛形成自然上翘的弧度。接下来再涂睫毛膏。步骤是：①抽出睫毛膏含膏体的部分，并将前端过量的膏体拭去。②眼睛向下看，将睫毛刷与眼睛保持平行，放在上睫毛上方的根部，先在睫毛根部轻轻地横向涂抹，再由内眼睑向外眼睑向下向内转动，重复此动作 2~3 次；再平视前方，将睫毛刷与眼睛保持平行，放在上睫毛下方的根部，向上向外转动，此动作重复 2~3 次；外眼角的睫毛要作为重点，应比内眼角浓密。③眼睛向上看，将睫毛膏放在下睫毛的上方根部，用睫毛刷由睫毛的根部向下向外轻轻刷睫毛。④待睫毛半干状态时，用睫毛梳或滚刷将粘连在一起的睫毛刷开。

眼妆的画法

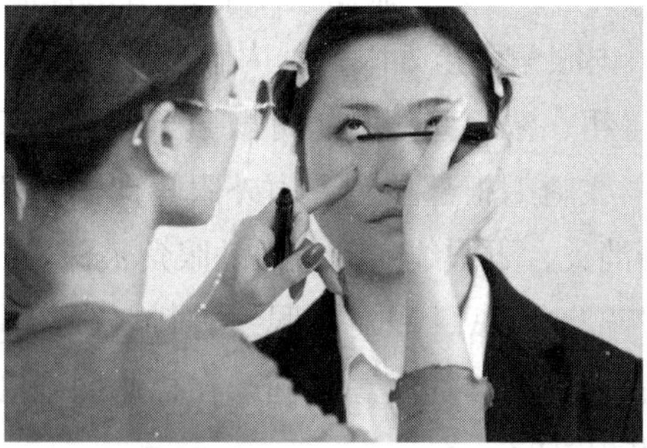

图 6–5　涂睫毛膏

（三）步骤三：彩妆——涂抹腮红、口红

面颊位于脸部左右两侧，上颌骨与下颌骨的交会处，上至颧突、眼眶下水平线，下到颌角，中间介于犬齿槽和外颌角之间，是流露真实情感的部位，情绪波动时会产生较明显的颜色变化。颊部化妆主要是对面颊进行腮红的晕染，可以增加面部的红润感，使面色显得健康，同时，还能起到矫正不理想脸型的作用。颊部是骨骼起伏交错的部位，由于颊窝部肥厚的肌肉填充，在

外形上只能看到颧丘、颧弓、下颌角几个突起的部位。颊部的外形，因人种、性别、年龄的不同而有很大的差异。颧弓与颧面的弧度大于 90 度形成扁平面颊，但由于地域、遗传等原因，颧骨的大小、宽窄因人而异。

标准脸型腮红的涂抹位置应在微笑时面颊能隆起的部位，即俗称的笑肌部位。腮红描画时，描画区域以眼球为中心向下找垂直线，从下眼线处空出一个食指的宽度至耳边，从唇角到耳垂的部位，空出颧骨部位，最为恰当。腮红向上不可超过外眼角的水平线。腮红向内不能超过眼睛 1/2 的垂直线。当然，在化妆时，还要根据脸型、妆面要求调整腮红的位置及形状。腮红的涂抹可以分为较深色晕染和较浅色晕染两种，较深色晕染是取同色系中较深的腮红色，从颧弓下陷处开始，由鬓部发际向内轮廓进行晕染；较浅色晕染是取同色系中较浅的腮红色，在颧骨上与第一步衔接，由鬓部发际线向内轮廓进行晕染。

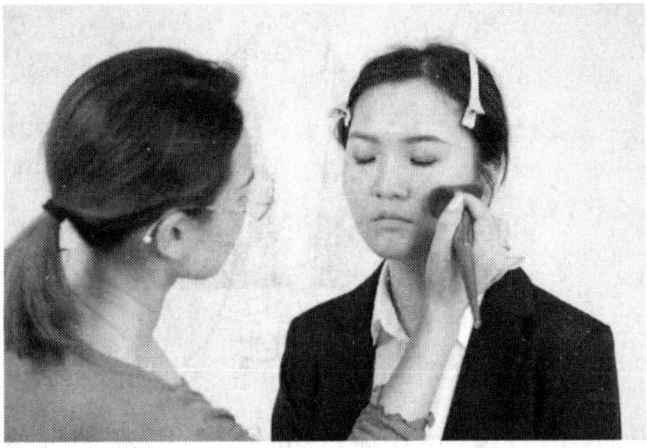

图 6–6　腮红

唇部化妆中的唇型应根据个人的风格、气质、脸型及自身的唇型特点进行设计。除妆面的特殊要求外，唇线一般不应描画得过于明显；描画要注意左右对称。唇线的颜色应比唇膏的颜色深一些，同色也可以。当妆面要求自然、清新时，也可不进行唇线的描画。画唇线的时候，唇线笔或唇刷要平放，用其尖端和边沿来画。男士化妆中，唇部的化妆一般不描画唇线，唇膏颜色的选择应与原唇色尽量相似。若想唇色保持持久，在涂抹唇膏后，在唇部用粉扑蘸少许的定妆粉将上下唇定妆，再重复唇部化妆的整个过程。

面颊修饰和
唇部妆容

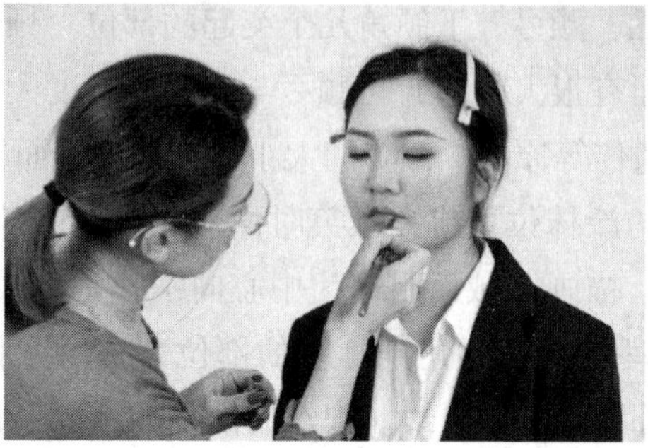

图 6–7　唇妆

妆容完成后需要用散粉再次进行定妆。

图 6–8　定妆

男性化妆的重点在于力度而不在于描绘。健康的肤色、浓密的眉毛、高耸的鼻梁、丰厚的嘴唇是能够突出男性特征的几个要点，所以男士化妆的重点就是突出以上几个关键的部位。并且，男士化妆的重点不在于色彩的晕染，而在于力度的体现。男士化妆的过程着重突出几个重点部位，相对于女士化妆来说，程序简单，其步骤为：洁肤→剃须→修眉→爽肤→润肤→涂粉底（见图 6–9 涂粉底）→内外轮廓晕染→定妆（见图 6–10 定妆）→眼睛的修饰（见图 6–11 眼睛修饰）→眉毛的描画（见图 6–12 眉毛修饰）→颊红→唇膏（滋润成分为主的无色润唇膏）→全面检查（见图 6–13 男士侧妆容）。

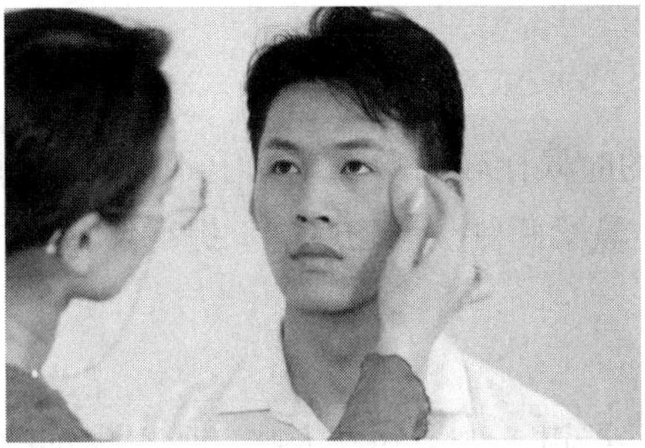

图 6–9　涂粉底

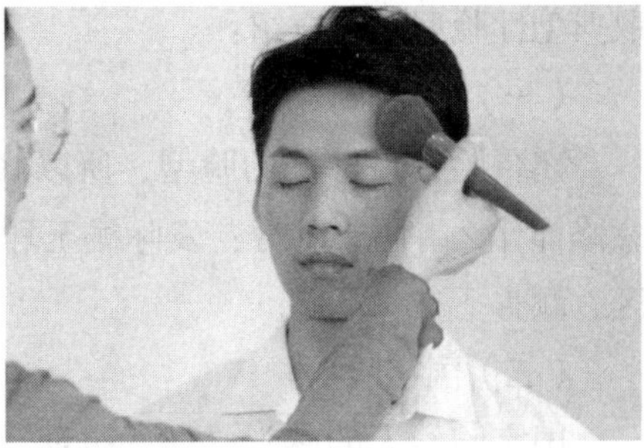

图 6–10　定妆

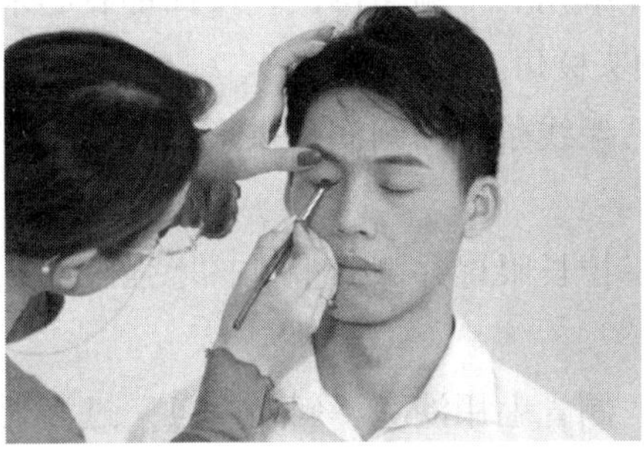

图 6–11　眼睛修饰

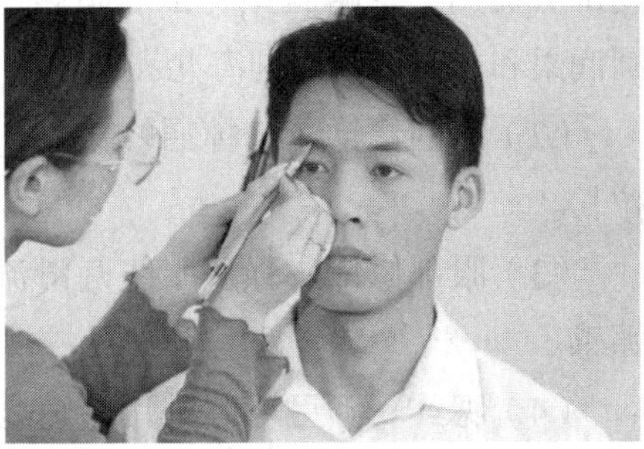

图 6–12　眉毛修饰

男士妆容

图 6–13　男士侧妆容

二、面部化妆修饰

面部化妆的修饰要依据每个人不同的脸型实际进行调整。下面我们将选取典型性脸型做出介绍：

（一）鹅蛋脸

鹅蛋脸是最标准的脸型，所以修饰的时候比较简单，基本上不需要太刻意修饰什么。阴影部分：发际线至耳边、鼻梁两侧、下巴底端。提亮部分：T区、颧骨下方、下巴。

（二）国字脸

国字脸给人的感觉是棱角分明，有些严肃，少了些女人味，所以修饰的时候，主要以修饰得圆润为主。

（1）脸型修饰。用高光色提亮额中部、颧骨上方、鼻骨及下颏使面部中间部分突出，忽略脸型特征。暗影色用于额角、下颌角两侧，使面部看起来圆润柔和。也可借助刘海儿和发带遮盖额头棱角。

（2）眉的修饰。修掉眉峰棱角，使眉毛线条柔和圆润呈拱形，眉尾不宜拉长。

（3）眼部修饰。强调眼线圆滑流畅，拉长眼尾并微微上挑，增强眼部妩媚感。

（4）腮红。颧弓下陷处用暗色腮红，颧骨上用淡色，斜向晕染，过渡处要衔接自然，可使面部有收缩感。

（5）唇部修饰。强调唇形圆润感，可用粉底盖住唇峰，重新勾画。

阴影部分：发际线、腮帮子（斜向）；提亮部分：T区、下巴。

（三）圆形脸

圆形脸给人的感觉太圆润，偏短，面颊圆润，面部骨骼转折平缓无棱角，脸的长度与宽度的比例小于4∶3，给人珠圆玉润、亲切可爱的视觉感受。修饰的时候，注意把脸型修饰得方一些，带点棱角，修饰以小、长的视觉感受为主。

修饰方法：

圆脸型矫正

（1）脸型修饰。用暗影色在两颊及下颌角等部位晕染，削弱脸的宽度，用高光色在额骨、眉骨、鼻骨、颧骨上缘和下颏等部位提亮，加长脸的长度和增强脸部立体感。

（2）眉的修饰。眉头压低，眉尾略扬，画出眉峰，使眉毛挑起上扬而有棱角，破掉脸的圆润感。

（3）眼部修饰。在外眼角处加宽加长眼线，使眼形拉长。

（4）鼻部修饰。拉长鼻形，高光色从额骨延长至鼻尖，必要时可加鼻影，由眉头延长至鼻尖两侧，增强鼻部立体感。

（5）腮红。由颧骨向内斜下方晕染，强调颧弓下陷，增强面部立体感。

（6）唇部修饰。强调唇峰，画出棱角，下唇底部平直，削弱面部圆润感。

阴影部分：发际线连接至腮骨（圆弧）、鼻梁两侧；提亮部分：T 区、下巴。

（四）正三角形脸

这类脸型额部窄，下颌较宽大，也称梨形脸，给人感觉富态，柔和平缓。

修饰方法：

（1）脸型修饰。可于化妆前开发际，除去一些发际边缘的毛发，使额头变宽，用高光色提亮额头眉骨、颧骨上方、太阳穴、鼻梁等处，使脸的上半部明亮、突出、有立体感。用暗影色修饰两腮和下颌骨处，收缩脸下半部的体积感。

（2）眉的修饰。使眉距稍宽，眉不宜挑，眉形平缓拉长。

（3）眼部修饰。眼影向外眼角晕染，眼线拉长，略上挑，使眼部妆面突出。

（4）鼻部修饰。鼻根不宜过窄。

（5）腮红。由鬓角向鼻翼方向斜扫。

（6）唇部修饰。口红颜色宜淡雅自然，让视觉忽略脸的下半部。

（五）倒三角形脸

倒三角形脸给人的主要感觉是下脸小，上脸大，所以修饰的时候注意修饰下半脸。修饰方法：

（1）脸型修饰。用高光色提亮脸颊两侧，使两颊看起来丰满一些，用暗影色晕染额角及颧骨两侧，使脸的上半部收缩一些，注意粉底自然过渡。

（2）眉的修饰。眉形应圆润微挑，不宜有棱角，眉峰在眉毛 2/3 向外一点。

（3）眼部修饰。眼影晕染重点在内眼角上，眼线不宜拉长。

（4）腮红。宜用淡色腮红横向晕染，增强脸部丰润感。

（5）唇部修饰。唇圆润饱满。

阴影部分：上侧发际线、耳侧至腮骨上方、鼻梁两侧；提亮部分：T区、眼睛下方。

（六）长形脸

这种脸型三庭过长，两颊消瘦，脸的长度与宽度的比例大于4∶3，给人沉着、冷静、成熟的感觉。

修饰方法：

（1）脸型修饰。用高光色提亮眉骨、颧骨上方，鼻上高光色加宽但不延长，增强面部立体感。暗影色用于额头发际线下和下颏处，注意衔接自然，这样在视觉上可使脸型缩短一些。

长脸型矫正（上）

长脸型矫正（下）

（2）眉的修饰。修掉挑高的眉峰，使眉毛平直，不宜过细，拉长眉尾，这样可拉宽缩短脸型。

（3）眼部修饰。加深眼窝，眼影向外眼角晕染，拉长加宽眼线，使眼部妆面立体，眼睛大而有神，忽略脸部长度。

（4）鼻部修饰。用高光色把鼻梁加宽，面积宽而短，收敛鼻子长度，不宜加鼻影。

（5）腮红。应横向晕染，由鬓角向内横扫在颧骨最高点，用横向面积破掉脸型的长度感。

（6）唇部修饰。唇形宜圆润饱满。

第三节 高铁乘务职业妆容标准

高铁公司要求高铁乘务人员上岗前化职业妆，是为了体现高铁职业的统一性、纪律性，为了展现公司的整体形象，体现对职业的尊重、对乘客的尊重。通过化职业妆，帮助乘务员找到职业的感觉，更好地规范乘务员的行为举止。妆容一定要符合职业形象。高铁乘务行业对形象要求比较严格，在妆容方面以淡雅、清新、自然为宜。还有要注意一下头发，头发一定要全梳起来。高铁乘务员要求就是头发一丝不苟，不能有刘海儿。另外还要注意面部局部的修饰，保持眉毛、眼角、耳部、鼻部的清洁。三分长相七分打扮，高铁乘务员在化妆过程中应该注意的几点：

一、高铁乘务员的化妆技巧

（1）高铁乘务员妆容不宜过浓，用气垫霜会比较自然，然后眉毛注意与头发颜色相近，化完用小刷子刷一下，会自然很多。另外可以用眉笔、眉粉相结合，切记要适量相加，不能过浓。

（2）眼睛。不要化烟熏妆，先夹睫毛，然后沿着睫毛根部画上眼线，再是涂上淡淡的眼影，最后一步是刷睫毛膏。刷睫毛膏要从根部刷。

（3）鼻影。鼻子比较宽或者比较塌的，可以在鼻梁打一点高光，在侧面刷一点阴影粉，但是颜色不能过重，否则看起来会很脏。鼻形好的可以省略这一步。

（4）腮红。浅粉色腮红适宜白皮肤，皮肤偏黄的可以用点橘粉色腮红，偏橘的腮红会提升气色。

职业妆

（5）口红。口红不要涂得过浓，淡色为宜。

（6）最后用定妆刷刷一点定妆粉在脸上，防止晕妆。

（7）脸部侧影粉在这里不推荐使用，因为高铁乘务员的整体形象要整洁淡雅，打完侧影粉会使脸部线条棱角分明，这样显得没有亲和力，整体妆感也会变得有点“脏”。

图 6–14　高铁乘务员职业妆

高铁乘务员是一个要求气质出众的职业，平时应当要注重仪容仪表，这样不只是尊重乘客，也会提升自己的自信心，提高服务质量和专业度。

二、高铁乘务员的化妆禁忌

1. 忌饮酒和使用含有酒精或其他刺激性成分的化妆品

化妆品中的刺激性物质是美容的大敌。含有酒精或其他刺激性成分的化妆品不可轻易用于面部和手部，也不可将用于其他部位的化妆品涂到脸上。特别应忌酒精等物，否则会破坏细嫩的面部皮肤，皮肤细胞组织易受损，造成敏感。

2. 忌拔眉

拔眉化妆极不可取。拔眉毛后显得呆板生硬，缺乏层次感，而且也无益于卫生健康。有些人拔眉后，眉毛继续生长且无规则，弄巧成拙。眉毛用专用小剪刀进行小幅度的修整即可。同时注意，虽然粗眉这股潮流越刮越猛，不过在职场中，我们的眉毛还要以自然为主。浓黑的眉毛戏剧效果太强，平时看会很突兀，也会让你失去亲和力。

3. 毛发粗而密的人忌不剃过多的毛发

身体上粗而密的毛发会妨碍女性的绰约风姿。可有些人错误地认为，身体的毛发会越剃长得越密越粗。实际上，剃毛并不影响其结构，而毛发过长则看起来粗硬些。

4. 忌在面部搽香水

香水一般不应搽在外露皮肤上。因为它会明显加速皮肤衰老，对皮肤产生较大的刺激作用。一些香水受到紫外线照射还会起化学变化，并引起皮肤炎症，因此要特别注意。

5. 忌涂抹鲜艳颜色的口红或眼影

在妆容方面以淡雅、清新、自然为宜，体现高铁乘务员的从容、大方、专业及自信。

6. 忌黑色烟熏妆

黑色的烟熏妆确实能让双眼看起来更大更有神，这种妆容要是晚上去派对绝对会让你在当晚出尽风头，不过要是用在职场上，浓黑的烟熏妆还是有点过于戏剧化，也让自己显得不够有气质。同时强调下眼线是近几年兴起的画法。利用眼线、眼影填满下眼睑，虽然这样做确实会让眼睛显得更大，不过更适合在参加派对时作为创意妆，而非应用到工作场合。

7. 忌大面积使用腮红

如少女般红润的脸颊确实会让整个人都看起来更有生气，不过大面积使用腮红的方法更适合在周末休息时化，脸部的其他妆容也要适当减淡。如果去上班大面积使用了腮红，或许会让同事觉得你的脸过敏了，也许还会给人留下脸颊有“高原红”的印象，绝对不是职业妆容。

8. 忌浆果色唇妆

浆果色的唇妆会让人看起来更加成熟美艳，但是过于浓重的唇色出现在乘务服务过程中，则会显得整个人的肤色太过沉闷，也会显得妆容比较脏乱，让人感觉不职业不专业，拉远了与乘客的距离。妆容的选择上我们还是应该追求清新淡雅，提升个人气质的同时又带有亲和力。

本章小结

本章重点讲了高铁服务人员的职业妆容标准，淡雅、亲切、大气是最基本的要求。文中讲解了化妆用品与化妆工具的分类与使用，也描述了面部基础化妆程序及个性化修正妆容。高铁服务人员应根据不同的场合熟练运用不同化妆用品，完成符合场景的职业妆容，给顾客带来亲切、专业的职业服务。

思考与练习

一、选择题

1. 高铁公司要求高铁乘务人员上岗前化职业妆，在妆容方面以______为宜（多选）。

A. 淡雅　　B. 清新　　C. 自然　　D. 浓重

2. 画眼线时，眼睛应朝______看（多选）。

A. 上　　B. 下　　C. 左　　D. 右

3. 画眼线时，将镜子放在距身体______cm 处。

A. 10　　B. 20　　C. 30　　D. 40

二、填空题

1. 高铁乘务员要求头发一定要全梳起来，一丝不苟，不能有______。

2. 化妆品分为______和______。

3. 高铁乘务员还要注意面部局部的修饰，保持__________的清洁。

三、简答题

1. 高铁乘务员的化妆禁忌有哪些?

2. 面部基础化妆的顺序是什么?

四、实训题

1. 讨论：妆容是否应该随着场合的变化而变化呢?

2. 分组实训：小组成员之间互相观察，分析小组成员各自特征后，讨论出适合的化妆搭配及色彩风格。

第七章
发型设计

引 言

高铁服务人员在对旅客服务过程中，需要展现出专业的形象和气质，要时刻注意自己的仪容仪表。跟人接触时，头部是制高点，是对方首先的视线之处，所以高铁服务人员要高度重视自己的头发护理，时刻保持头发干净整洁，清爽不油腻。

学习目标

知识目标

1. 了解头发的组织结构、健康头发标准；
2. 掌握头发的发性分类及正确的护理方法；
3. 掌握六大头发问题与预防；
4. 了解高铁服务人员的职业发型标准。

技能目标

掌握高铁服务人员职业发型要求，并且能在工作过程中正确梳理标准发型。

导学案例

某知名企业董事长要接受电视台的采访，为郑重起见，接受采访前他特意向个人形象顾问咨询如何提升个人形象。顾问仅仅向董事长提了一项建议：换一个较为儒雅而精神的发型，并且一定要剃去鬓角。对方的理由是：发型对一个人的上镜效果至关重要。改换了发型的董事长在电视上亮相时，形象焕然一新。他的发型精明强干，他的谈吐深刻稳健，二者相得益彰，得到广大电视观众的赞美。

点评：发型本身没有美和丑之分，但整齐、大方的发型会给人神清气爽的感觉。

第一节 头发的基础知识

一、头发的组织结构

毛发是一种针状纤维组织，遍布于人类的表皮上，其长短、质地和色泽因人而异。头发指生长在头部的毛发，它并不是器官，既没有神经也没有血管，但含有细胞，每一根发丝从纵向切面上来分，可以从下至上分为——毛乳头、毛囊、发根和发干。头发的生理特征和机能主要取决于头皮表皮以下的毛乳头、毛囊和皮脂腺等。

（一）毛乳头

毛乳头是毛囊的最下端，连有毛细血管和神经末梢。在毛囊底部，表皮细胞不断分裂和分化。这些表皮细胞分化的途径不同，形成毛发不同的组分（如皮质、表皮和髓质等），最外层细胞形成内毛根鞘。在这个阶段中，细胞是软的和未角质化的。

（二）毛囊

毛囊为毛根在真皮层内的部分，由内毛根鞘、外毛根鞘和毛球组成。内毛根鞘在毛发生长期后期是与头发直接相邻的鞘层。内毛根鞘是硬直的、厚壁角蛋白化的管，它决定毛发生长时截面的形状。内毛鞘下部为三层：HUXLEY 鞘、HENLE 鞘和内毛根鞘表层。在毛发角蛋白化以前，内毛根鞘与毛发一起生长，其来源均为毛囊底层繁殖的细胞。在接近表皮处，内毛根鞘与表皮和毛囊脱开。

（三）发根

发根是头皮以下不可见的头发，包裹在毛囊中。毛囊下端，发根处膨起如圆球大小的部分是毛球。毛球底端的小突起，有神经和血管通道，以制造生长细胞，让发丝不断延长。

（四）发干

发干是头发表面可见的部分，从外到内可分为三层：毛小皮、毛皮质、髓质层。毛小皮是发干的最外一层，由鱼鳞似的表皮构成，呈透明状，起着保护头发的作用；毛皮质位于毛表皮的内侧，被毛小皮覆盖，由含有许多麦拉宁黑色素的细小纤维质细胞（皮质纤维）所组成，占毛发的 75% 至 90%，是左右着毛发性能的重要组成部分；髓质层又称毛髓质，位于头发中心，含有些许麦拉宁黑色素粒子的空洞的细胞集合体，呈蜂窝状排列。

头发除了使人增加美感之外，主要用于保护头部。细软蓬松的头发具有弹性，可以抵挡较轻的碰撞，还可以帮助头部汗液的蒸发。一般人的头发有 10 万根左右。在所有毛发中，头发的长度最长，尤其是女子留长发者。有的可长到 90~100cm，甚至 150cm，但一般不会超出 200cm。头发的颜色一般是由基因决定的，常见的有黑色、金黄色、棕色及红色等。当人类老化时，头发通常会变成银白色。中国人的发质一般头发是圆柱形，较粗硬，可直立，黄种人的头发多为直发。

二、健康头发的标准

普通人约有 10 万根头发，头发每个月生长约 1cm，平均每根头发的寿命是 4~7 年，平均每人每天脱落 50~100 根头发，是正常脱发现象。

健康头发的标准是：色泽统一，中国人传统以头发黑亮为健康；不打结，发梢不开叉，柔顺自然，易于梳理；头发润泽、不干燥；头发疏密适中；发丝软硬适中，粗细均匀；油脂适中，不油腻，无头屑，无头垢；手感润滑，不毛糙，不易断裂；五指紧贴头皮插入，五指并拢夹住发丝向发梢部拉，一次脱落头发不超过两根。一根健康的头发在潮湿及牵拉时可增加30%的长度；头发经化学处理如烫发或染发后，其弹性被破坏，不能弯曲且易断裂，只能拉长原长度的15%。

第二节 头发的护理

热损伤、紫外线、游泳、风沙、灰尘、油烟、废气、干燥环境、拉直染烫、空调下、某些特殊的工作环境都会使我们的头发受到伤害，所以我们一定要更加细心地呵护我们的头发。

一、头发的保养

拥有乌黑秀发的基本保养程序非常简单，只要遵守下列所示的头发保养方法，就可以慢慢地将头发状况调整回来。

1. 正确的梳发

每次洗头发之前，将头发先梳一梳，然后将打结的部分解开。梳发的目的在于利用梳发将头皮上的污垢与头发的污垢先梳落。

2. 正确的洗发与护发

洗发与护发能够给受伤的头发以营养成分，让头发由内到外恢复生气。头发的健康状况与护发的次数与种类有关。一般是先洗完头发再护发，洗发的时候必须照顾头皮、发根，因为这两个地方关系到头发健康；通过手指对头皮的按压促进头皮血液循环，进而促进头发的健康；发尾必须仔细地清洗，才能使头发发尾吸收到营养。

3. 洗完后的护理

洗完头发后要先用毛巾将湿头发擦干，千万别马上用吹风机吹整发型。

4. 吹整的注意事项

胡乱地使用吹风机吹整，反而会使头发更乱，所以，吹整之前先将头发梳开，这样才能够避免头发打结。吹风机是伤害发质的原因之一，所以，吹整时尽量缩短使用时间，而且与吹风机之间的距离最好大一些，约 17cm 为宜。

5. 对于受损发质的护理

烫发与染发会导致头发受损严重，所以，应该在头发的表面抹上防止分叉或是能够补充水分、油分的护发剂，用来加强头发的健康。

6. 洗头的次数

洗头的次数也要适当控制，一周为两三次较合适，也可根据个人习惯把握。

二、头发发性分类及护理

根据头发的发性可以分为中性、油性、干性、混合性四种发质。

（一）油性发质

发质特点：皮脂分泌过多，头发油腻，易产生静电，易吸尘；容易产生头皮屑，需要经常清洁；油性头皮还容易产生脂溢性皮炎等头皮炎症；发质细长者，油性头发的可能性较大。

形成原因：皮脂腺分泌过多的天然油脂，是形成油性发质的根本原因；护理不当，不经常清洗头发；油性头发也受遗传因素及精神压力、性激素影响。

护理建议：用性质温和或清爽型的洗发水，并经常清洗头发，保持头皮干净清爽；油性发质比较适合染发；油性头发因头发缺乏营养，应该根据发质情况使用护理产品；由于头皮已能分泌足够的油脂，护发素宜涂在发干或发梢上。

（二）干性发质

发质特点：油脂分泌很少；头发缺水，无光泽、干燥，并且容易断裂；头发蓬松、缠绕，在浸湿的情况下难于梳理；通常头发根部颇稠密，但至发梢则变得稀薄，发梢易开叉；头发僵硬，弹性较低，其弹性伸展长度往往小于 25%；摸起来头发干枯、甚至开叉，梳起来易断裂、脱落。

形成原因：主要由于缺乏油脂或毛发水分丧失引起；干枯的头发是长时间缺乏护理和化学品残留的后遗症；精神压力、内分泌的变化及饮食的平衡与否等，也会对发质产生影响。

护理建议：宜用焗油滋润型洗发水洗头；洗头次数建议每隔一天洗一次；经常喷营养水或润发露，补充头发水分和养分；为防止发丝内的水分流失，应尽量避免使用电吹风、卷发器具等；使用护发素或营养型焗油膏，给头发补充营养，用健康营养型焗油膏或发尾油护理开叉受损头发；饮食方面，多吃新鲜蔬果及蛋白质丰富的食品。

（三）中性发质

发质特点：头发不油腻、不干燥，油脂分泌适中；柔软顺滑，梳理后可保持原来的发型。

护理建议：注意保养，比如梳头时尽量用木梳，打结时，不要生硬拉扯头发；避免外界侵袭或人为的破坏，比如染、烫等；经常喷洒营养水及免洗型润发露，进行日常性的护理。

（四）混合性发质

发质特点：头发根部（靠近头皮 1 厘米左右）比较油腻，而发梢部分干燥，甚至开叉。

形成原因：缺乏护理或护理不当；精神压力、内分泌的变化及饮食的平衡与否等，也会对发质产生影响；本为油性的发质，后因外界人为的破坏影响（拉、烫、染等）而导致发梢干燥。

护理建议：洗护分开。

三、六大头发问题与预防

头发长期暴露于空气中，受到各种因素的影响会产生各种各样的问题。

（一）头皮屑问题

头皮屑是头皮细胞非正常代谢的产物，指散布在头皮和头发间呈灰白色或灰黄色的细小鳞片。头皮屑形成原因有内因和外因。内因主要有：内分泌的改变，头皮油脂分泌过多，新陈代谢失常等；外因主要有：气候变化，压力大，发用品残留，使用了不当或粗糙的头发护理产品。

预防方法：注意个人卫生，勤洗头，除去过多油脂，破坏糠秕孢子菌繁殖的生理环境；选择适合的去屑洗发露并彻底冲洗干净；精神上避免出现过于疲劳焦虑；少食辛辣、油腻等刺激性食物；适当按摩头部；不要过度烫、染或抓挠头皮。

（二）脱发问题

在医学上脱发分为暂时性脱发和永久性脱发两大类。头发不能牢固地生长，归根到底问题出在毛囊的毛细血管上，而油脂分泌过多及毛囊虚弱是脱发的主要原因。内因主要有气血不足；肾虚；内分泌失调；压力过大，精神持续紧张或长期睡眠不足；过度的劳累，如兼职加班，通宵达旦连续工作；用脑过度或受强烈的精神刺激等。外因主要有护理不当，发用品使用不当或使用劣质发用品，不正确的洗护方式及频率；出差在外、生活不规律，环境不适应等；因病服用西药而引起药源性脱发；自身有皮肤病未愈；因烫、烧、刀伤或化学药品灼伤等引起头发脱落。

预防方法：保持头发清洁干爽，少吃盐、糖、肥肉等，选用合适的洗发水，保持心情愉快和充足的睡眠，避免过度劳累。

（三）白发问题

黑色素细胞得不到足够的营养，分泌黑色素的能力下降，导致皮质细胞间含有空气，或者色素被一种在身体内到处游荡的游离细胞吞噬而离开了毛乳头，发质得不到黑色素，而产生白发。白发有少年白头和老年白头。

预防方法：保持良好的心态和正常的生活规律，营养饮食，多吃黑五类，如黑米、黑豆、黑木耳、黑芝麻等。

（四）枯黄、开叉问题

枯黄头发的产生，主要是血液中有酸毒症存在。枯黄的头发，显得没有光泽，像一蓬枯草，没有活力；开叉的头发，营养成分容易流失，头发难于梳理。

预防方法：使用健康营养型油膏进行护理。

（五）纠结难梳、毛糙问题

头发缺少水分和营养物质会导致毛鳞片排列不整齐，摸起来感觉不顺、不滑，容易打结、毛糙，难于梳理。长头发需要更多的营养，所以更容易发生这样的问题。

预防方法：用免蒸免洗焗油膏进行护理，也可以用护发素、润发精华素等。

（六）脆弱易断、扁塌问题

头发营养成分不够，造成发心空洞，从而导致头发不够坚韧，容易从中断裂，特别是梳起来的时候，这种断发情况更加严重。

预防建议：经常用强化发质型焗油膏进行焗油，增强头发纤维韧性，令头发更具弹性和活力。

四、不同季节的头发护理

不同季节对头发的影响不同，故在不同的季节要用不同的护理方法。

1. 春季

初春可按冬季的护理方法，而暮春可参照夏季的养护手段。

2. 夏季

应增加洗头次数，以 1~2 天最合适，洗头后可选用滋养发剂，注意头发的防晒。

3. 秋季

要经常按摩头皮，注意合理的营养摄入，不用或少用电热吹风。

4. 冬季

应选用营养型洗发水清洁头皮；在每次洗完头发后涂用护发素；每天应按摩头皮，按摩结束后再涂上少量滋养发乳，使头发有足够的营养。如头屑较多，可用抗头屑洗发水和抗头屑养发剂，有一定的止痒效果。

第三节 职业发型标准

人与人的相识过程中，往往在几秒钟内就能形成第一印象，这种首轮效应会影响人们交往中的态度，而决定第一印象中的关键因素之一是发型。高铁乘务人员跟顾客接触的时间较短，不可能做到日久见人心，所以需要给客人留下良好的第一印象，务必从职业发型着手。

一、职业发型标准

职业发型的标准

（1）发型整齐干净。

（2）发色发型不宜夸张。

（3）长发盘起，高度适宜，发帘不要遮住眼睛。

（4）短发不得短于 2 厘米，前不遮眉后不过衣领。

（5）使用统一发饰。

二、高铁乘务人员发型的基本要求

（一）女性高铁乘务人员发型的基本要求

1. 短发

女乘务员可以留短发，但造型不可奇特，头发长度不能超过衣领。前发须保持在眉毛上方，不遮眼；两侧头发干净、利落、服帖。

2. 长发

女乘务员如果是长发，须将长发盘起，佩戴统一的职业规范头花。长脸人适合低盘式发型；身材高大的适用低盘式发型；身材矮小的适合高盘式发型，不要选择不等式或偏重式发型。头发少的短发者可将头发用皮筋扎紧成马尾辫，戴上假发装饰并注意遮盖；头发少的长发者可以头发根部用纱巾扎束，装满头花网后，再戴上帽子（见图 7-1 长发女乘务员发型）。

图 7-1　长发女乘务员发型

3. 染发

除了黑色之外，女乘务员不准将头发染成其他颜色。

（二）男性高铁乘务人员发型的基本要求

1. 发型庄重

男乘务员在选择发型时，要体现简洁大方的原则，不宜过度时尚，不宜标新立异，要与乘务员的具体身份相称，要体现庄重而保守的整体风格，从而提升顾客的信任度。

2. 剪短头发

男乘务员不宜留长发，须剪短头发，具体要求是前发不覆盖额头一半，侧发不遮盖耳朵，后发不长于后发际线，鬓角不要长于耳朵的中部。为了保持短发发型，应根据头发的生长规律，保持在每半个月左右理发一次（见图7-2 男乘务员发型）。

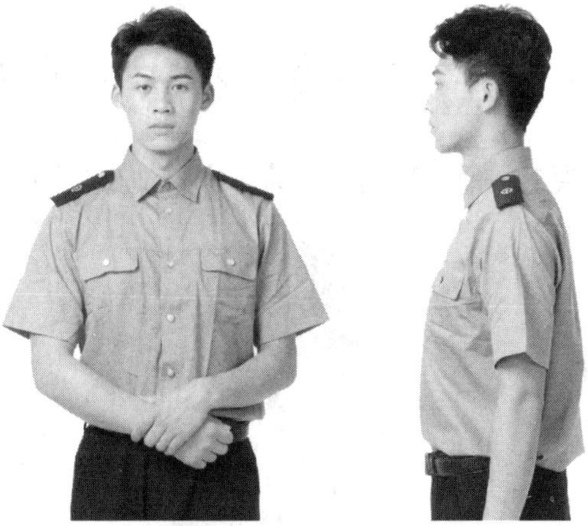

图 7-2 男乘务员发型

3. 染发

除了黑色之外，男乘务员不准将头发染成其他颜色。

三、女性高铁乘务人员发型基础塑造技法

女性高铁乘务人员在了解职业发型基本要求的基础上，要学会快速梳理职业发型，掌握盘发的基本步骤。

1. 扎马尾辫

将长发扎于头上 1/2 或 1/3 处，是距下发际线四指宽的距离（见图 7-3 花苞高度）。

图 7-3　花苞高度

2. 简易盘卷

将扎好的长发盘卷成花苞状，如果碎发过多，可以借助隐形发网。

3. 戴好帽子

将帽子固定在头上，前不遮眉，整体干净整洁（见图 7-4 戴好帽子）。

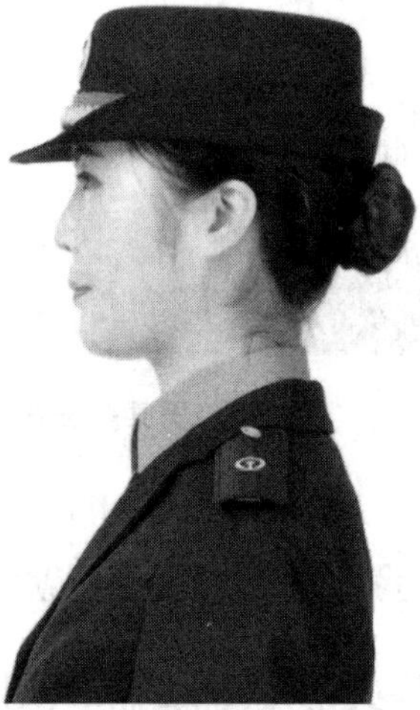

图 7-4　戴好帽子

本章小结

本章在介绍头发基本组织结构的基础上介绍了健康头发的标准，要求高铁服务人员在日常生活中要注意头发的保养，根据自己的发质和不同季节对头发进行相应的护理，提前预防头皮屑，脱发，白发，枯黄、开叉，纠结难梳、毛糙，脆弱易断、扁塌六大头发问题。当然，高铁服务人员在了解职业发型标准的前提下要知道根据自身的头发梳理相应的发型，特别是对面额的发型设计需要根据脸型进行造型。

思考与练习

一、选择题

1. ______为毛根在真皮层内的部分，由内毛根鞘、外毛根鞘和毛球组成。

A. 毛囊　　B. 毛乳头

2. 普通人约有 10 万根头发，平均每根头发的寿命是______年。

A. 3~5　　B. 4~7　　C. 1~3　　D. 5~8

3. 多吃黑五类，如黑米、黑豆、黑木耳、黑芝麻等可以帮助预防______的产生。

A. 头皮屑　　B. 头发干枯　　C. 脱发　　D. 白发

二、填空题

1. 根据头发的发性可以分为______、______、______、______四种发质。

2. 发干是头发表面可见的部分，从外到内可分为三层：______、______、______。

3. 头皮屑形成原因有内因和外因。内因主要有：______，______，新陈代谢失常等；外因主要有：______，______，______，使用了不当或粗糙的头发护理产品。

三、简答题

1. 脱发问题是什么原因导致的，有什么预防措施?

2. 简述油性头发的发质特点、形成原因和护理建议。

四、实训题

1. 分组实训：每组 5~6 人，由组长带领，进行盘发练习。

2. 分组讨论：每组 5~6 人，由组长带领，分别辨识每人的发质，并讨论该如何护理。

第八章 身体其他部位保养

引　言

作为一名高速铁路乘务服务工作人员，需要全方位展示自己的职业素养和最佳工作状态。所以对于外在形象的塑造有较强的要求，而外在的形象是整体的表现，不是只看妆容发型是否符合职业标准，而对身体其他部位也提出了同样的要求。所以本章节重点对手部、肩颈部、足部的护理及保养做相关知识的介绍。

学习目标

知识目标

1. 了解手部护理的重要性；
2. 了解肩颈部护理的重要性；
3. 了解足部护理的重要性。

技能目标

1. 能掌握手部护理的步骤与方法；
2. 能掌握肩颈部护理的步骤与方法；
3. 能掌握足部护理的步骤与方法。

第一节 手部护理

都说手是人的第二张脸，所以对于双手的呵护我们也要拿出足够的耐心，就像对待我们的脸一样细心周到。在乘务服务中展示出经过细心护理的手部也是对旅客的尊重，一双干净、整洁、滋润到位的手递物品时也会让旅客赏心悦目。

一、手部护理的重要性和护理效果

（一）手部护理的重要性

手部也是身体外显的一部分，千万不能忽视。如果忽视手部的护理，会使手部的皮肤干燥起皱，纹路青筋暴露，指甲毫无光泽，会极大地破坏一个人的整体形象。因而，重视手部护理，才能拥有一双温润的玉手，同时，一双精心护理的手也显示了一个人教养、地位、品位等方面的不凡。保养手部首先要做到给手部提供足够的营养，每次做过家务事后要洗净手，擦干后用清爽、滋润的护手霜滋润手部。进行洗衣、擦地等较繁重的工作时，为保护手部宜戴上手套。同时定期做手部护理按摩，也可以促进手部肌肤的血液循环和新陈代谢，从而使手部肌肤细腻。

手部是全身最容易暴露年龄的部位之一，从年轻时就开始手部护理，才不用担心将来拥有一双“老手”。

手部更是人体保养的基础部位。身体中任何一个部位的清洁保养都要靠双手完成，如果双手不够柔滑细致，对其他部位皮肤的保养不但大打折扣，甚至可能造成一些负面的效果。

（二）手部的护理效果

在高速铁路客运服务中，手起着很重要的作用。为旅客递物，为客人指引，有时旅客为表示感谢还会跟你握手。而手是身体最容易衰老的部位，手部肌肤的老化速度是脸部肌肤的 8 倍，这个部位也常常无法掩饰，是最骗不了人的年龄记号。然而大多数人由于缺乏对双手保养的意识，双手干燥问题比较严重。手漂亮与否虽是天生，但还有后天因素，我们用心护理自己的双手也可以让手部逐步达到最佳状态。

手部最佳保养状态的特征：

（1）修长。手部皮肤白皙、润泽，不能有疤痕或痣，手形修长，手部骨节不能太大，手掌不能太宽，手指又长又直。

（2）丰满。手指手掌胖瘦适度，线条柔美。

（3）流畅。手指外形线条流畅圆润，如果骨节粗硬就会破坏手部线条的柔美感。

（4）细腻。手部皮肤细腻白嫩，光滑滋润。

（5）光洁。指甲光滑、亮泽、圆润、饱满，呈粉红色，表面无斑点、凹凸及棱纹，呈现平滑的弧形，坚实而有弹性。

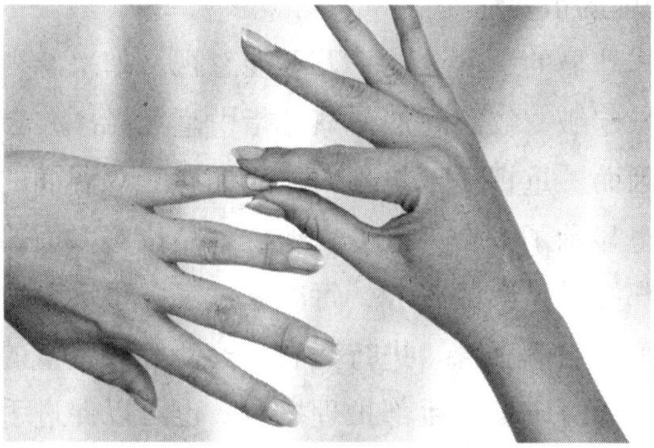

图 8–1　手部

二、影响手衰老的因素

（一）生理因素

手部皮肤薄而细腻，皮下脂肪较少，随着年龄的增加，手部会表现得瘦骨嶙峋，血管显现。但雄激素能使脂肪组织加厚，因此女性到 40 岁后手部皮下脂肪只及男士的一半。

（二）外界因素

1. 紫外线

紫外线是造成皮肤老化最重要的原因之一。如双手长期曝露于阳光下可形成黑斑、皱纹甚至皮肤癌。

2. 水

大多数女人爱洁净，每天洗手次数频繁，洗手后表面水分在蒸发的同时也带走了双手皮肤内的水分。尤其是在严寒的冬季，皮肤油脂分泌较少，保温能力下降，若洗手后不加以滋润，双手会变得干燥粗糙。

3. 碱性清洁品

任何含碱性的物质如肥皂、洗洁精等均会破坏皮肤表面的酸性保护膜，使皮肤干燥、缺水，故经常用碱性洗液洗碗、洗衣服的人，手部容易皲裂、老化。

三、手部护理的作用及方法

（一）手部护理的作用

1. 延缓肌肤衰老，隐藏年龄

手部护理能使手部皮肤变得柔嫩光滑。手部皮肤常年曝露在外，很容易导致水分流失，对手部皮肤进行补水保湿能够有效延缓肌肤衰老，避免手部肌肤提前衰老。

2. 强化手部肌肉弹性

为肌肤补充营养、水分，通过按摩等护理能够加快手部皮肤的血液循环，促进局部新陈代谢，强化手部肌肉弹性，增强手部关节能力。

3. 调整内脏器官功能

手部有内脏器官的反射区，对手部进行按摩护理的时候能够刺激穴位对内脏器官进行按摩，有利于调整内脏器官功能，强化器官。

4. 避免秋冬皮肤皲裂

秋冬季节天气干燥，手部皮肤容易遇刺激变得敏感脆弱，常见的就是出现皲裂。对手部皮肤进行护理，及时补水润肤，能够有效补充手部皮肤水分以及强化手部细胞活力，避免皲裂出现。

5. 更利于其他皮肤的保养

身体中任何一个部位的清洁保养，都要靠双手完成，只有双手柔滑细致，对其他部位皮肤的保养才能起到更佳的效果。

（二）手部护理的方法

1. 日常护理

（1）常用温水洗手。相较于常温的自来水，太烫的水洗手会导致手部干燥，温水不那么刺激，能更好地保护肌肤。

（2）洗手次数不宜过频，每次洗手后当双手还湿润时应涂上护手霜，临睡前可涂得厚一些，并做适当按摩。

（3）在触手可及的地方准备护手霜，如办公室、梳妆台、厨房等，每次工作完之后，及时使用，可缓解手部干燥情况，有效保护双手。

（4）根据手部皮肤的不同，选用不同类别的护手霜。适合干燥肤质的护手霜一般含甘油、矿物质等；适合因劳作而粗糙的肤质的护手霜一般含天然胶原及维生素 E 等。

（5）接触洗洁精、皂液等碱性物质后，护手小窍门是：用几滴柠檬水或食醋水涂在手部，去除残留在肌肤表面的碱性物质，然后再抹上润手霜。

（6）眼霜增强指甲强韧。过期的眼霜不要丢掉了，涂抹在指甲上，尤其是指缘，能增强指甲的强韧度。

（7）晚霜减少手部色素沉淀。使用晚霜涂抹双手，这样有助于减少色素沉淀及手部细纹。手霜也要挑选合适的，不含矿物油的手霜易吸收，润而不油是最好的。

（8）保暖：寒冷季节，皮肤干燥，血液循环差，外出时要注意戴上手套，保护双手。

（9）一周坚持 2~3 次手膜滋润护理，效果也会事半功倍。手膜选取很重要，要选择有保湿滋润效果的，去角质效果也可以，但是尽量不要用去死皮的产品。此外，坚持用淘米水洗手，可收到意想不到的好效果。

2. 深度护理

检查下你的双手，是否摸起来粗糙、看起来暗黄、还经常感觉干燥，此时你该做的是深度养护你的手。简单的手部 SPA 即可满足深度护理的需求，赶紧行动起来。

第一步：温和清洁手部

尽可能不使用香皂而选择洗手液，清洁双手的过程都要使用温热的水，但水温不要过高，以免烫伤肌肤。

第二步：去除手部角质

使用去角质按摩膏去除手上老化角质，可以用身体去角质产品，当然用面部去角质产品效果更佳。

第三步：用热毛巾敷5分钟

用热毛巾敷手等方法，利用蒸汽敷手，其目的是进一步软化角质。

第四步：使用滋润的手膜

将具有保湿滋润功效的精华素或具深层修护功效的手膜敷在手背及手腕上。如果没有手膜，用具有滋养功效的面膜也可以。

知识链接

指甲的修饰

手是仪容的重要部位。一双清洁、没有污垢的手，是交往时的最低要求。要经常修剪指甲，指甲的长度不应超过手指指尖。修指甲时，指甲沟附近的“死皮”要同时剪去。不能以牙齿啃指甲。特别值得提出的是，在任何公共场合修剪指甲，都是不文明、不雅观的举止。最常用的甲形有方形、方圆形、椭圆形、尖形四种。可以根据自己的手形和喜好创造出完美的甲形。方形指甲：一般来说，方形指甲个性化、潮流化强，不易断裂，比较受职业女性和白领阶层的喜欢。方圆形指甲：方圆形的指甲前端和侧面都是直的，棱角的地方呈圆弧形轮廓，这种看上去很结实的形状会给人以柔和的感觉。对于骨节明显、手指瘦长的顾客，方圆形可以弥补不足之处。椭圆形指甲：椭圆形的指甲，从游离缘开始到指甲前端的轮廓呈椭圆形，属于传统的东方甲形。尖形指甲：尖形指甲由于接触面积小，易断裂，而亚洲人的甲形较薄，不适合修成尖形。

3. 紧急护理

（1）手脱皮了怎么护理？脱皮都有季节性，多在春末及夏季炎热潮湿季节发生，碱性物质会造成脱皮或使脱皮加重，所以，应尽量减少接触碱性物质。如接触洗衣粉最好戴上手套，尽可能选择碱性小的香皂或洗手液。补充维生素 A 有利于对皮肤的表层产生保护作用，缺乏维生素 A，会引起皮肤干燥和脱皮等现象。

（2）指尖长了倒刺怎么办？手部长出许多讨厌的“倒戗刺”，除了补充维生素以外，还要抹一些鱼肝油胶囊里的鱼肝油，每晚睡觉前用含维生素 E 的营养油按摩指甲四周及指关节，手上的倒刺就会消失。也可以将橄榄油倒入温热的水中，浸泡双手也能达到类似的效果。

（3）手部红肿怎么办？可以用热水和冷水交替洗手，让手的毛细血管被动接受刺激。如果手上出现紫红斑，用温水洗，水里加 1 汤匙芥末粉。

（4）手部干裂怎么办？手部干裂是由于水分和油脂分泌太少，没有办法平衡手上皮肤的营养。将凡士林厚厚地涂到手上，敷上一层保鲜膜。

（5）手生冻疮了怎么解决？手冻疮是由于气候寒冷引起的局部皮肤反复红斑、肿胀性损害。用新鲜的生姜片涂搽常发冻疮的皮肤，多吃富含优质蛋白质的食物，多运动，多吃丰富的水果，给身体补充足够的维生素和矿物质，冻疮严重则涂抹冻疮膏。尽量避免接触诸如洗衣粉、肥皂等碱性物品。

（6）手经常出汗怎么办？手经常出汗是由于植物神经失去平衡，情绪波动也会加剧手的出汗量。可以用酒精棉搽手，配搭抗汗剂或除汗滑石粉效果更好。

（7）抽烟留下的黄斑怎么去除？抽烟的手用氧化水或半个柠檬来擦除手上的黄斑。

（8）手上的鱼腥味怎么去除？食盐 + 肥皂去腥；浓茶水去腥；牙膏去腥；取新鲜柠檬切片，然后用柠檬片搓手或挤出柠檬汁洗手，也可去除手上的鱼腥味。

4. 美手按摩操

（1）双手用力握紧拳头到最紧，再用力往外张开，重复 10 次。

（2）十指交叉，往外打开，尽力撑到最大，重复 10 次。

（3）食指和中指关节夹住另一只手的手指，从指根拉到指尖，双手轮流。

（4）拇指和食指揉捏按摩手指关节，每个揉搓按摩 5 下，双手轮流。

（5）拇指按摩手指根部凹陷处，每个揉搓按摩 5 下，双手轮流。

（6）画圈式按摩手掌，放松手部肌肉，每只手按摩 2 分钟。

课后实训

一、个人能力测试

牢记手部护理按摩的手法。

二、分组实训

课程结束后请小组成员按照手部护理操作流程，互相进行手部护理。

第二节 肩颈护理

一、肩颈结构及其特点

（一）肩颈结构

肩颈是大脑与躯干的连接处；颈椎是脊柱当中最容易受伤的地方；颈部有两条大动脉；肩颈就像人体的十字路口。颈椎分为七节，主控人体的八对神经，第一、二节主控大脑的末梢神经，掌管大脑信息的电子传导，第三、四节主控颜面神经，掌管面部的运动及循环的调节，第五、六、七节为主控颈部活动及上肢、胸大肌的运动。

（二）肩颈皮肤的特点

肩颈部皮肤因皮脂腺分布少，油脂分泌量极少，通常因缺乏水分及养分而显得干燥。乘务员由于工作状态多为站立式，肩颈部位也常处于紧张状态，负荷过量而容易导致早衰。

二、肩颈的主要问题

（一）肩颈问题的产生

颈椎是联系人体的头部与躯体的重要部位，长期受到头部的重力和运动牵拉，加上颈椎的椎间盘窄、韧带薄，所以颈椎最容易受压迫和劳损。而整条脊柱长期受到自身重量的压迫，承受着人体运动的牵拉。

由于经常面对电脑工作、玩游戏，运动量少，保持同一种姿势时间较长，肩颈肌肉处于紧张状态，长时间无法休息，便会缺氧、缺血，继而僵硬，缺乏弹性，越来越多的人出现肩颈不适问题，因此对肩颈进行调理和养护必不可少。

（二）脊椎受压迫、劳损所引发的问题

（1）肩颈紧绷、僵硬、酸痛，肩周炎。

（2）头痛、头晕、失眠多梦，神经衰弱，记忆力下降，面颊部不对称斑。

（3）腰酸背痛，手臂麻木，腿麻，行走困难，椎间盘突出，腰椎、颈椎增生，腰肌劳损等。

（4）影响脊髓的功能而出现贫血、免疫力下降等，还会影响肾及生殖系统的功能。

（5）脊椎受压、劳损严重会导致偏瘫、高血压、脑血管硬化等。

三、肩颈护理

（一）肩颈护理的作用

（1）放松神经，促进血液循环，增强脑部供氧，缓解肩颈酸痛、神经痛、肌肉酸痛、偏头痛。

（2）改善失眠多梦、精神衰弱的症状，强化心灵，让精力充沛。

（3）改善紧张、窒闷的精神状态，提神醒脑。

（4）提高免疫力，改善亚健康，增强身体抵抗力。

（5）改善肝气郁结引起的皮肤干燥、无光泽、长斑等皮肤不良现象。

（6）预防和减少颈部皱纹，减少颈与面部的色差。

（二）颈部的日常保养

1. 注重颈部的防晒抗衰

很多人都知道脸部防晒的重要性，其实颈部防晒也是不能忽略的。因为像脸部一样，颈部也是长期曝露在外面的。

2. 平时注意颈部清洁

不要以为只有面部清洁很重要，其实颈部清洁也不可缺少。颈部清洁要注意，从下往上清洁，这样可以提拉紧致颈部的肌肤。另外注意不要用过热的水，会加快颈部的老化。

3. 颈部的保湿很重要

因为颈部的特殊性，很容易出现干燥缺水的情况。平时洗完澡，可以擦颈部专门的乳霜。擦颈部保养霜的时候，从下往上涂，轻轻地涂抹。

（三）颈霜的使用方法

第一步，热毛巾热敷颈部。可以让颈部放松，促进颈霜的吸收。

第二步，去角质。颈部也是需要去角质的，去过角质之后皮肤会更加嫩白，而且产品吸收效果也会增加。一周两到三次，尽量选择温和的产品，因为颈部的肌肤比较脆弱。

第三步，涂抹颈霜。颈部其实跟面部和身体其他部位一样，都是需要保养的。

第四步，按摩吸收。

具体动作要领：

动作一，用四根手指从锁骨中点向斜上方按摩提拉直到耳部根部，重复10次，相同动作反方向重复10次。

动作二，用双手四个手指交替从锁骨中间向上按摩直到下巴，重复20次。

动作三，用四根手指来回摩擦颈部前侧，力度轻柔但频率要快，直到颈部有温热的感觉。

动作四，四指横向按摩，从颈部侧面到颈部后面，直到颈部有温热的感觉。

动作五，再次热敷，让运动过的颈部放松下来。

动作六，热敷之后轻薄地涂一层颈霜，吸收效果更好。

（四）美颈操

坚持每天做一次美颈操：

首先，像钟摆一样左右摆动颈部。

其次，嘴唇缓缓做微笑状，将颈部缓缓地尽量上仰（不是后仰），直至感觉肌肤拉到最紧处，保持该姿势5秒钟。

最后，在锁骨与下颚之间，用左右手的手背轮流由内往外做上下交替轻轻拍打，既可放松肌肉，又能改善皮肤松弛的状况。

知识链接

改善肩颈痛的肩颈保健操

1. 灵动四方

动作要领：站立位，两脚开立与肩同宽，双手叉腰。将头缓缓向前、后、左、右活动至自己可承受的最大限度，然后回到原位。

功效：牵拉颈部肌肉、韧带，增强颈部的柔韧性和灵活度。

2. 与项争力

动作要领：站立位，两脚开立与肩同宽。双肩按由前向后、由后向前方向做最大限度环旋运动；然后双手交叉抱头，双手向前用力，同时头向后用力做对抗运动；双手抱头，双肩外展，肘尖指向两侧，首先面向左转，左肘尽量保持不动，眼望左肘尖，同时右手臂内合，协助头颈转向左方，右肘尖尽力向左肘靠拢，稍停片刻后还原；右侧同样动作。

功效：肩部绕环能增强肩周围肌肉、韧带的力量和柔韧性；抱头转颈的动作能牵拉颈椎小关节以及深层肌群。

3. 肩背互动

动作要领：站立位，两脚开立与肩同宽。双臂向前平伸，双臂向后收并慢慢夹紧背部，好似划桨，双臂侧平伸，双臂放下；双臂侧平伸，双臂交叉抱肩，尽量含胸，使背部肌肉尽量拉开，双臂侧平伸，双臂放下。

功效：肩背互动能增强双臂、肩背部肌肉、韧带的力量和协调性。

4. 单足背伸

动作要领：站立位，一腿独立，一腿向后伸，同时双手上举做后伸动作，后压至最大后还原；然后换另一侧同样动作。身体向左侧方转动，同时双手上举做后伸动作，后伸至最大后还原；身体向右侧同样动作。

功效：单足背伸能够拉伸背部的肌肉、韧带，增强颈、肩、背的柔韧性。

课后实训

一、个人能力测试

牢记颈部护理按摩的手法。

二、分组实训

课程结束后请小组成员按照颈部护理操作流程，互相进行颈部护理。

第三节 足部护理

高铁客运服务工作人员的足部虽然隐藏在鞋子里旅客并不能看见，但也不能忽略。平常不注重足部的护理，也会在工作时造成不小的麻烦，比如因为太干开裂而久站后出血，也会因为保养不当血液不通，脚部水肿影响自己在乘务服务时的质量。所以，我们对支撑整个身体重量的足部要细心护理。

一、足部皮肤美白护理

夏天，大多数人的脚因为穿凉鞋而裸露在外，足部皮肤的好坏显得非常重要。保养护理足部皮肤可以按如下程序进行。

1. 去足茧

足底部位的皮肤因日常行走的原因，会有硬茧和足茧，脚指甲附近的死皮有时候也是非常顽固的，用热水浸泡双足可以将其软化，然后用搓脚板、刮脚刀清除，动作要轻，避免用力过大。

2. 去角质

用专门的磨砂膏仔细清洁膝盖以下的腿部和足部皮肤，温柔地去除晦暗、干燥和粗糙的皮肤，再用清洁刷把每个脚趾缝都清洁干净。

3. 按摩

按摩可以促进脚部的血液循环，使劳累了一整天的双脚彻底放松。但是双足的皮肤和身体任何一处的皮肤一样，盲目地揉搓只会带来伤害。专用的按摩霜或者矿物油和纯净盐是不错的足部按摩材料，先将它们均匀地涂抹在双脚上，在按摩过程中酌量添加，可以促进血液循环，尤其可以改善足部的肿胀感。

4. 美白软膜

用 3 茶匙的量将美白软膜调成乳状后敷在脚背上，等软膜完全干燥后将脚部清洗干净。一般用了一次后就可以看出变化。

二、足部皮肤干裂护理

足部是我们全身最容易干燥的地方，秋冬季一到，有些人足跟、足侧等处常发生皲裂。皲裂皮肤周围干燥、粗糙、增厚、发硬，裂得深时甚至出血，行走时足跟着地疼痛难忍，甚为不便，严重影响人们的日常生活。因此要经常进行足部皮肤护理，防止皮肤皲裂，还要定期去除角质做蜡膜，使皮肤恢复柔嫩光滑。足部皮肤干裂护理可以按如下程序进行。

（1）用指甲刀修剪趾甲的长短。

（2）用打磨砂条单方向（切忌来回）修整趾甲前缘下方。

（3）用粉尘刷清除干净趾甲表面和甲沟内的粉尘。

（4）用榉木棒制作棉签，蘸取酒精清理趾甲两侧甲沟内和前缘下方的污渍。

（5）在趾甲周围的趾皮上涂抹趾皮软化剂，加速趾皮的软化（切忌用量过多，涂抹到趾甲表面）。

（6）用趾皮推将趾甲后缘趾皮轻轻向趾甲后缘方向推至翘起。

（7）用趾皮剪剪去软化翘起的后缘趾皮，同时剪去趾甲甲沟两侧硬茧。也可使用 V 形推叉，将趾甲甲沟两侧硬茧由趾甲后缘方向向前缘方向轻轻推去。应在一个趾甲上完成后再在下一个趾甲进行。

（8）清洁脚趾并擦干。

（9）用自然甲抛光块（条）由粗面到细面对趾甲表面进行抛光（切忌来回）。

（10）将修整完毕的双脚用毛巾擦干。

（11）在脚的干裂部位涂抹一层护理精油，轻轻按摩。

三、足部护理的具体方法及步骤

1. 卸除脚指甲油与整形

（1）将化妆棉蘸上去光水，敷在趾甲上数秒，待指甲油溶解后，再由软皮边缘往趾甲尖拭擦。不易卸除的部分，就将化妆棉绕在橘木棒上，蘸洗甲水擦掉。

（2）修剪脚指甲。两侧不剪，中央修成方形。

（3）将指锉刀与脚指甲呈 90 度角来回磨，进一步修整。

（4）先用细致的浮石搓磨脚指甲表面，然后用指锉刀的细致面磨光。这样除了可以烘托指甲油的色泽，还可以使指甲油持久不褪色。

2. 去除脚指甲根部的软皮

（1）以橘木棒蘸取软皮去除霜涂抹于软皮上，用指腹一边按摩，一边涂抹。

（2）将双脚在温水中浸泡 5~10 分钟，以使角质充分软化。

（3）用毛巾拭干水分。将化妆棉包裹于橘木棒顶端，轻轻推压软皮，保持脚指甲的正方形形状。

（4）将纱布缠绕在拇指或食指指尖，轻轻按摩脚指甲表面，去除老死的软皮屑。

（5）用软皮剪剪除肉刺。

（6）涂抹软皮保养油。

注意：

A. 不可勉强推压软皮。变形的脚指甲更需耐心保养。

B. 按摩时需保持脚指甲的正方形形状，并使左右对称。

C. 剪除多余的软皮后一定要涂抹保养油或化妆水滋润。

3. 角质的处理

（1）用脚锉刀去除变黄的角质。必须直握脚锉刀，横握会割伤皮肤。

（2）用脚底搓板搓磨脚后跟及脚边缘。弯曲脚掌，与搓板呈 90 度角，这样就会磨得平均又省力。

（3）小地方的皮茧（如小脚趾的关节部分），以粗面的指锉刀清除即可。角质太厚的人，可用皮茧专用的脚锉刀来清除。

（4）用浮石锉磨长满角质的部分。

（5）用软毛的指甲刷清洁脚指甲内的污垢及附着于皮肤的角质。

（6）用干毛巾拭干水分。

（7）涂抹按摩霜。一边涂抹，一边按摩。

（8）涂抹指甲油前，要先用棉花棒蘸酒精，拭净脚指甲上的油垢。

知识链接

1. 泡脚。泡脚不仅仅可以促进我们的脚部循环，缓解压力，还能保养双脚，使双脚的皮肤更加细嫩。泡脚的时候可以加一些日常的沐浴露，然后放入适量足浴盐，调匀按摩足部 2~3 分钟即可。这个方法可以帮助我们去除多余角质，对双脚进行深层的清洁，柔软、细致、嫩滑足部皮肤。泡脚的水尽量热一些，热水泡脚，效果更好。

2. 足部按摩。足部按摩是一种最好的保养方式，按摩可以刺激足部的神经和血管，起到松弛和保健的作用。时常为足部进行按摩，可以令足部皮肤光滑又细腻。如果在按摩时，适当地使用一些按摩精油，效果将更好，如用牛奶、蜂蜜、橄榄油调制成按摩精油，使用过后，可以有美白的功效。

四、平时自我足部护理保养

步骤一：去除脚指甲上的甲油；

步骤二：打一盆温水，放入双脚浸泡 10 分钟；

步骤三：用毛巾擦干双脚；

步骤四：修剪趾甲，去除污垢；

步骤五：去除老化角质；

步骤六：使用磨脚石磨去脚后跟又厚又硬的死皮，去死皮之前一定要仔细了解自己的皮肤状况；

步骤七：将新鲜柠檬放在脚指甲上面敷几分钟；

步骤八：使用足浴泥洗刷脚部；

步骤九：滋润按摩；

步骤十：重新涂上护甲油。

本章小结

本章重点讲了高铁服务人员在手部、肩部和足部的保养。在学习的过程中重点对保养的步骤和方法进行实操练习，达到各部位的最佳状态。服务人员要认识到对这些部位的保养非常重要，可以展现出更好的工作状态。

思考与练习

一、选择题（多选）

1. 影响手衰老的因素有______。

A. 生理因素　　B. 外界因素

2. 足部皮肤美白护理包括：______。

A. 美白软膜　　B. 去足茧　　C. 去角质　　D. 按摩

3. 影响手衰老的外界因素包括：______。

A. 紫外线　　B. 水　　C. 睡眠　　D. 碱性清洁品

二、填空题

1. 手部最佳保养状态的特征：______________________________。

2. 肩、颈部皮肤因皮脂腺分布______，油脂分泌量极______，通常因缺乏水分及养分而显得______。

3. 颈椎是联系人体的头部与躯体的重要部位，长期受到头部的重力和运动牵拉，加上颈椎的______，所以颈椎最容易受______。

三、简答题

1. 手生冻疮了怎么解决？

2. 简述足部皮肤干裂护理程序。

四、实训题

1. 讨论：日常他人看不见穿在鞋子里的脚，所以不需要花很多时间去护理脚部。

2. 分组实训：小组成员之间互相观察肩颈、手部和脚部状态，因人制宜提出合理化养护建议。

模块三

仪表形象塑造

第九章

服饰搭配基础知识

引　言

在服饰搭配的艺术里，流传着“远看色，近看形”的精髓。这简短的话语深刻揭示了色彩与款式在塑造形象时各自承担的重要角色。色彩，作为先锋元素，在远处便能迅速抓住视线，奠定整体造型的基调与氛围，它如同调色盘上的魔法，赋予穿着者独特的情感表达与个性风采。而当我们走近细看，款式的精巧设计则逐渐显现，它依据个体的身形特点与风格偏好，进行巧妙的修饰与展现，进一步强化并升华了色彩所带来的第一印象。因此，色彩与款式的和谐统一，是塑造完美形象不可或缺的双翼，共同引领着时尚潮流与个人魅力的绽放。

学习目标

知识目标

1. 了解服饰色彩搭配的重要性；
2. 掌握色彩搭配和款式搭配的原则；
3. 掌握色彩搭配和款式搭配的技巧。

技能目标

1. 能根据自身条件进行色彩和款式的合理搭配；
2. 能依据色彩所表达的情感特性搭配出不同场合的服饰；
3. 能依据不同体型特点搭配不同场合的服饰。

第一节 色彩搭配

● 导学案例

服装的色彩可以根据配色的规律来进行搭配，以便达到整体色彩的和谐美感。而我们也要根据周围的环境进行服色环境协调法，也就是将一个人的服装颜色与周围环境以及气氛相吻合、相协调以显示其魅力。例如：参加户外活动或者体育竞赛时，服装的颜色应鲜艳一些，会给人振奋精神、积极向上的美感；参加正式场合如高规格会议或正式谈判时，服装的颜色则以庄重、简洁、素雅的色调为宜，在这种色调下可使人显得干练而稳重；居家或参加休闲活动时，肤色可以以轻松活泼为主，一般样式也可以宽大随意，可增加整体环境气氛的温馨亲和感。

点评：服装色彩不是独立存在的，它和很多的相关因素融合在一起才能做出最佳效果。除导学中提到的场合问题，还有服色季节协调法也是将服装的色彩应与不同季节进行协调：①春天：要穿明快的色彩如黄色、粉红色、豆绿色或浅绿色等。②夏天：以素色为基调，给人以凉爽感，如蓝色、浅灰色、白色、玉色、淡粉红等。③秋天：穿中性色彩如金黄色、翠绿色、米色等。④冬天：穿深沉的色彩如黑色、藏青色、古铜色、深灰色等。

服饰搭配是指为适应不同场合和身份的需要，运用服装的颜色、材质、款式加以饰品进行的整体穿搭行为，进而达到穿着得体、端庄、大方的效果。服装的演变是随着人类文明的进步而不断发展的，是一个国家、民族文化艺术的外象。不同服饰的搭配有着不同的含义。色彩、款式、材质是构成服装的三大要素。每个行业内部都会根据自身行业特点形成固有搭配模式，而在服饰搭配中最重要的就是服装的色彩，学习运用色彩可以更好地塑造良好的形象。

一、服饰色彩的三种属性

（一）实用性

保护身体，抵抗自然界的侵袭。例如：浅色服装虽然看起来清爽，但是长期在阳光紫外线的照射下，不仅防晒效果不好，甚至会导致皮肤癌，特别是那种白得耀眼的服装，往往服装上含有荧光增白剂，还会把有害光反射到人们保护不到的脸部。与此相反，一些深色的服装反而要安全得多。研究表明，防晒作用最差的是浅黄色的棉质衣服，其防晒系数为7；其次是米色的棉质衣服，它的防晒系数为9；而防晒效果最理想的是深红色或藏青色的深色化纤服装。

（二）装饰性

色彩本身对服装具有装饰作用，适合的图案与和谐的色彩赋予服装不同的穿搭效果。即使款式一样的服装，只要赋予不同的颜色就会给人不同的感受。每年在服装色彩中都有流行色，例如这几年流行的牛油果绿，不同以往显黑的冷调绿，在明度和光泽度上带有柔和反光，因此会让皮肤看起来也明亮不少。这种颜色本身色调舒服，看起来又很别致，因而受到大众的喜爱。

（三）社会属性

服饰同样显示了穿着者的所属行业，象征了社会地位，区分了穿着者的年龄、性别及性格。在医院看到白色是医生，粉红色是护士；我们看到迷彩总会想到军人；而一个人要让人看起来稳重便不宜穿太鲜艳太花哨的服装。所以，高铁服务人员的服饰款式简洁，色彩稳重而不失亲和力，得体地展示出了职业素养。

图 9–1　高铁服务人员的服饰

服饰色彩是服装与饰品搭配感观的第一印象，它有极强的吸引力。若想让服饰美感得到淋漓尽致的发挥，必须充分了解色彩的特性。人们经常用配色后产生的感官体验来决定服饰的取舍，评价穿着者的文化艺术修养。色彩的运用是搭配服饰的关键，所以服饰配色是衣着美的重要一环。服饰色彩搭配得当，可使人显得端庄优雅、风姿绰约、凸显自身的特色；搭配不当，则使人显得不伦不类、俗不可耐。要巧妙地利用服装色彩神奇的魔力得体地打扮自己，就要掌握服装色彩搭配技巧。

二、服饰色彩与体型

每个人的体型都不一样，要学会巧妙地运用服饰色彩修饰体型，弥补身材缺陷，用视觉错觉来创造优质效果。下面我们来了解不同体型的人适合什么样的穿着。

（一）体型肥胖的人

体型肥胖的人不宜穿色彩过于艳丽或横条纹的服饰，因为会导致体型向横宽错视方面发展。适合穿深色、冷色小花纹、竖线纹服饰，这样可以在视觉上有显瘦的效果（见图 9-2 体型肥胖的人）。

图 9-2　体型肥胖的人

（二）体型偏瘦的人

体型偏瘦的人可以穿浅色、横纹或大方格、圆圈图案等服饰，以视觉错觉来增加体型的横宽感。同时可选用红、橙、黄等暖色的服饰，使之看上去健壮或丰满一些。该体型的人不宜选择单一性冷色、暗色的服饰色彩（见图 9-3 体型偏瘦的人）。

图 9-3　体型偏瘦的人

（三）体型矮小的人

体型矮小的人应尽量避免穿深色的服饰，深色在视觉上会形成紧凑感。应该挑选素净色或长条纹服饰，不要穿颜色鲜艳及大花图案、宽格条的服饰。在色彩搭配上要掌握两个基本原则：一是服饰色调以温和系为主，二是上装的颜色要选临近色，不要反差太大、产生强烈对比的色彩（见图 9-4 体型矮小的人）。

图 9-4　体型矮小的人

（四）体型高大的人

体型高大的人不宜穿颜色浅或鲜艳的衣服，而且最好避免大花或格布，选取小花隐纹面料，主要是为了避免造成扩张感，从而使体型在视觉上显得更大（见图 9-5 体型高大的人）。

图 9-5　体型高大的人

（五）肩部偏宽的人

肩部偏宽的人可以选择深色、冷色且单一的色彩，以使肩部显窄（见图9-6 肩部偏宽的人）。不宜使用加垫肩的服饰，不宜使用横条纹面料。

图 9-6　肩部偏宽的人

（六）腰围偏粗的人

腰围过粗的人可选择能掩饰腰围过粗的服饰，使用深色、冷色及质地较硬的布料，使腰身纤细、优美（见图 9-7 腰围过粗的人）。

图 9-7　腰围过粗的人

（七）臀部偏小、腿偏细的人

臀部偏小、腿偏细的人着装上不宜选择暴露体型的紧身裙或紧身裤，也不宜选择深色面料的服饰，可选用色彩素浅、式样宽松的长裤或褶裙，从而掩盖住臀部小、腿细的缺陷。

（八）臀部偏大、腿偏胖的人

臀部偏大、腿偏胖的人尽量不要选择白色或鲜艳、暖色的服饰，也不宜穿上深下浅的服饰，更不宜穿色彩过浅或过亮的裙子、裤子等，用色太纯、太暖或太亮都容易使视觉上体型扩大。下身着装最好采用深色、冷色和简单款式，这样能使臀部显小，腿部显得纤细，分散人们对其腿部的注意力。

（九）腿偏短的人

腿偏短的人不宜穿色彩相差过大的上下装，以免将上身与下身截然分开，从而看上去显得更短，全身服饰色彩力求统一、谐调（见图 9-8 腿偏短的人）。

图 9-8　腿偏短的人

（十）脚偏大的人

脚偏大的人尽量选择与服饰色彩相近的鞋袜，可使脚显小，尤其色泽协调很重要。同时，不宜穿着白色鞋袜，肉色和米色最不容易引起视觉的注意。

三、服饰色彩与肤色

（一）肤色偏黄者

对于肤色偏黄的人来说，应该避免用明度高的紫色、黄色或者是蓝色。黄色肌肤加黄色配饰会显得整个人缺乏生气，相反如果我们选用一些粉色系的粉白或者粉红等相近的颜色，就会中和黄色，视觉上会让黄色的肌肤变得白皙柔和。对于肤色较黄的人来说，切忌穿着颜色太过鲜艳的服饰，如大红大紫，最好的方法就是选择一些中和性的服饰，例如杏色、奶白色等。这些颜色可以中和淡化黄色的皮肤，给人一种高贵而不俗气的感觉。

（二）肤色白皙者

肤色白皙的人，一般来说是可以驾驭各种颜色的，正如我们常说的那句话“一白遮百丑”。但是在白皙的肤色中又分为肤色苍白和白里透红等分类。肤色苍白没有红晕的人，我们应该避免直接选择纯黑色或者纯白色的上衣，应选择粉红、明黄等亮一些的色彩，将有助于加强气色，平添神韵（见图 9-9 肤色白皙的人）。

图 9-9　肤色白皙的人

（三）肤色偏黑者

肤色较黑的人尽量不要搭配纯黑或者大紫大褐等暗色系的衣服，因颜色太黑会使五官模糊不清。相反，可以选一些明亮的颜色，如浅黄、粉白等，可以强化肌肤的健美感。

四、服饰色彩与场合

不同场合我们要运用不同的颜色与不同的服饰来进行搭配，从而使自身脱颖而出，让他人赏心悦目。例如：在旅游或野营时，我们要选择鲜明色调的运动服或户外装，给人感觉放松而快乐。在休闲派对时，我们应选择印花图案、休闲风，给人轻松、休闲、不拘小节的感觉。在社交场合，应选择穿着暖色系的套装或者晚装，如红色、黄色、橙色等暖色系的套装或者晚装，给他人一种热情、自信、有爱、爽朗的感觉。参加会议等正式场合，应选择穿着正装（见图 9-10 职业服饰）。如黑色、深咖色、深蓝色等冷色系的正装，能营造一种严肃的气氛，予人冷淡、神秘的感觉。参与谈判缓解对方敌意的场合，应选择穿着中性色系的职业装，如米色、浅灰色、白色等，可缓和紧张气氛，达到平和效果。

图 9-10　职业服饰

第二节 服饰的款式搭配

讨论

在日常生活中，人们的服饰多种多样，不同的人穿衣风格不同。有的服饰端庄得体，有的服饰俏皮可爱，有的服饰帅气自然。那么，我们怎么选择适合自己的服饰，如何进行服饰搭配呢？

选择服饰款式时需充分考虑视觉、触觉与人所产生的心理、生理反应。服饰能体现年龄、职业、时代、民族等特征，同时也能充分展示这些特征。服饰在造型上有 A 字型、V 字型、直线型、曲线型；在比例上有上紧下松或下紧上松；在类型上有传统的含蓄典雅型、现代的外露奔放型。这些在形象设计中运用得当、设计合理，那么服饰会使人散发出个人魅力。

一、服饰款式搭配

（一）服饰款式搭配含义

服饰款式指的是服饰的样式，通常指的是服饰的形状因素，是服饰造型中的重要因素之一。服饰款式搭配是通过服装、配饰的搭配，整体上达到大方、得体、协调的效果。良好的服饰搭配可以展示穿衣者的审美，展现个人的气质。

（二）服饰款式搭配原则

1. 和谐原则

在进行服饰搭配的过程当中要保持和谐的原则。所谓和谐，主要指的是协调得体，一方面指的是服饰与穿衣者的体型之间进行协调。另一方面，服饰应该与穿衣者的年龄相符。服饰是一种艺术，能遮盖穿衣者自身体型的不足，通过服饰的搭配，能够创造出良好的穿衣风格。在进行服饰搭配的过程当中，必须根据穿衣者自身的体型以及风格来选择搭配。

2. 个性原则

个性原则指的是服饰搭配可以展现个人形象，突出自己的风格。在整个社会当中，穿衣者都希望自己独立的特点被社会接纳，而服饰搭配就可以达成这一目的。在进行服饰搭配的过程当中，不要盲目地追逐流行，而是要根据自己的体型、风格来选择合适的服饰。服饰的个性原则也是服饰美的原则，服饰搭配的技巧就在于通过服饰搭配来展现穿衣者的特点，展现穿衣者自身的优点，因此在进行服饰搭配的过程当中，必须了解自身的形体特征，根据形体特征的缺点以及优点来选择符合自身需求的服装。

二、服饰款式轮廓

在服饰款式搭配的过程当中，服饰的外部轮廓结构设计也是非常重要的。服饰的外部轮廓造型往往会决定人们的总体印象，服饰轮廓的造型展示了服装款式搭配的审美感以及时代感，也展现出了穿衣者自己的时尚品位。在服饰搭配的过程当中，必须突出款式的合理组合，尤其是不同服饰单体之间的搭配。在搭配的过程当中，必须要根据相关的层次以及质感来进行组合，尤其是必须达到赏心悦目的视觉效果，避免出现杂乱无章的情况。

（一）服装的长短

服装款式的长短是人们评论衣服时所要考虑的重要因素。人们在进行衣服选择的过程当中，都会选择合适的长度，从而能够与自身的形体特征进行吻合。比如一些女性在选购上衣时，会选择较长的、可以遮盖臀部、到膝盖的款式，这是由于较长的上衣能够使得穿衣者的上身被拉长，使得人们的上身显得更加苗条。由此可以看出，在进行服饰款式搭配的过程当中，必须要考虑衣服的长短。例如，长裙与短裙有着不同的效果，会给人以不同的形象特点，短裙会展示人性感的形象特征，而长裙则表示穿衣者保守。短裙可以在视觉上拉长腿部的线条，尤其适合身材娇小的女性。而长裙大多数是身材高挑或者腿部线条不太好看的女性的选择。因此，在进行穿衣搭配的过程当中，必须注重服装的长短。

第一，上长下短。近年来，上长下短的搭配方法是人们选择服装时非常喜爱的搭配方法。尤其是女士喜欢上衣盖过臀部，通过人体的黄金比例来进行选择，上衣的下摆位于全身的黄金比例附近，这种上长下短的款式能够修饰臀部过大的女性的身材，掩盖穿衣者的缺点，尤其对梨形身材的女性非常有效（见图 9-11 上长下短装）。但是，如果女性的臀部过于后翘、圆滑，并且胯部过大时，就不适合选择上长下短的衣服。另外，上长下短的衣服能够在视觉上形成错觉，让人们觉得穿衣者身材高挑，尤其是在进行无意识观察时，会不自觉地将视线集中在穿衣者的上半身。因此，人们可以通过上长下短的服装搭配方式来修饰先天的不足。

第二，上短下长。上短下长也是近年来流行的一种款式，这种款式主要是突出下身的修长，能够发挥拉长美腿的作用，尤其对身材上长下短的人，可以起到非常良好的修正作用，同时短小的上装可以有效地突出上身的特点（见图 9-12 上短下长装）。

第三，上下一样长。上下一样长的服装并不为大众所接受，这种搭配过于普通，并没有展示什么亮点，同时也无法突出穿衣者自身的特点（见图 9-13 上下一样长装）。

图 9-11　上长下短装

图 9-12　上短下长装

图 9-13　上下一样长装

（二）服装的宽窄

服装的宽窄也是在进行服饰款式搭配时需要考虑的重要问题。例如，男士在挑选西装时都会注意到西装的垫肩问题，这是因为西装的垫肩能够有效地修饰男士肩部的线条，塑造出上宽下窄的倒梯形的男子汉身材。而女性在进行服装搭配时需要塑造出细腰、胯宽的身材，在此过程中就应用到了服装宽窄搭配的问题。

第一，上宽下窄。上宽下窄的服装搭配通常都是男士选择的方式，也是典型的男子汉的身材（见图 9-14 男装）。如果无法达到上宽下窄的身材，都会选择垫肩或者是加宽胸部的方式来进行装饰。而女士的宽窄则不相同，如果女性在服装当中使用上宽下窄的方式，则可以通过泡泡秀的方式来展现，但是这种穿着使得女性的身材看起来有点儿厚重。但是，泡泡袖也能给人带来青春靓丽的感受（见图 9-15 泡泡袖装）。

图 9-14　男装

图 9-15　泡泡袖装

第二，上窄下宽。上窄下宽风格的服装比较适合 Y 型身材的女性，特别针对上宽下窄体型的人士非常有效。在穿着的过程当中，女性不会担心自己因为下体偏大而拒绝这种上窄下宽的衣服，尤其是选择中短裙装来进行身材的修饰。这种上窄下宽的服装搭配并不适合梨形身材的人穿着。此外，上窄下宽的衣服也适合 H 型身材的女性穿着（见图 9-16 上窄下宽）。

第三，上下一般宽。这种衣服在搭配的过程当中相对困难，需要非常高的技巧。尤其要从衣服的面料、颜色以及配饰等多个方面进行对比以及协调。如果在实际搭配的过程中不注意的话，可能使得衣服呈现水桶的形状，无法突出穿衣者的身材特征（见图 9-17 上下一般宽装）。

图 9-16　上窄下宽

图 9-17　上下一般宽装

（三）服装的大小

服装的大小也是在选择的过程当中需要考虑的重点因素，一般情况下崇尚服装较大的风格是嘻哈风或古风。不同服装的大小会展现出不同的穿衣风格，在进行选择时必须考虑自身的特点。例如大腿偏粗但是小腿良好的女生，则可以选择合适的中短裙来进行搭配。这种中短裙可以掩盖大腿的粗壮，但可以展现出美丽的小腿，这就是在搭配法则当中应用的扬长避短的方法（见图 9-18 宽大与紧致对比）。

图 9-18　宽大与紧致对比

（四）服装的方圆

服装的方圆主要指的是衣服线条的直、曲。通常情况下，衣服线条的直曲是相结合产生的，无论是男士的衣服还是女士的衣服。在进行修饰的过程当中，衣服的线条是很容易判断的。大多数情况下，男士的衣服都是以直线为主，而女士的衣服适是以曲线为主。这是由男女身体形态特征来决定的。在进行服装搭配时，必须注意服饰要结合人的身体形态来决定，尤其是男女体型不同，要根据自己的穿衣风格以及场所来考虑（见图 9-19 服装方圆对比）。

图 9-19　服装方圆对比

三、服装搭配与体型

（一）A 型身材

A 型身材也称为梨形身材，这种身材的女性肩窄、腰细、大腿相对丰满，整体呈现 A 字（见图 9-20 A 型身材）。A 型身材的女性非常容易发胖，并且重量集中在腿部以及臀部。因此，为了使得这种身材的女性显得相对平衡，必须将视线从臀部以及腿部移开。在实际服装搭配的过程中需要选择合适的领型，或者是在胸前设置醒目的扣子、口袋。同时需要注意上衣需要设置多层次的设计。这种身材的女性不适合穿插肩袖、蝙蝠袖，尤其是在臀部周围设置复杂的设计，包括口袋以及

图 9-20　A 型身材

绲边。同时，A 型身材的女性不适合紧身裤以及质地柔软的长裙，这种长裙、直身裙会暴露较大的臀部以及大腿。

（二）H 型身材

H 型身材也可以称为 I 型身材、桶型身材、条型身材，即上下一样宽，尤其是三维的曲线非常不明显，胸部、腰部、臀部的尺寸是类似的（见图 9-21 H 型身材）。这种身材偏向中性，不是典型的女性的身材，主要在田径、排球运动员中常见。因此，H 型身材的女性需要通过服装来设置曲线，包括领口、腰部等位置。在进行服装搭配的过程中需要使用圆形、心形的领口，同时也可以通过褶皱、色彩以及其他的细节来制造身体的曲线。同时也可以通过短裙以及细腿裤来展现细腿。但是 H 型身材的女性不适合在腰部设置过多的装饰，尤其是宽腰带，也不合适宽松的毛织外套、厚实的夹克以及皮毛松软的大衣，避免使得整体呈现桶型。

图 9-21　H 型身材

（三）O 型身材

O 型身材也称为苹果型身材，尤其是在腰腹部有大量的脂肪，腰围明显大于胸围和臀围（见图 9-22 O 型身材）。通常情况下，O 型身材的下肢相对纤细，但是腰腹部却非常浑圆。这种身材的人士在穿衣的过程中非常适合单色衣服，同时也可以通过 V 领来拉长整体的躯干，另外也可以通过高腰带来打造腰部的曲线。但是，O 型身材不适合穿包身的上衣。

图 9-22　O 型身材

（四）X 型身材

X 型身材也称为沙漏型身材，这种身材的人士胸部丰满、腿部丰满、腰部纤细，具有非常优美的腰线，因此，是一种相对完美的身材（见图 9-23 X 型身材）。X 型身材的人士需要展现自身的曲线，

图 9-23　X 型身材

展现自身的优势，可以通过合身的裙装来突出身体的曲线，同时也可以通过高腰裙、高腰 T 恤展现自身的优势。同时也可以在日常的服装当中使用腰带，提升整体的曲线效果。但是，X 型身材的人士不适合宽大的衣服，应展示自身的线条。

图 9-24　V 型身材

（五）V 型身材

V 型身材与 A 型身材的人士是相反的，V 型身材的人士肩宽、臀窄、腿细，呈现倒三角的形状（见图 9-24 V 型身材）。这种身材的男性胸部宽阔，男子气概较强。V 型身材的人士需要通过柔软的上衣来突出苗条的上身，同时也可以通过裁剪不明显、流动性强的上衣突出自己的线条。在选择衣服的时候可以选择裙子、苗条的裤型以及齐肘的短袖，无袖的衣服也是一种非常好的选择。V 型身材的不适合过于方正的外套，避免双排扣的衣服，同时也要避免牛仔裤。

四、配饰搭配

配饰与服装是不可分割的整体，同时也是服饰中的重要组成部分。配饰的应用体现佩戴者的形象，展示佩戴者的风格。配饰与服装之间是紧密联系的，在佩戴配饰的同时必须要注意与服装保持统一。配饰主要指的是除了衣服之外的周边配饰，主要包括帽子、首饰、包、腰带、鞋、袜、手套、领带、围巾等。

（一）配饰风格统一，颜色统一

在选择配饰尺寸的时候应该根据人的身形以及身高来选择。需要注意的是，所有的配饰应该是保持同一主题的，风格相配套。例如，基础的配饰，包括包、手表、围巾等都应该颜色与款式统一，这决定了服饰的档次，展示出服装的质量。

另外，配饰数量不宜过多。在进行配饰搭配的过程中注意配饰数量不要太多，一般情况下是 2~3 件，起到装饰以及点缀的作用，可以调节着装。如果配饰过多，整体的装饰就会累赘、庸俗。

（二）配饰要符合场所

在选择配饰时需要与周围的环境相符。例如，在隆重的晚会、特殊聚会当中可以选择华丽的珠宝、亮色配饰，而在工作当中则不宜佩戴闪亮的珠宝，而是应该选择一些颜色素净、典雅的冷色系首饰。

（三）配饰要符合脸型

在选择配饰的过程中必须要注意脸型，尤其是耳环、帽子等配饰，必须要配合脸型，起到平衡的作用。第一，尖形脸。通常情况下上宽下窄，也可以称为瓜子脸。在选择配饰的过程中应该弥补两颊的空间，加强脸下半部的宽度，可选择圆形、扇形耳环、耳坠等。尖脸不适合使用V形项链，短项链以及横纹项链则可以使得尖尖的下巴更加柔和。第二，圆形脸。圆形脸需要避免对脸有扩张功能的饰品，尤其是圆形的耳环，而应该佩戴可以修长脸型的下垂式流苏饰品，从而使得脸部得到延伸。第三，方形脸。方形脸的额头、下巴有着明显的棱角，这种脸型展示出稳重、大方的特点，缺少温柔的女人味，因此可以选用圆滑的饰品，使得脸部的棱角更加柔和，脸部变得更加圆润。第四，鹅蛋脸。鹅蛋脸是标准的东方传统女性的脸型，相对完美，可以尝试多种不同风格的配饰，但是需要注意的是不能佩戴夸张的细长的耳环，避免将脸型拉长。

另外，在选择配饰的过程中除了要注意脸型之外，还需要注意颈部的长短。颈部较短者应该选择细长的项链或者是珠子的配饰，从视觉上拉长颈部。而颈部较长者则可以佩戴一些项圈，丰富整体的层次，不宜使用过长的项链。

（四）配饰符合服装风格

在选择配饰时必须要了解服装的特征。宽松的服装适合松散、粗犷的首饰，紧身的服装适合细小的首饰。第一，休闲装。休闲装在非正式场所出现，在选择配饰时需要选择休闲的配饰，主要是以设计为主，通过富有创意的配饰来进行搭配，可以使用自然要素、卡通造型等。第二，晚宴装。晚宴装相对隆重，需要配合简单大方的珠宝，而不是选择大量的珠宝堆积在身上，避免出现杂乱无章的问题。

本章小结

本章通过服饰色彩的三种属性、服饰色彩与体型、服饰色彩与肤色、服饰色彩与场合的学习，再结合之前所学的色彩理论，运用于服饰的搭配上，体现出个人的仪表美感。同时，在服饰的款式搭配当中也需要注意搭配的原则，根据所在的场所、个人的体型特征来进行选择。掌握这些色彩与款式搭配技巧，不仅可提升个人品味，更能在不同场合下自信展现独特魅力，实现仪表与心灵的双重美感。

思考与练习

一、选择题

1. 体型肥胖的人在服饰选择中适合穿______。

A. 艳丽　B. 横竖条纹　C. 深色　D. 冷色小花纹

2. 对于肤色偏黄的人来说选用一些______的颜色，就会中和黄色，视觉上会让黄色的肌肤变得白皙柔和。

A. 暖色　B. 黑白调　C. 粉色系　D. 冷色

3. 上窄下宽风格的服装比较适合______身材的女性。

A. H 型　B. O 型　C. X 型　D. Y 型

二、填空题

1. 服装款式指的是______，通常指的是服装的______，是服装造型中的重要因素之一。

2. V 型身材的人士需要通过______的上衣来突出苗条的上身，同时也可以通过______的上衣突出自己的线条。

3. 大多数情况下，男士的衣服都是以______线为主，而女士的衣服是以______线为主。

三、简答题

1.O 型身材的人应该如何着装才好看?

2. 饰品的搭配上应该注意些什么？

四、实训题

1. 实训内容：课程前期准备中要求全班同学穿彩色的服饰，课程中小组成员之间互相观察，指出小组成员服饰色彩中的配色关系，并提出改造意见。

2. 实训过程：

（1）以 3~5 人为一小组，制作人体体型特点判断表格，根据小组成员的个人体型特点判断体型优缺点。

（2）以小组为单位根据诊断结果，提出各成员着装及配饰的要求，并给本小组 1~2 位组员进行实际服饰搭配，再将搭配的思路想法进行讲解与分析。

（3）各组互评，教师点评。

第十章

服饰着装要领与配饰要求

引　言

服装作为人的第二皮肤，既是人类生活的必需品也是装饰品，还是一种非语言性的信息传达媒介。著名的文学家莎士比亚曾经说过：“一个人即使默默无语，从他的着装也可以了解他的过去。”所以我们可以看到服装不仅在人类的生产劳动过程中有保护身体的作用，还能反映穿着者的内心活动和素养。在古代的奴隶社会和封建社会用服装来区分等级差别，在现代文明社会，我们与人初次见面时也会习惯性地“以貌取人”。就如著名影星索菲亚·罗兰说的：“你的服装往往表明你是哪一类人物，它们代表着你的个性。一个和你会面的人往往自觉不自觉地根据你的衣着来判断你的为人。”

学习目标

知识目标

1. 掌握职场着装的要求；
2. 了解汉服的演变；
3. 掌握服装配饰的搭配原则；
4. 掌握高铁乘务工作人员的岗位服饰要求。

技能目标

1. 掌握不同体型的着装技巧；
2. 了解汉服的穿搭和配饰要求；
3. 掌握服装配饰的搭配技巧。

导学案例

王丽丽得知一家国企正在招聘一名运营部经理助理。递交个人简历后被通知前去面试。她想给经理留下一个深刻的印象，于是出门前她做了精心的打扮：一身前卫的衣服，时尚的玉质手环、造型独特的戒指、亮闪闪的白金项链、新潮的玛瑙耳坠，身上每一处都是亮点……部门经理一进门看到她的穿戴便对她抱歉地说："你确实很漂亮，你的服装配饰无不令我赏心悦目，可我觉得你并不适合干助理这份工作，实在抱歉。"

点评： 王丽丽非常注重这次面试，但却没有以正确的方式去体现自己的重视，效果适得其反。经理看到王丽丽的第一印象是漂亮，但不适合这份工作。这说明我们在着装的搭配上能透露出一个人的个性、身份、涵养、审美水平及其心理状态等多种信息，一旦你着装出现了错误，也就影响到他人对你的第一印象，以及对你个人形象的评价。为了更好地表现出对交际对象的尊重，反映自身良好的素质和修养，我们应该学会得体规范的服饰穿搭。

第一节 职场着装原则

服饰是人形体的外延，包括衣、裤、帽、鞋、包等各类服饰综合运用于修饰人的形体，它们共同起着遮体御寒、美化人体外形的作用。天生容貌秀丽、胖瘦适宜、高矮适当、线条优美的人并不多。对于大多数的人来说，可以通过着装、配饰来掩饰不足，扬长避短，创造视觉的美感。尤其是作为服务行业的高速铁路客运工作人员，在着装修饰方面已经不仅仅是美化自身，更多的是通过着装来展示职业风度和组织形象。掌握职业着装的基本原则是职业素养的重要体现。

一、整洁原则

职业着装中不一定追求高档时髦、华丽昂贵，但必须保持衣着的端庄整洁，避免邋遢。整洁原则要求：一是熨烫平整，无褶皱；二是清洁清新，无异味污垢；三是完好规整，无开线、磨毛、破损。

二、个体协调原则

服饰搭配是一门艺术，除了御寒防暑、遮羞护肤的实用功能外，在现今社会还具有极强的修饰性和审美功能。个性协调的原则要求着装者在个人服饰搭配中与个人的年龄、体型、职业等相吻合，表现出一种和谐美感。

（一）穿着要和年龄相协调

不同年龄的人有不同的穿着要求，年轻人穿着应鲜艳活泼，体现出年轻人的朝气和蓬勃向上的青春之美。而中、老年人的着装则要注重庄重、雅致，体现出成熟和稳重，透出年轻人没有的成熟之美。不同年龄阶段的人从服饰中能显现出自己独特的美。

（二）穿着要与体形相协调

人体美的标准，古今中外都有不同的衡量尺度。有关专家综合中国人口的健美标准，提出了两性不同的体形标准。女性标准体型是：站立时头颈、躯干和脚的纵轴在同一垂直线上。肩稍宽，头、躯干、四肢的比例，以肚脐为界，上下身的比例为：1∶1.618，也可用近似的5∶8来表示。如果女性身高是160厘米，理想体重是50~55千克，肩宽是36~38厘米，胸围是84~86厘米，腰围是60~62厘米，臀围是86~88厘米。男性的标准体现应基本遵循两臂平举等于身高的原则，如果男性身高是167~170厘米，理想体重是68~70千克，胸围是95~98厘米，腰围是75~78厘米，颈围是30~40厘米，上臂围是32~33厘米，大腿围是55~56厘米，小腿围是37~38厘米。这种黄金比例的标准体型在现实生活中并非人人都是，或多或少存在着不完美或者欠缺，或高或矮，或胖或瘦。俗话说："三分长相，七分打扮。"把握自己的体型特点，让合理的服饰搭配扬长避短，实现服饰美和人体美的和谐统一。

观察自己的体型，让服饰来扬长避短（见图10-1不同体型）。比如体型偏胖的人应用冷色调、小花型、质地软的面料。粗呢、厚毛料、宽条绒等有增加面积的效果，更显胖，给人笨重感。大花形面料、暖色、明亮的颜色都有扩张感，体型偏胖者不宜选择。如果是身材矮小的人，宜穿一色服装，尽量袜子也是同色。选用花色布料，宜清雅小型花纹。衣领式样可用方领、V字领。不宜穿下摆有花纹的裙子。男士宜选样式简单的传统西裤，女士穿高跟鞋与颜色略深的丝袜，都有修长的视觉效果。还有腰粗的人，可选择剪裁自然、曲线不明显的款式，不宜穿紧腰的裤子或裙子，更忌将上衣掖在下装里面，使腰部曲线暴露无遗，也不宜穿松紧带裙子，体型会更显胖。腿型不佳的人，女士选裙装与宽松的裤子，男士可选直筒裤。腿胖的女士可选有蓬松感的裙子或宽大的裤子；腿短的女士穿高腰款的设计会有视觉上腿修长的效果；O 型腿不宜穿紧身裤，裙装也要在膝盖以下更适宜。

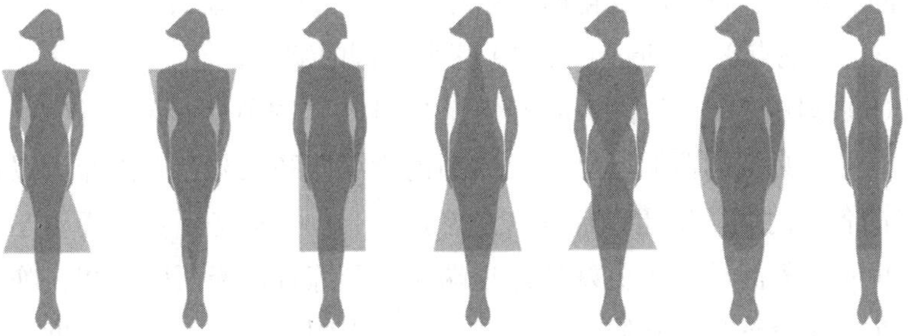

图 10-1　不同体型

（三）**穿着要和职业相协调**

不同的职业有不同的穿着要求（见图 10-2 职业装）。教师、干部一般要穿得庄重，而不可过于妖艳、怪异；医生穿着力求显得稳重和富有经验，不宜过于时髦而给人轻浮的感觉；学生穿着要朴实、大方、整洁，不宜过于成人化给人以老气的感觉；而演员、艺术家则可以在端庄的基础上多一点时尚，但也不能太另类。

图 10-2　职业装

三、整体协调原则

培根曾说过，美不在部分而在整体，正确的着装可以起到修饰体型、容貌的作用，形成和谐的整体美。服饰的整体形象由人的形体、内在气质和服装的款式、色彩、质地等构成，整体性原则要求着装的各个部分相互呼应、精心搭配，在整体上尽可能做到完美、和谐、得体，展现着装的整体美。着装的整体性，重点注意两个方面：一是要恪守服饰本身约定俗成的搭配规律；二是要使服装各个部分相互适应，局部服从于整体。

四、TPO原则

1963 年，日本男装协会对欧洲的着装规则进行深入系统的引进和研究后，提出了针对提高日本国民素质的 TPO 计划。由于它的科学性与适用性，TPO 原则迅速成为全世界奉行的服饰交际原则之一。所谓“TPO”原则是指着装要因时间、地点、目的的变化而相应地调整。“TPO”分别是英语中 time（时间）、place（地点）、object（目的）三个单词的缩写。

TPO 原则中的“T”代表时间，泛指早晚、季节变换和时代性。例如，在职场上男士必备的西服套装，经典颜色为深蓝和鼠灰色。深蓝可以在一天 24 小时的各个时间段穿着，而鼠灰色常用于日间的商务活动。而对于女性来说，日间的商务活动为了更好地体现端庄、干练宜选择西服套裙，晚间的宴会则应穿着光泽感强的礼服裙，配饰也宜时尚闪亮。一年四季温度、湿度均有差异，着装也应根据各季节的差异性而选择不同面料、质地、风格的服装。此外，服装款式应顺应时代发展的主流和节奏，不能过分落伍，也不能过分时髦。

“P”代表地点、场合。不同国家、不同民族因不同的文化背景、地理环境、历史条件、风土人情，在服装上也显示不同格调与特色，应选择尊重对方思想感情的服饰（见图 10-3 VIP 室服务工作套装）。比如，在一些信仰伊斯兰教的国家，女性穿着过于暴露的服装会被认为有失体统。根据不同地点选择不同着装是适应周围环境、融入社会关系、尊重他人的一种表现。着装也应当与场合相适应，以使自己与现场气氛相融合，否则会引起人们的疑惑、厌恶和反感，如在正式商务谈判场合女士穿着一条吊带连衣裙，男士 T 恤配牛仔裤就非常不适宜了。

图 10-3 VIP 室服务工作套装

“O”代表目的和对象。从目的上讲，人们的着装往往体现着其一定的意愿，即自己对着装留给他人的印象如何是有一定预期的。着装应适应自己扮演的社会角色，在现代社会中，服装的款式在表现服装的目的性方面发挥着一定的作用。着装应当与交往对象相适应，应从服饰上体现出对他们的尊重。与顾客进行会谈，衣着应庄重考究，表示自己对此次会谈的重视程度；作为嘉宾出席正式宴会时，女士则应穿中国的传统旗袍或西方的长裙晚礼服以示对主办方的尊重。

● 故事链接

着装不当的窘境

我国一名著名表演艺术家程某在一次访谈中回忆了他在香港遭遇的一次窘境，正是这次窘境让他推翻了其原先“穿衣服可忽视场合”的着装观念。据程某回忆，当时香港某影星邀请他参加一个画展，并嘱咐他一定要去帮忙“捧场”。盛情难却，他应邀出席了这次画展。到达展厅后，他发现厅内人的装束都非常得体，而自己的一身打扮实在有失体面。

他身边的几位老总穿着精致的西装，头发光亮整齐，整齐得能看出梳子在头发上划过的痕迹，显得风度翩翩；附近的一位明星留着一头短发，着装合身得体，显得帅气、干练，魅力十足。而他呢，尽管也穿着西服，但那套西服穿了一个星期没离身，裤线早没了，上衣兜盖还不知怎的反了向，兜口老开着，更重要的是忘了戴领带。

最令程某尴尬的是他的头和脚。由于他习惯了起床后用梳子将头发随便扒两下就完事，从来不抹头油或为头发塑形，所以他出席画展那天是这样一副形象：头发各自为政地横躺竖卧，尤其是脑后“旋儿”旁边的那一绺高高地直立着。而脚上的一双皮革鞋，因为穿得太久而布满灰尘且走了形。

程某在回忆以上情景时说，他顿时感到一种被环境隔离开来的不自在。知道他是著名艺术家的人都主动跟他打招呼，有的过来与他握手，有的过来与他交谈，而他已经心不在焉地答非所问，因为他脑子里老想着脑后“旋儿”旁边的那一绺直立的头发……

自那以后，程某非常注意美化自己的形象，主动学习在不同时间、场合的着装知识及饰物搭配技巧，以杜绝类似的窘境再次发生。

第二节 女性职场着装要求

服饰是人的第二张脸面，在职场中通过衣着给人树立一种干练、值得信赖的职业女性形象，是现身办公场合取得职业认同的第一步，因为着装是一个人最表面、最显而易见的速写肖像。职场，是人的社会属性的从属区域，在职场中的一切行为将受到约束，需处理好个人着装习惯与职业约束之间的关系。

所有适合职业女性在正式场合穿着的职业装裙式服装中，套裙是首选。它是西装套裙的简称，上身是女式西装，下身是半截式裙子。套裙分两种：一种是将女式西装上衣和裙子成套设计制作而成的“成套型”，也称“标准型”；另一种是用女式西装上衣和随意搭配的一条裙子进行的自由搭配组合的“随意型”。

一、套裙的选择

目前，女士套裙一般为三种：及膝式、过膝式、超短式（白领女性超短裙裙长应不短于膝盖以上 15 厘米）。

（一）套裙各要素要求

面料上乘：平滑、润滑、光洁、柔软、挺括、不起皱、不起球、不起毛。

色彩宜少：以冷色调为主，标准型上下装为一色，随意型超过三种色，体现出典雅、端庄、稳重（黑色、深蓝色、灰褐色、灰色、暗红色等）。

图案忌花哨：无图案或格子、圆点、条纹、暗纹，点缀忌多。

尺寸合适：上衣不宜过长，下裙不宜过短。

款式时尚：在领形、纽扣、门襟、袖口、衣袋、下装裙子款式上的花样翻新、式样变化多端。

（二）套裙的配色

在上衣有横向花纹时，下装不能穿竖条纹或格子图案；上衣是杂色，下装应着纯色，反之亦是；正式职场场合的套裙为一色，纯色与纯色搭配时，可辅以小饰物进行搭配，避免过于死板，没有亮点。

（三）套裙的穿法

大小适度：上衣最短齐腰；裙子可达小腿中部，若腿型线条优美、匀称，裙长在膝盖上 2 厘米，反之，在膝盖下 2 厘米，以扬长避短；袖长刚好盖住手腕；整体不过于肥大、紧身。

穿着到位：衣扣要全部扣好，不允许随便脱掉上衣。

考虑场合：商务场合宜穿套裙，但休闲场合不宜穿着。

协调妆饰：在妆饰上要将着装、化妆、发式、配饰风格统一，缺一不可。

（四）套裙的配饰

穿着套裙时，相关配饰应符合以下规则：

（1）衬衣：面料轻薄柔软，颜色雅致端庄，无图案，款式简单保守。

（2）内衣、衬裙：不外露、不外透、颜色一致、外深内浅。

（3）袜子：套裙配长筒袜或连裤袜，忌光脚，颜色以肉色、黑色为宜，无破损，将一双肉色连裤丝袜放置在随身携带的手提包内，以备不时之需。

（4）鞋子：以 3~6 厘米的高跟、半高跟的黑色包头包脚的船式皮鞋为宜，不露脚趾或脚后跟，也可以选择与裙摆一致或稍深颜色的鞋子。

（5）手提包：宜选用与服装相配的颜色，不宜太小，以能装下 16 开或 A4 纸大小的文件为宜，包内放入一把折成很小的雨伞、一双新袜子、一包纸巾、一个化妆包、一个针线包。

故事链接

女性在职场中常需出席一些商务宴请的活动，这时的着装以礼服为主。女士礼服可以分为中式女礼服和西式女礼服。

中式女礼服主要是指旗袍。旗袍是由清朝八旗妇女所穿的长袍演变而来的，具有许多种不同的款式和花色，通常用绸缎面料制成并将具有中国元素的图案绣于其上，其主要特色通常为立领、盘扣、裁剪贴身、衣长过膝、两旁开衩、斜式开襟、曲线造型流畅等（见图），能贴切、自然地勾勒出东方女性身材的柔婉之美。在正式晚宴等场合，旗袍的开衩不宜太高，裙长应长至脚面，并应配以高跟鞋或制作考究的绣花鞋。如果在半正式场合和休闲场合时，旗袍则还可配以披肩围巾、开襟毛衣等。

旗袍

小晚礼服又称小礼服，为一种质地高档、色彩相对单一的露背式连衣裙。其裙长一般及膝盖上下5cm，衣袖有长有短，可搭配长短适当的手套或款式简洁、流畅的其他服饰，主要适用于日间或晚间举行的宴会、音乐会或仪式、典礼等场合。

大晚礼服又称大礼服，为一种低胸式的单色无袖连衣裙。其面料高档、垂感好，裙长及脚背或拖地，常配以同色系的帽子、薄纱长手套及其他饰物，可塑造典雅华贵的造型，凸显女性风韵。大晚礼服主要适用于晚间举行的各种正式的活动，如官方举行的正式宴会、酒会、正式的大型交际舞会等。

第三节 男性职场着装要求

仪表服饰是人形体的外延，包括了衣、裤、裙、帽、鞋、包等各类服饰，它们共同起着遮体御寒、美化人身的作用。我们可以通过着装、配饰来掩饰不足，扬长避短，创造视觉的仪表美感。在职场中的工作人员，在服饰上的注重不仅仅是美化自身，还展示着职业风度和组织形象，而男士的着装要表现出稳重、专业、令人信赖，多以全套深色西装为正式职场着装，表现规范、信任。

英国有句谚语叫“You are what you wear!”，可见英国绅士对着装要求是非常苛刻的。男士在出席重要场合时，一般都要着正装，通常为西装。而西装本身具有严谨的结构和特有的穿着规则，不同于其他便服可以“入乡随俗”随意改动，所以穿着西装必须“循规蹈矩”。每一位职场男士都应该熟悉西装的规则，穿出自己的职业素养。

一、西装的款式类型

按西装的件数来划分，西装分为套装西装和单件西装。套装西装分为两件套（包括上装和下装）和三件套（包括上装、下装和西装背心）。按照传统观点，三件套西装比两件套西装更为正规，在比较正式的场合一般应穿着三件套西装。

按西装的纽扣来划分，西装分为单排扣西装（包括单排一粒扣、单排两粒扣、单排三粒扣）和双排扣西装（包括双排两粒扣、双排四粒扣、双排六粒扣、双排八粒扣）。其中单排扣西装为一般场合所穿着，双排扣西装为正式场合、晚宴场合所穿着，最为正规的西装是单排两粒扣和双排四粒扣的西装，这两类比较多用于隆重、正式的场合。双排八粒扣的西装比较少见，在西方通常是参加葬礼时穿着。

按后面开衩来划分，西装还分为后开衩和后不开衩，后开衩又分为后中开衩和两侧开衩。后中开衩又叫单开衩，是从西装后背中腰部位向下打开缝制 10 多厘米的缝，在西装后中缝左右叠压 5 厘米左右的宽度。两侧开衩，又叫双开衩，是从西装后背两侧刀片的位置向下形成 10 多厘米的缝。无开衩，就是没有以上两种开衩的常规西装款式，西装后背所有合缝都是从上到下缝制到底边的。在选择上，双开衩有很强的正式感，从外形上适合高大健壮宽肩的体型，因为后背开衩是将背部分为了上、下两部分，从视觉上将体型进行了分割，所以不适合体型瘦小的人选择。而单开衩，相比双开衩休闲。从外形上对体型没有太多要求，只要臀围不是特别突出就好。

二、西装的穿着方法

（一）西装上衣扣子扣法

单排的西装穿着时可以敞开，也可以扣上扣子。原则是“扣上不扣下”：单排一粒扣上衣，在正式场合应扣上，其他时间扣与不扣无关紧要；单排两粒扣的上衣应扣上上面一粒，下面一粒为样扣，可解开；单排三粒扣上衣扣中间的一粒，上下各一粒可不扣。依照惯例，西装单排上衣的扣子在站着的时候应全扣上，坐下时才会敞开相应可以解开的扣子。双排扣的西装上衣则需要把全部扣子全部扣上。双排扣的西装最早是出现在美国，流行于意大利、德国、法国，但现在已经不太流行，也不多见了。三件套中的西装背心有六粒扣与五粒扣两种。六粒扣的最底下的那粒可以不扣，而五粒扣的则要全部都扣上。

（二）西装口袋

穿西装特别强调平整、挺括的外观，即线条轮廓清楚，服帖合身。这就要求上衣外侧口袋只做装饰，不可以用来装任何东西，但必要时可装折好的花式真丝手帕作为装饰在胸前口袋。而西装内侧口袋可以装票夹、名片、香烟、打火机等，但东西不可过多而影响着装的外形效果。裤兜和上衣口袋一样，不装物品只求裤型美观。如果需要携带一些必备的物品，可以装在提袋或手提箱里，这样既看起来整个人干净利落又能防止衣服变形。而且需要特别注意两手随意插在西装衣袋和裤袋里，也是有失风度的。

（三）衬衣

衬衫的第一粒纽扣，穿西装打领带时一定要系好，否则松松垮垮，给人极不正规的感觉。相反，不打领带时，一定要解开，否则给人感觉好像忘记打领带了。特别注意的是打好领带的衬衫袖口的扣子一定要系好，而且不得将袖口挽起来，如果需要挽起袖口，可先将领带解开收好，并将第一粒纽扣解开，再挽起袖口。衬衫的下摆不可过长，而且下摆要塞入裤子里。不穿西装外套只穿衬衫打领带仅限于室内，而正式场合是不允许的。衬衫的袖口一般在抬手时以露出西装袖口以外 1~2 厘米为宜。这样既美观又干净，但要注意衬衫袖口不要露太长。

（四）西裤

西装的穿着要给人挺拔的感觉，很注重线条美，所以西裤必须有一条笔直的中折线。西裤的长度是以站立时，前能盖住鞋面，后能遮住 1 厘米以上的鞋帮为宜。坐下后才不会裸露腿部，让人感觉裤子短了一截的感觉（见图 10-4 男士西服）。穿着时忌挽起裤管。

图 10-4　男士西服

三、西装的搭配要领

（一）线条与层次

穿着西装切忌过多内衣。最多只能在衬衫外加一件“V”字领羊毛衫，否则会显得十分臃肿，破坏了西装的线条美感。衬衫领口应挺括、平整，不过于宽松，以合领后插入一个指头的宽度为宜，并高出西装衣领

1~1.5 厘米，衬衫袖口露出西装袖口约 2 厘米，这样既可以保护西装衣领和袖口，同时可以显示着装的层次美感。

（二）三色原则

男士在出入正式场合穿着西装应遵循“三色原则”，即包括上衣、衬衫、裤子、领带和皮鞋在内，颜色不超过三种，否则给人不够庄重、杂乱无章的感觉，也不能过于单一，给人感觉单调。并且在西装颜色的选择上不能选择过于醒目和夸张的图案，宜选择单色，且颜色不宜过浅、明度不宜过高，一般黑色、灰色、深蓝色、藏青色较为适合正式场合。

（三）领上风情

领带是西装的灵魂，对西装穿着有着画龙点睛的作用，是男士衣着品位和风度的象征，正式场合穿西装都应系好领带。正式场合的领带以深色为宜，非正式场合的领带以浅色、艳丽为好。质地以真丝或羊毛为佳，可彰显西装的气质和档次。可选择单色或条纹、方格、圆点、菱形等几何图案。

领带的颜色一般不宜与服装颜色完全一致（除参加凭吊仪式时穿黑色西服系黑色领带外），以免给人呆板的感觉。搭配技巧：第一种是领带底色与西装可用同色系或邻近色，但二者色彩需深浅明暗不同，如米色西装可配咖啡色领带；第二种是领带与西装同是暗色，可做对比色，如黑色西装配暗红色领带；第三种是一色的西装配花色领带，而花领带上的一种颜色须与西装相呼应。

（四）细节把控

在西方国家，鞋子和袜子具有“脚步时装”和“腿部时装”之称，虽然不是关注的重点，但也能在细节上影响西装的整体美感。男士穿西装时，鞋子和袜子的颜色要与西装整体相协调，如穿浅色西装应搭配浅色鞋袜，穿深色西装则应搭配深色鞋袜，使鞋袜与西装形成整体美感。在正式场合男士一般穿着深色西装，应搭配黑色皮鞋，袜子则以黑色、深灰色、藏青色等深色为宜，切忌有醒目的花纹。而男士的袜子质地以棉线为宜，长度要高及小腿，使男士在坐下后不露出皮肤，否则即为不雅观。黑色皮鞋能配任何一种深色西装，但棕色皮鞋除同色系西装外，不能配其他颜色西装。

另外，男士在穿着西装时西服外袋是合了缝的（即暗袋），千万不要随意拆开，可保持西装不易变形；西服袖口商标一定要剪掉。在日常工作及非正式场合的社交活动中，男士也可穿西服便装。西服便装的上下装不要求配套一致。颜色上可上浅下深，面料上也可以上柔下挺。上衣可以是衬衫，也可以是套头衫或毛衣来搭配西裤。天气寒冷时，男士外出可以准备一件大衣或风衣，可做室外活动场合时穿着，但不在正式场合中穿着。

知识链接

男士在出席一些商务宴请的活动时，也是着礼服出席。男士礼服也有中式男礼服和西式男礼服之分。

中式男礼服主要包括中山装和唐装。

中山装

中山装是我国男士的传统礼服，一般由上下身同色同质的深色毛料精制而成，其前门襟有五粒纽扣，领口封闭且有风纪扣，上下、左右各两个贴袋，袋盖外翻并有盖扣，配以黑色皮鞋穿着，能使男士显得庄重、神气、稳健、大方。

唐装

唐装有广义和狭义之分。广义上的唐装是中式服饰的通称，狭义上的唐装是指清朝时的中式服饰。唐装礼服通常是指狭义上的唐装。唐装是由清朝马褂演变而来的，主要使用锦缎面料制成。其主要特色是立式领型、连袖（即袖子和衣服整体没有接缝）、对襟、盘扣（即扣子由纽结和纽襻组成）。它既能体现传统文化韵味，又能体现西式立体剪裁，能使男士展现儒雅风范。

西式男礼服主要包括燕尾服、晨礼服、平口礼服和西装礼服。燕尾服又称大晚礼服，其特色是前短后长，前身长度及于腰际，后摆拉长、开衩，形如燕尾，裤子两侧有黑缎带。燕尾服通常应配以背心、白色手套和白色横领结，并可搭配胸针和领巾，以增加正式感和华丽感。

晨礼服又称为英国绅士礼服，较燕尾服更加正式。其特色是外套剪裁为流线型，胸前仅有一粒扣，上衣长与膝齐，充满了贵族感。晨礼服的正式穿法为外套、衬衣、长裤，搭配背心和领结。

平口礼服又称为王子式礼服，它不及燕尾服与晨礼服那般正式。平口礼服有单排扣和双排扣样式之分，裁剪设计较类似于西装。其正式穿法是外套、衬衣、长裤，搭配领结和腰封。

西装礼服是在普通西装的基础上改良而来。西装礼服的正式穿法为外套、衬衣（或礼服衬衣）、长裤，搭配背心、领结或领带。

第四节 汉服搭配

汉服是中国汉族传统服饰，又称“华服”。汉服体系在华夏历史长河中体现着具有民族认同感的汉族礼仪、审美和思想等。随着时代的发展进步，中国综合国力不断提高，各地热爱中华民族传统文化的人们逐渐聚集起来组建各类汉服组织，日常街道上也可以见到穿汉服逛街的人，也有人会穿着汉服举行结婚仪式、毕业典礼、成年礼等，某些城市还会举办汉服文化节，汉服圈子日渐扩大，汉服迎来了快速发展时期，弘扬着华夏民族几千年来的服饰文化。我们现在看到的汉服固然美丽，但并不是真正的汉服的样子。汉服追求天人合一，几千年来汉服的款式和颜色都比较素雅，以清淡平易为主。但是现在汉服摒弃了等级观念和身份禁忌，会采用艳丽的颜色和华丽的装饰，并加入了很多现代元素，这是经过长期的发展改良得来的，更加具有现代审美。

一、汉服的服饰特点

对汉服的含义我们可以理解为：上溯炎黄，下至宋明，以汉族人民所穿着的服饰为基础，并在此基础上发展演变而成的一种明显具有独特风格的一系列服饰的集合。而汉服体系在华夏历史长河中体现着具有民族认同感的汉族礼仪、审美和思想。从对汉服的理解中我们可以看到汉服的三个特点：

（1）汉服的民族性，即汉服是汉民族的服饰。民族是个整体的概念，具有一定的文化属性，所以一个汉族人所穿着的其他民族的服装，不能称为汉族的传统服饰。

（2）汉服的传统性，即从传承性与统一性两个方面的体现。汉服的传承性表现在汉服的源流可以追溯到中国上古黄帝时期，并一直保留风格传承而不断发展演化。汉服的统一性表现在从黄帝时期到宋明，在中国广袤的土地上，在历时近五千年的时间跨度和数百万平方千米的空间广度上，所有汉族人的服饰在其主流中拥有的共同特点。即以右衽、大袖、深衣为典型代表。

（3）汉服的发展性，即非外力强制下，汉人自觉自愿的情况下，通常不易被人们明显觉察到的自然的发展，这也是一般事物或文化发展的常规规律。

二、汉服的基本结构

汉服采用幅宽二尺二寸（50cm 左右）的布帛剪裁而成，且分为领、襟、衽、衿、裾、袖、袂、带、韨等十部分的基本结构。取两幅相等长度的布，分别对折，作为前襟后裾，缝合后背中缝。前襟无衽即为直领对襟衣。若再取一幅布，裁为两幅衽，缝在左右两襟上，则为斜领右衽衣。前襟后裾的中缝称为裻，即督脉、任脉，衽在任脉右脉，故称右衽。裾的长度分为腰中、膝上、足上。根据裾的长短，汉服有三种长度：襦、裋、深衣。袖子与襟裾的接缝称为袼，袖口称为祛。一套完整的汉服通常有三层：小衣（内衣）、中衣、大衣。

（一）交领右衽

汉服的领型最典型的是“交领右衽”，就是衣领直接与衣襟相连，衣襟在胸前相交叉，左侧的衣襟压住右侧的衣襟，在外观上表现为“y”字形，形成整体服装向右倾斜的效果。衽，本义衣襟。左前襟掩向右腋系带，将右襟掩覆于内，称右衽，反之称左衽。这就是汉服在历代变革款式上一直保持不变的“交领右衽”传统，也和中国历来的“以右为尊”的思想密不可分。这些特点都明显有别于其他民族的服饰。作为交领补充的是直领和盘领。直领就是领子从胸前直接平行垂直下来，而不在胸前交叉，有的在胸部有系带，有的则直接敞开而没有系带。这种直领的衣服，一般穿在交领汉服外面，像罩衫、半臂、褙子等日常外衣款式中经常运用。盘领是男装中比较多见的一个款式，领型为盘子状的圆形，也是右衽的，在右侧肩部有系带，在汉唐官服中采用，常服中也有盘领款式。

（二）褒衣广袖

汉服的袖子又称“袂”，其造型在整个世界民族服装史中都是比较独特的。袖子，其实都是圆袂，代表天圆地方中的天圆。袖宽且长是汉服中礼服袖型的一个显著特点。汉服的礼服一般是宽袖，显示出雍容大度、典雅、庄重、飘逸灵动的风采。一直以来，汉服袖子的标准样式就是圆袂收祛，先秦到汉朝所反映的实物无一例外都是如此。袖宽且长是汉服礼服袖型的主要特点，但不是唯一的款式特点，汉服的小袖、短袖也比较多见。主要有这几种用法：参与日常体力劳动的庶民服装、军士将领的戎服、取其紧袖保暖的冬季服装等。有时候历史上各朝代的经济文化和审美关注不同，在袖型上也有不同的表现，如汉唐时期贵族礼服多用宽广大袖，宋明时期的常服褙子多用小袖。

（三）系带隐扣

一般情况下，汉服都是无扣的，所用之扣也会隐藏，绝不外显。汉服多用带子系结来固定衣服，一件衣服的带子有两对，左侧腋下的一根带子与右衣襟的带子是一对打结相系，右侧腋下的带子与左衣襟的带子是一对相系，将两对带子分别打结系住完成穿衣过程。这种系带隐扣的固定法给人洒脱飘逸的印象。还有一种固定衣服的物件是腰间的大带和长带子，它不仅有实用性，而且有装饰性，在等级森严的封建社会具有象征性意义，象征着权力和等级。

三、汉服的纹饰配件

（一）足衣（即穿于脚上的物品）

足衣分为舄、履、屦、屐、靴、鞋。尧舜禹以后开始有了木屐。以草为履，以帛为屦。周人以麻为鞋。屐是木履之下有齿的，又称木屐。《南粤笔记》记载：“枹木附水松根而生，香而韧，可作屐，曰枹香屐。潮人刳之为屐，轻便而软，是曰潮屐。”又说“粤中婢媵多着红皮屐，士大夫亦尚屐。沐浴乘凉时，散足著之，名曰‘散屐’”。散屐是潮州所制拖皮。草屦是黄帝之臣所做，即草鞋。靴来自赵武灵王胡服骑射。潮州木屐、杭州合村绣花鞋制作技艺、邳州绣花鞋、邳州麻编鞋已被列入非物质文化遗产，也是现代汉服中的配件之一。

（二）首服（即汉服的头饰）

首服是汉族服饰的重要部分之一。在古代，汉族男子成年之后都把头发绾成发髻盘在头上，以笄固定。主要的头饰有帽、巾等。帽主要有纱帽、风帽、笠帽等，巾主要有纶巾、网巾等。男子常常戴冠、巾、帽等，形制多样。通用的主要有冕、弁、幞头等。汉代时有职位的人一般都会先包帻后戴冠，而平民则只包帻不戴冠，喜庆时用白色缣巾（纱）裹头，平时只戴小帽、草帽。唐朝以帽为主，以白缣巾裹头幞发。宋代则出现了铁线幞头，同时马夫戴折翅幞头，当差人戴直角幞头，而平民则是夏季戴凉笠、竹笠，冬季戴深檐帽尘帽，宋元时期的头巾种类繁多，如圆顶巾、方顶巾、琴顶巾、纱巾、绸巾、东坡巾、程子巾、山顶巾等。明朝时期帽的种类繁多，且因人而异。而古代女子的首服主要有副、编、次、衡、笄。副是指覆盖于头顶的一种饰物，为当时最昂贵的女子头饰；编是把头发编到脑后的一种假发；次可把头发处理成参差不齐；衡可垂于两边当耳饰；玉笄是横贯固定头发的一种玉簪。发髻可梳成各种式样，并在发髻上佩戴珠花、步摇等各种饰物。鬓发两侧饰博鬓，也有戴帷帽、盖头的。汉族妇女有八大首饰，分别为簪、栉、钗、华胜、步摇、金钿、珠花、勒子（额帕）。狄髻是八大首饰的金银组合饰品。其中宋元时期除了发髻等饰物外，有一个极为突出的特点即戴冠。头插梳篦自汉代即有记载。南朝妇女就爱在髻上插饰梳栉。唐朝妇女流行广插钗梳。北宋宫中妇女多在饰冠上安插白角长梳，后来传至民间，有高髻插梳之饰。宋词曰：髻鬟云样梳。明代女子盛装打扮时头上插满钗梳。汉族妇女还有戴绢花的习俗，所谓“宝髻簪花花”。明朝孔府在大庄设佃户花庄，一年四季专供孔府摆设和夫人、小姐插戴，演习宫女的冠带装束绢花。现今穿着改良后的汉服也可根据所穿朝代的不同配以不同的首服。

（三）其他配饰

（1）蔽膝：围于衣服前面的大长巾，用来蔽护膝盖的。

（2）披帛：长条形状的巾子，搭在肩上，缠绕在手指间，一般都由薄薄的纱罗裁成，上面有印花或者是金银线织就的图案。

（3）腰饰：主要有佩觿、佩玉、佩印、佩绶、佩鱼、佩牌等饰物。

（4）香囊（香包）、剑、绶、印、笏、牙牌、革带、玉带、腾蛇等。

知识链接

现代汉服形制简易版

【上衣下裳制】：男—冕服（男子最高礼服），衣裳，玄端，明制祭服。女—襦裙（齐胸、齐腰、对襟等，按款式分）。女—襦裙［衫裙（单襦）、袄裙（复襦），按上装分］。

【衣裳连制】：男女—直裾袍（直襟分裁袍）。男—深衣（郑玄深衣、孔颖达深衣、温公深衣、朱子深衣、黄宗羲深衣等），襕衫，曳撒袍，贴里袍。女—翟衣（女子最高礼服），曲裾袍（绕襟袍）。

【通裁制】：男女—圆领袍衫（唐，宋，明风）。男—道袍，直身，直裰，褡护。

【衣裤制】：男女—衣裤类（现通称"裋褐"）裤分为：裤（无裆），裈（有裆）。

【首服】：男—冕。男女—冠弁类。男—巾帻幞类。女—发髻头饰。

【罩衫】：男女—披风（明风），褙子（宋风），半臂衫。男—大氅。女—大衫，斗篷。

汉服

【配饰】：男女—腰带（革带），玉佩，首饰，蔽膝，绶带，扇，符等。男—佩剑，配刀。女—披帛，霞帔。

【亵衣】：即内衣。抱腹，心衣，裲裆，诃子，抹肚，抹胸，襕裙，主腰等。

【中衣】：男女—中衣，中裤，中单。女—中裙。

【足衣】：鞋（屐、屦、履），靴，袜等。曲裾以绕襟的周数分为单绕、双绕、三绕。以衣长的长短分为长曲裾和短曲裾。一般有腰封围腰，长带结系。

第五节 配饰搭配基本要求

配饰指的是人们在着装的同时所佩戴的装饰品。配饰分为服饰和首饰。服饰一般指鞋、帽、围巾、手提包、胸饰、腰饰等。首饰原指戴在头上的装饰品，现泛指耳环、项链、戒指、手镯等。在现代社会中，配饰成为服装的最亮丽的点缀，可以起到画龙点睛的效果。常常也被用来弥补着装上的不足、营造整体风采、传递个性特点和思想倾向。在职场中的每一位人士都应该学习配饰的基本常识，使饰物的佩戴符合礼规，凸显自己的职业素养。

一、职场人士配饰穿戴原则

（一）以少为佳

职场人士的饰物佩戴应以不妨碍工作为前提，同时又能衬托其优雅端庄的个人气质，起到画龙点睛的作用。佩戴饰品时，在数量上应以少为佳，一般佩戴两件即可，最多不应超过三件。过多的饰品除了让人感觉炫耀和庸俗外，又降低了个人的品位。

（二）同质同色

当佩戴两件以上的饰品时，应尽量选择质地相同、颜色一致、做工细致的饰物，力求样式简洁、造型美观、款式与质地相协调。切不可混搭一体，给人一种杂乱而缺乏亮点的感觉。

（三）扬长避短

饰品的佩戴要根据自身的特定选择，注意突出自己的优点，掩盖缺陷与不足。如脖子短而粗的人，不宜戴紧贴脖子的项链，而适合选择细长的项链，可以在视觉上拉长脖子。个子矮的人则不宜戴长围巾，会显得更矮。短而粗的手指不宜戴重而宽的戒指，戴窄戒反而能使手指显得细长些。

（四）协调搭配

配饰是服装整体上的一个环节，佩戴饰品时应注意饰品与服装的颜色、质地、款式和风格的协调，否则就会显得格格不入，影响服饰的整体美感。一般职场配饰以金、银、钻石、珍珠等来衬托服装的高档次，而休闲服则可以戴贝壳、木质、石头类的饰物突出个性。

（五）符合身份

配饰不仅需要根据个人爱好、性格来选择，更应该与个人的身份相符合，如年龄、性别、职业和工作环境等。对配饰进行性别区分可以看到，女性配饰种类繁多，选择范围广，而男性能佩戴的只有戒指、腕表、领饰、袖饰等，故而男性配饰应少而精，花里胡哨的配饰会损害男子的阳刚之气。

（六）遵守习俗

佩戴相应配饰要了解并且尊重不同的地区、不同的民族在佩戴饰品上的风俗与习惯，明白所佩戴饰品所表示的语义。比如，在西方国家戒指的佩戴是有一定的礼规的，戒指一般戴在左手，而且戴在不同的手指上所传递的语意是不同的。戴在食指上表示无配偶想寻求恋爱对象或有求婚的意向；戴在中指上表示正在热恋中；戴在无名指上表示已经订婚或已经结婚；而戴在小指上表示自己是独身主义者，将终身不嫁（娶）；大拇指一般不戴戒指。修女的戒指则戴在右手的无名指，表示她已经把爱献给了上帝。现在流行的大的花戒只是装饰用而不表示任何意思。除同样饰物佩戴方式不一样有不同含义外，也有饰物在不同地区表示不同含义。比如在中国荷花图案的饰物给人清新高雅的感觉，但是日本的历史传统中，荷花一般被用来作为葬礼的配花，用来安放死者的亡灵。荷花在日本文化中被认为是死亡的象征，所以要注意在职场中不使用荷花的图案。因此，在职场中应讲究各地各民族不同的配饰礼规，以免造成误会。

总之，饰品的佩戴要根据不同的情况合理搭配，以达到既创造和谐统一、富有层次的艺术效果，又体现个人审美修养和礼仪修养。

二、职业女性配饰的选择和佩戴

在职场中，女性除了需要注意服装的选择与搭配之外，还需要注意自身服饰、脸型、年龄、季节、场合等因素佩戴合适的饰品，以突显自身的职业素养和个人品位。

（一）丝巾

在社交场合使用的丝巾可以是边长 60cm 左右的小方巾，也可以是边长 90cm 左右的大方巾或长丝巾。

1. 丝巾的选择

（1）面料。丝巾的面料多为人造丝、真丝等，通常以真丝为首选。

（2）颜色。丝巾的颜色可以与服装颜色为同一色系，也可以与服装颜色成对比色，但应与服装相协调，并与着装者的肤色、气质相配。通常，若丝巾贴近面部时能使着装者显得健康、精神，则可认为丝巾与佩戴者相配。

（3）图案。丝巾可以无图案，也可以有条纹、方格、碎花等简单图案。

2. 丝巾的系法

我们以小方巾为例来讲述丝巾的系法。常见的丝巾系法有基础结、三角巾结、“V”字结、项链结和围巾结等。

（1）基础结。基础结适用范围较广，其特色是能系出一个十字形的结。

（2）三角巾结。三角巾结很适合圆脸型的人，其特色是在颈后打结，并在颈前留出一个三角形，强调视觉上的纵向感，能使佩戴者的脸部轮廓看起来消瘦一些。

（3）“V”字结。“V”字结较适合倒三角脸型和方脸型的人，其特色是在颈前呈现一个“V”字形，使颈部充满层次感。

（4）项链结。项链结适合长脸型和倒三角脸型的人，其特色是能够在颈前呈现一个类似于项链的结，使佩戴者显得高雅、干练。

（5）围巾结。围巾结适合方形脸的人，其特色是能在颈前或颈部一侧打出层次感较强的花结，并打破佩戴者脸型的方正走向，为佩戴者的脸部增添柔美感。

（二）戒指

戒指是一种经典的装饰品，女性在佩戴戒指时，应注意选配与自己手型相配的戒指。戒指一般佩戴在左手，而且数量上最多不应超过两枚，最好是一枚符合身份与服装相配的戒指。女性戴两枚戒指时，通常应戴在左手两个相邻的手指上，或戴在两只手对应的手指上。一般来说，佩戴戒指应遵循以下规则：

手掌瘦长、手指纤细者：可佩戴粗线条戒指，也可佩戴精巧的细戒指。

手掌宽大、手指粗短者：宜佩戴粗线条戒指，而不宜佩戴细戒指。

手指粗短、关节突出者：宜佩戴不规则造型的戒指，如“V”字形戒指。

手掌窄小、手指较细者：宜佩戴玲珑的细戒指，而不宜佩戴粗大的戒指。

（三）头饰、帽子

头部饰物在职场中宜少而精致，并根据服装的颜色进行搭配。太过闪耀亮眼的不适合正式的场合，会将对方的注意力集中在发饰上，可以用在晚礼服、宴会中。

女士的帽子在职业装当中以装饰功能为主。西方更注重帽子的搭配选择，而我国一般职场中女士戴帽子较少，而制服中配帽较多。一般搭配会选择与服装颜色一致的帽子，或者在服装颜色中选择其中一种颜色作为帽子的颜色。帽子也能帮助扬长避短，如圆脸适合戴宽边高顶的帽子，窄脸适合戴窄边的帽子，戴眼镜的女性不适宜戴有花饰的帽子，身材矮小的女性应戴顶稍高的帽子。

（四）胸针

胸针又被称为“胸花”，是一种装饰于胸前镶有珠宝、水晶等材料的别针。一般佩戴的高度是从上往下数的第一粒与第二粒纽扣之间。在选择胸针时一定要考虑到服装的类型、颜色、面料，还有自身的体型和脸型，如个子矮小的女性适合小一些的胸针，佩戴时部位可以稍微高一些；个子高大的则可以选择大一点的胸针，佩戴时位置也可以低一些。穿着的服装不同位置也不同，着职业西装套裙时，应别在左侧领上，穿无领上衣时，则应别在左侧胸前。发型偏左，胸针应居右，发型偏右，胸针宜偏左，展现服饰的协调美感。

（五）项链

女士戴项链一定要适合自己的脸型、体型和服装款型。项链的造型、长短和色彩可以调节视线（见图 10-5 项链与耳环）。女士在选用项链时，应遵循以下规则。

与服装相呼应：项链的造型与色彩应当与佩戴者的着装相呼应。例如穿飘逸的连衣裙时，宜佩戴精致、细巧的项链；穿单色或素色的衣服时，宜佩戴色泽单一而鲜明的项链。

与脸型相符：项链的造型与长短应当与佩戴者的脸型相搭配。例如，尖脸型的可选用细的项链，项链不宜过长，否则会显得脸更长。方脸型或圆脸型的人，体态大多比较丰满，可选用较长一些的项链。

与年龄相吻合：项链的材质应当与佩戴者的年龄相吻合。例如，高雅华丽的珠宝项链一般适合中年女性佩戴；造型独特的木制品、玻璃制品、陶艺制品等工艺类项链一般适合年轻女性佩戴。

与个性相符合：项链的吊坠应与佩戴者的气质、个性相符合。例如，椭圆形的吊坠一般适合个性成熟的女士；菱形、方形的吊坠一般适合个性独立的女士；小动物形状的吊坠一般适合个性活泼的女士。

与场合相协调：项链的款型应与佩戴者所参与的场合相协调。例如，在一般社交场合，宜佩戴精致、淡雅的项链；在正式的宴会、舞会等场合，宜佩戴华丽、闪耀的项链。

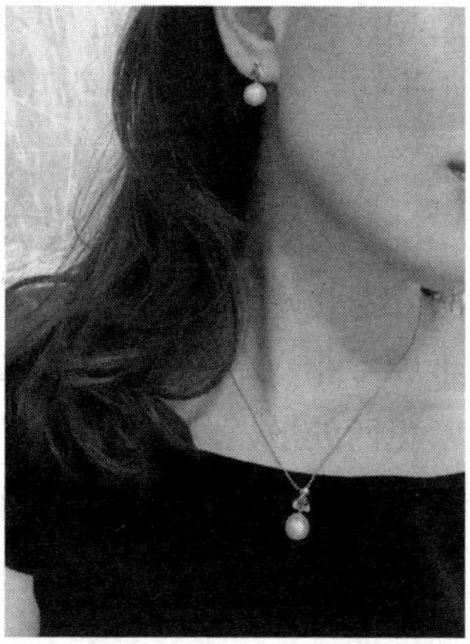

图 10-5 项链与耳环

（六）耳环

耳环是女性的主要首饰，其使用率仅次于戒指。佩戴时应根据脸型特点来选配耳环。如圆脸不宜佩戴圆形耳环，会加强“圆”的感觉；方形脸也不宜佩戴圆形和方形耳环，这样既增加了横向视觉，又使人感到脸部轮廓的棱角过硬朗，缺乏了女性的柔美。所以圆形脸宜佩戴链式耳坠；方形脸则宜佩戴小耳环或耳坠；长脸型的人宜佩戴较宽大的耳环。但需要注意的是在职场中女性不应戴夸张的、过分展现个人魅力的、过分艳丽奇异的耳环。

（七）手表、手镯、手链

在职场环境中女性为增加干练的气质，以及方便对时间的掌控，很多女性都不约而同地选择在手腕处戴手表。手表的样式可以不必复杂花哨，以简洁大方为主。在工作中及商务中应佩戴一块正装表，其中机械表和皮革表都是不错的选择，机械表较为经典，皮革表则时装味浓一些，但两者都适合与正装、商务装搭配。深色系的服装与机械表、皮革表相搭配会取得和谐的效果。在日常休闲的社交场合中，可以使用一款休闲表，建议选择一些设计简单大方的款型，表带为皮革样式的，增加休闲感。宴会和派对则可以选择珠宝表，高雅的表款，加上时尚华丽的璀璨钻饰，一定能让你成为全场瞩目的焦点。而手镯和手链的装饰也一般用于晚礼服和宴会场合，做点睛之笔。

（八）包

女性皮包的种类繁多，并一直在变化中，突显了女性对时尚的灵敏程度。女性穿套装或套裙时选用一款合适的皮包，可用以携带随身物品并发挥装饰作用。皮包的面料最好为皮质；颜色应与自身肤色、服装、年龄及季节相搭配，咖啡色、黑色、驼色、米色等中性色通常为百搭色彩；款式应与自身身型相协调，一般而言，身材高大者宜用大提包，身材矮小或苗条者宜用中、小提包，身材丰满者忌用圆形包。

（九）香水

香水的种类非常多，根据香精含量的高低，香水可分为浓香型、清香型、淡香型和微香型。一般而言，选择香水应遵循以下规则：在办公室、会议室、车厢等相对封闭的空间，宜选择淡香型香水，而不宜选用气味浓郁的香水，以免四处散发的香气分散他人的注意力，影响他人情绪；在餐厅，宜选择淡香型或微香型香水，并将香水涂抹在腰部以下，以免影响他人的食欲；在晚宴上，可选择浓香型香水，以增添个人魅力；在非封闭的场合，宜选择清香型香水。

使用香水通常应当注意以下事项：

（1）宜用“点”（滴一滴）的方式使用浓香型香水，用“线”（抹数滴）的方式使用清香型香水，用“面”（喷洒）的方式使用淡香型和微香型香水。

（2）一般而言，浓香型香水可以擦于脉搏跳动处，如耳后、手腕内侧、膝后等；清香型、淡香型和微香型香水可以自由地涂抹或喷洒在脉搏跳动处、干净的头发（切勿有尘垢或油脂）上、衣服里、裙摆两边等。

（3）不可直接将香水洒在棉质、丝质面料的衣服上，以免香水在上面留下痕迹。同时，也不可直接将香水洒在皮毛面料上，以免香水损害皮毛或改变皮毛的颜色。

三、男士配饰的选择和佩戴

（一）领带

领带是西装的灵魂，能起到画龙点睛的作用，也是男士衣着品位和风度的象征。正式场合穿西装都应系好领带。

1. 领带的选择

为彰显西装的气质和档次，男士在选择领带时，一般应注意以下几个方面。

面料：最好是真丝，也可以是涤纶长丝或纯毛料。

颜色：应与衬衫、西服的颜色相称，蓝色、灰色、棕色、黑色、紫红色等色均为理想的领带颜色。

图案：可以无图案，也可以具有斜条纹、圆点、方格等规则几何形状的图案，但不可过于花哨。

质量：应质优，即具有平整、美观、无跳丝、无疵点、不易变形、悬垂挺括等特点。

2. 领带的结法

领带最重要的部位是领结。打好的领带结应呈挺括、端正的倒三角形，且大小与衬衫衣领大小成正比。领带结的常用结法有简式结、温莎结、蝴蝶结等。

（1）简式结。简式结适用于质地较厚的领带，打在标准式及扣式领口衬衫上，多在商务旅行时使用。其特点在于先将宽端以 180° 由上往下扭转，并将折叠处隐藏于后方完成打结，待完成后可再调整其领带长度，在外出整装时方便快捷。常见的简式结（马车夫结）在所有领带的打法中最为简单，尤其适合厚面料的领带，不会造成领带结过于臃肿累赘。

（2）温莎结。温莎结是因温莎公爵而得名的领带结，是最正统的领带打法。温莎结打出的结呈正三角形，饱满有力，适合搭配宽领衬衫。该结应多往横向发展，避免材质过厚的领带，也勿打得过大。宽边先预留较长的空间，绕带时的松、紧会影响领带结的大小。

（3）蝴蝶结。在19世纪末，蝴蝶型和蝙蝠翼型的蝴蝶结已经随处可见。蝴蝶结是从三角领巾结发展而来的，这种领结的产生源于对领巾携带的轻便性的追求，这样就能在一天的活动中更灵活方便。蝴蝶结适合所有人，主要在正式场合中使用，但在日常使用上越来越普遍。黑色蝴蝶结用以搭配晚礼服夹克，而白色蝴蝶结则搭配燕尾服。

（二）领带夹

领带夹应在穿西服时使用，也就是说仅仅单穿长袖衬衫时没必要使用领带夹，更不要在穿夹克时使用领带夹。穿西服时使用领带夹，正确的领带夹的用法应该是将其别在特定的位置，即从上往下数，在衬衫的第四与第五粒纽扣之间，将领带夹别上，然后扣上西服上衣的扣子，从外面一般应当看不见领带夹。现今职场中主要有两种人用领带夹：其一，穿制服的人。如工商、税务、警察、军人、航空公司的人用领带夹，他们领带夹上有国徽、警徽、航空公司徽记。其二是VIP、高级官员、高级将领、大老板。

（三）手表

在职场所戴的手表，其造型应当庄重、保守，避免怪异、新潮。手表一般被视同首饰，对于平常只有戒指一种首饰可戴的职场男性来说，更是备受注重。在西方国家，手表与钢笔、打火机曾一度被称为成年男人的“三件宝”，是每个男性不可离身之物。选择手表时，一般应注重其种类、形状、颜色、图像、功能五个方面。

1. 形状

手表的外形一般与其身价、档次有关。在正式场合所戴的手表，外形方面应当庄重、保守，避免奇怪、新潮。一般而言，正圆形、椭圆形、正方形、长方形以及菱形手表，因其外形庄重、保守，适用范围极广，分外适合在正式场合佩戴。

2. 颜色

选择在正式场合所戴的男人手表，其颜色应力戒冗繁凌乱，一般宜选择单色手表、双色手表，不应选择三色或三种颜色以上的手表。不论是单色手表还是双色手表，其色彩都要清楚、尊贵、典雅。金色表、银色表、黑色表，即表盘、表壳、表带均有金色、银色、黑色的手表，是最理想的选择。金色表壳、表带、乳白色表盘的手表，也能经得住时间的检验，在任何年代佩戴都不会过时，适用范围极广，特别适合在正式场合佩戴。

3. 图像

除数字、商标、厂名、品牌外，手表上没有必要呈现其他没有任何作用的图像。选择运用于正式场合的男人手表，尤其需要谨记此点。

4. 功能

计时，是手表最主要的功能。因此，正式场合所用的男人手表，不管是指针式、跳字式还是报时式，都应具有这一功用，而且应当精确到时、分，能精确到秒则非常好。只精确到时的手表，显然不符合需求。有些附加的功用，如温度、湿度、风速、方向、血压、步速等，均可有可无，而且以无为好。总之，男人手表的功用要少而精，并要有实用价值。

（四）公文包

一款适合职场男士的公文包，必须拥有优质的选材，大方、简约的设计，以凸显男性的阳刚之气而又不失时尚、优雅的外在魅力。在选择时，第一，需要考虑整体着装搭配，一般来说黑或咖啡色公文包最为百搭。黑色公文包配深色衣服；黄色或咖啡色公文包配浅色衣服，都是最好的搭配。第二，选购的公文包最好与身材特性相适应。身材肥胖的，选择竖款公文包，看起来协调一些，也很有绅士风范。相反，身材瘦小的，选择横款较好。除外在的搭配，公文包的选择上还要考虑功能的实用度。公文包的功能并非越多越好，要考虑实用、耐用、舒适等多个方面。首先，公文包的容量要足够大，能装得下 A4 大小的文件、手提电脑及其他物品。如果平时不需经常携带手提电脑，可选择竖款的公文包。而在皮料上，职场男士挑选公文包最好选择皮质柔软易打理的头层牛皮材质。从实用角度看，最好选择手拎、肩背两式的公文包，以便于携带。一款符合身份和职业的公文包，可以给男士在职场中的个人魅力加分，每一位职场男性都应该学会使用公文包这张隐形名片。

（五）围巾

冬季可以配大衣，有御寒的作用，但也可以突显其装饰作用。第一，在面料的选择上，男士的围巾以纯毛料、人造毛织物为主，不选女士的绢丝之类轻薄的面料；第二，色彩应选灰色、棕色、深酱色或海军蓝，搭配时需注意整体的协调，不要太过突兀。在进入室内时应解下围巾，脱下大衣。在正式场合也不使用。

本章小结

不同的场合需要表现不同的精神风貌，不同的着装也衬托出了不同的气质风格，不论是职业装的搭配还是汉服的穿着，都应注重整体的搭配效果，风格统一。在搭配饰品饰物时也应注意搭配的技巧，让自己能因点缀而更出彩。

思考与练习

一、选择题

1. 女士套裙一般为______三种。

A. 及裸式　　B. 及膝式　　C. 过膝式　　D. 超短式

2. 双排扣西装可以分为______。

A. 双排两粒扣　　B. 双排四粒扣

C. 双排六粒扣　　D. 双排八粒扣

3. 衬衫的袖口一般在抬手时以露出西装袖口以外______为宜。

A. 2~3 厘米　　B. 1~1.5 厘米　　C. 3~4 厘米　　D. 1~2 厘米

二、填空题

1. 在正式场合男士一般穿着深色西装，应搭配黑色皮鞋，袜子则以______、______、______等深色为宜，切忌有醒目的花纹。

2. 汉服的领型最典型的是“______”，就是衣领直接与衣襟相连，衣襟在胸前相交叉。

3. 香水的种类非常多，根据香精含量的高低，香水可分为______、______和______。

三、简答题

1. 什么是TPO原则？

2. 男士西服的搭配要领有哪些？

四、实训题

1. 实训内容：课程前期准备中要求全班同学穿好职业套装，并进行饰品的搭配，课程中小组成员之间互相观察，指出小组成员职业服饰搭配的不足，并提出改造意见。

2. 实训过程：

（1）以3~5人为一小组，制作职业服饰着装要求判断表格，根据小组成员的实际服饰搭配进行判断，点评优点和错误，并提出改造意见。

（2）以小组为单位根据诊断结果，提出各成员着装及配饰的要求，并给本小组1~2位组员进行实际服饰搭配，再将搭配的思路想法进行讲解与分析。

（3）各组互评，教师点评。

第十一章 高铁制服着装要求

引　言

为树立工作人员良好的岗位形象，企业一般会为员工统一定制服装，简称“工装”或“制服”。为塑造高铁服务中规范高铁服务人员的妆容着装标准，树立和保持铁路客运窗口单位的良好形象，充分展现高铁服务人员的精神面貌，中国铁路总公司也发布了《铁路旅客运输服务质量规范》，对各岗位的着装、妆容、配饰做了规范的要求。根据不同的工种，有不同的标准要求。

学习目标

知识目标

1. 理解高铁制服着装要求的重要性。
2. 掌握高铁制服着装、妆容、配饰的规范要求。

技能目标

1. 能根据对应的岗位着装标准进行规范着装。
2. 能根据对应的岗位配饰妆容要求进行规范配饰妆容。

一、动车组列车乘务人员着装标准

（1）列车长（男）：穿着规定制服，扎领带，戴制帽，衣扣整齐；佩戴臂章、胸章牌。列车长（女）：穿着规定制服，系丝巾，戴制帽，衣扣整齐；佩戴臂章、胸章牌。

（2）列车员（男）：穿着规定制服，扎领带，戴制帽，衣扣整齐；佩戴胸章牌。列车员（女）：穿着规定制服，系丝巾，戴制帽，衣扣整齐；佩戴胸章牌。

（3）安全员（兼）：按规定着装，衣扣整齐，戴制帽；佩戴安全员标志，不佩戴职务以外标志。

（4）餐饮服务人员：穿着规定制服，佩戴胸章牌。餐车加热、供应餐食时，戴口罩、手套。女性穿围裙，围裙干净、平整、整齐，穿戴完毕后，相互整理，围裙结一律系成蝴蝶结状。

（5）随车保洁员：穿着规定制服，系围裙，衣扣整齐；佩戴胸章牌。

二、着装和妆容要求

（一）着装要求

（1）全列换装统一，衣扣拉链整齐，值乘中按标准着装。

（2）着装时，做到不披衣、歪戴制帽、敞胸露怀、挽袖、卷裤腿；系领带或衬衣外穿时，衬衣束在裙子或裤子内；女乘务人员穿裙子时统一穿肤色丝袜，无破损。

（3）穿着春秋装及冬装时，内穿制式衬衫，并佩戴制式领带，内衣下摆、领口不得外露。女乘务人员按规定系扎丝巾、围巾，着春秋装时在上衣右上方佩戴领花（丝巾）；着冬装时在衬衣 V 领内戴丝巾，内衣下摆、领口不得外露。

（4）动车组列车长执行职务（含车厢内作业时）必须戴制帽，其他客运乘务人员在车厢内作业时可不戴制帽，班组出、退乘列队行走时列车乘务人员必须按规定佩戴制帽。

（5）乘务组换装统一，春秋、夏、冬制服不得混穿。制服与便服不得混穿。穿着大衣时，全列衣扣统一，职务标志、党团徽佩戴在规范位置。统一配备防寒围巾时，需穿戴配发围巾，确保着装统一。

（6）穿深色系制服鞋（或同款式），式样统一；不得赤足穿鞋，不穿尖头鞋、拖鞋、露趾鞋，鞋跟高度不超过 3.5 厘米、跟径不小于 3.5 厘米。外露的皮带为黑色，皮带样式简洁大方、全列统一。

（7）职务标志佩戴规范。胸章牌佩戴在上衣左胸口袋上方正中，胸章牌下边沿距离左胸口袋上方边沿 1 厘米处（无口袋的佩戴在相应位置）；党（团）徽一律佩戴在胸章牌上方正中，党（团）徽下边沿紧靠胸章牌上方边沿。佩戴臂章时，臂章上缘当于上衣左袖肩下四指处。

（8）动车组女性乘务人员值乘应佩戴隐形眼镜，不能佩戴有色眼镜。

（9）佩戴的外露饰物款式简洁，不夸张，限手表一只、戒指一枚及一副直径不超过 3 毫米的耳钉。

（10）发饰佩戴标准。动车组女性乘务人员可佩戴规定发饰、发夹、发箍、隐形发网。

（11）乘务人员穿制服或佩戴职务标识在公共场所时必须爱护企业形象，严格遵守道德操守、社会公德，禁止出现不文明不礼貌的行为。

（二）妆容要求

（1）头发干净整齐、颜色自然，不理奇异发型、不剃光头。男性两侧鬓角不得超过耳垂底部，后部不长于衬衣领，不遮盖眉毛、耳朵，不烫发，不留胡须；女性发不过肩，刘海儿长不遮眉，短发不短于 7 厘米。

（2）面部、双手保持清洁，身体外露部位无文身。指甲修剪整齐，长度不超过指尖 2 毫米，不染彩色指甲，指甲油应选用透明色，不得有美甲装饰。

（3）女性淡妆上岗，唇线与口红的颜色一致，选择自然红色；眉毛修剪整齐，眉笔和眼线为黑色或深棕色，眼影的颜色与制服相协调。工作中保持妆容美观，端庄大方。补妆及时，在洗手间或乘务间进行，不浓妆艳抹。使用清香淡雅型香水。

（三）佩戴声讯电子设备着装要求

动车组列车客运乘务对讲机统一佩戴在后腰右侧裤腰（皮带）上（女性乘务员着裙子时佩戴在裙腰上），耳机线固定夹夹在上衣（马夹）衣扣的暗扣间，耳机线贴身平顺，穿外套时耳机线挂放在衣服内只露出衣领口与耳朵一段。音视频记录仪原则上挂放在上衣（或大衣）左侧胸章牌上方专用挂扣，可结合实际适当调整。

三、乘务箱使用标准

（1）车班值乘统一使用乘务段配置的乘务箱。

（2）乘务人员列队出、退乘时，乘务箱必须统一右侧拖行；乘务箱标志面向外方。

（3）集中列队时，车班乘务箱统一收回拉杆竖放乘务人员右侧，距乘务人员右腿 10cm 左右，乘务箱标志面向外方，乘务人员与左边他人乘务箱之间均间隔 10cm 左右。动车组列车乘务人员行进列队分两列，依次列队为乘务、餐饮、保洁人员，两排人数均分，前后间隔 50cm 左右。

（4）乘务箱必须保持整洁、平整、不破损、不变形，严禁涂、写、画及用各种纸质、布料包装乘务箱等任何破坏、污损乘务箱面的行为。

四、换装时间规定

换装原则时间：春秋装 4 月 1 日—5 月 31 日及 10 月 1 日—11 月 30 日、夏装 6 月 1 日—9 月 30 日、冬装 12 月 1 日—次年 3 月 31 日。

各车队根据气候变化和本线路情况，可制定本车队的统一换装时间及规定本线路始发、途中、折返、终到具体时段的着装要求。

各个时期我国的列车员、高铁工作人员的着装都有所变化，下面以某乘务段为例，对发饰、值乘鞋子、列车员装配标准、行李箱等要求进行图片展示。

（一）发饰、值乘鞋子标准

1. 发饰标准

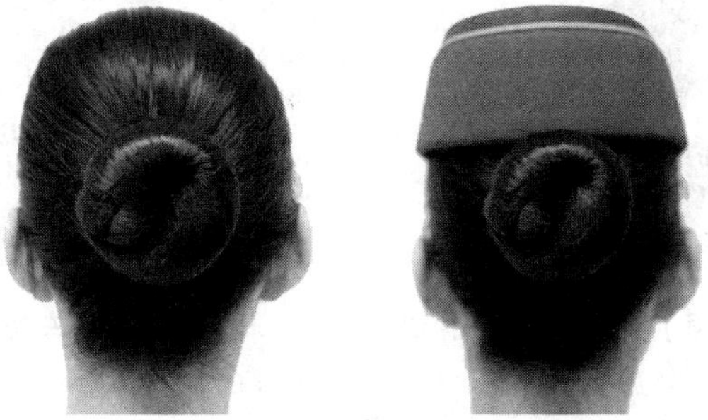

图 11–1　发饰标准

2. 值乘鞋子标准

图 11-2　男性乘务人员值乘鞋子款式

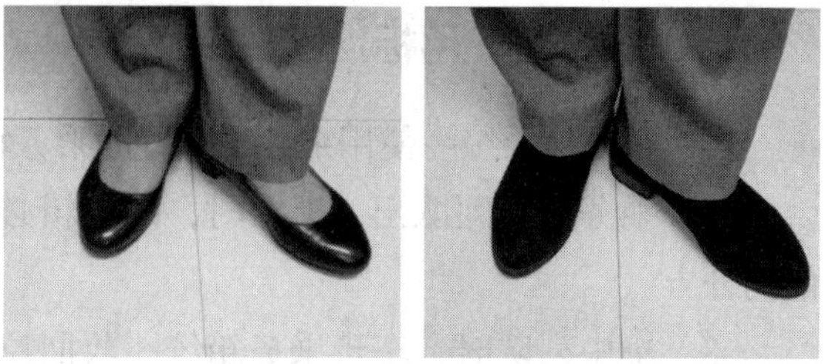

图 11-3　女性乘务人员值乘鞋子款式

（二）装配标准

图 11-4　列车员（男）春秋、冬装装配标准

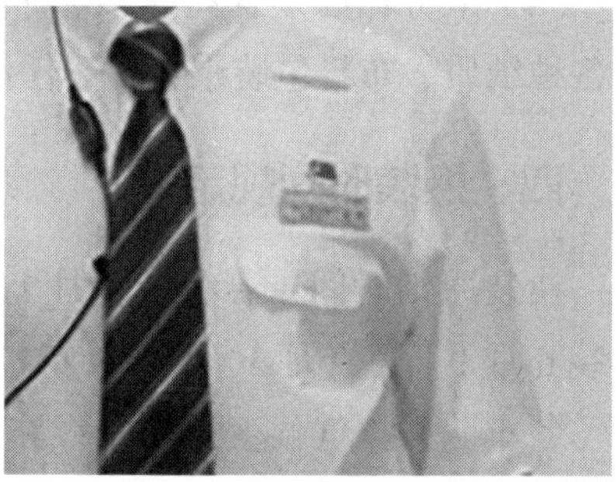

图 11-5　列车员（男）夏装装配标准

图 11-6　列车员（男）冬季大衣装配标准

图 11-7　列车员（女）春秋装配标准

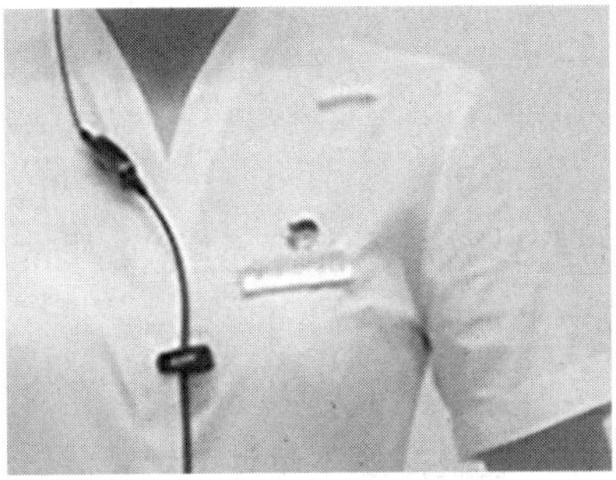

图 11-8　列车员（女）夏装装配标准

图 11-9　列车员（女）冬装装配标准

图 11-10　列车员（女）冬季大衣装配标准

图 11-11　高铁动车组乘务箱

本章小结

认识形象设计的意义和内涵是学好形象设计课程的基础，本章主要阐述了形象设计的内涵，讨论了内在形象设计和外在形象设计的关系，确定了形象设计的具体内容和方法，明确了高铁服务形象塑造的具体要求。

思考与练习

一、选择题

1. 集中列队时，车班乘务箱统一收回拉杆竖放乘务人员______，距乘务人员右腿 10 cm 左右，乘务箱标志面向外方。

A. 前侧　　B. 右侧　　C. 左侧　　D. 后侧

2. 乘务人员穿深色系制服鞋（或同款式），鞋跟高度不超过______。

A. 2.5 厘米　　B. 3.5 厘米　　C. 4 厘米　　D. 5 厘米

3. 乘务人员的指甲需修剪整齐，长度不超过指尖______，不染彩色指甲，指甲油应选用透明色，不得有美甲装饰。

A. 1 毫米　　B. 2 毫米　　C. 3 毫米　　D. 4 毫米

二、填空题

1. 男性两侧鬓角不得超过______，后部不长于______，不遮盖眉毛、耳朵，不烫发，不留胡须。

2. 女性淡妆上岗，______与______的颜色一致，选择自然红色；眉毛修剪整齐，眉笔和眼线为______或______，眼影的颜色与制服相协调。

3. 女性列车乘务人员按规定系扎丝巾、围巾，着春秋装时在______佩戴领花（丝巾）。

三、简答题

1. 列车乘务人员的妆容要求有哪些？

2. 列车乘务人员的乘务箱使用标准有哪些？

四、实训题

1. 讨论：服装更加修身是否有利于职业形象塑造？

2. 分组实训：小组成员之间互相观察，指出仪容仪、表仪、态方面是否有不符合大学生形象的地方，并提出改造意见。

模块四

职业仪态形象塑造

第十二章
高铁服务人员的面部表情

引　言

人们交流的方式多种多样，表情是人体语言最为丰富的部分，是人内心情绪的流露，人的喜、怒、哀、乐可通过表情来体现和反映。表情类型有面部表情、声音表情、身段表情三种，其中最主要的是面部表情。高铁服务人员需要通过面部表情向旅客展现热情、真诚及友好的服务态度。

学习目标

知识目标

1. 理解面部表情在对旅客服务中的重要性；
2. 了解面部表情的构成要素。

技能目标

1. 掌握眼神和微笑的练习方法；
2. 能在服务情境中按照仪容仪表要求正确显现面部表情。

导学案例

一天，张小楠和两位好友来到某高铁餐吧用餐。接待他们的是一位五官清秀的餐服员，接待服务工作做得也很好，可是自始至终她都面无表情，无精打采。用餐结束后，张小楠来结账，而结账餐服员却一直低头玩手机，丝毫没注意到旅客的需要，当张小楠询问后才抬头看了一眼，随即起身办理结账手续。自此以后，张小楠再也没有去过高铁餐吧用餐。

讨论： 1. 请指出案例中服务员的表情问题。

2. 本案例对你有哪些启示？

第一节 面部表情的构成要素

表情是指一个人的喜、怒、哀、乐等内心情感通过面部肌肉的运动在面部所呈现出来的感觉。在人际交往中，表情真实可信地反映着人们的思想、情感及其心理活动与变化。而且，表情传达的感情信息要比语言来得巧妙得多。美国心理学家艾伯特·梅拉比安把人的感情表达效果总结为一个公式：感情的表达 = 语言内容（7%）+ 声音感染力（38%）+ 面部表情反射出的视觉冲击力（55%），从大体上说，人的眼神和笑容是表达感情最主要的两个方面。

一、眼神

眼睛被喻为“心灵的窗户”，是人体传递信息最有效的器官，它能够最明显、最自然、最准确地显示一个人的心理活动。在社交场合交谈时，一定要注意眼神礼仪，目光要坦然、温和、大方、亲切。

（一）眼神注视的时间

注视对方时间的长短是十分有讲究的。

1. 表示友好

向对方表示友好时，应不时地注视对方。注视对方的时间约占全部相处时间的 1/3。

2. 表示重视

向对方表示关注，应常常把目光投向对方那里。注视对方的时间约占相处时间的 2/3。

3. 表示轻视

目光游离，注视对方的时间不到全部相处时间的 1/3，就意味着轻视。

4. 表示敌意

目光始终盯在对方身上，注意对方的时间在全部相处时间的 2/3 以上，被视为有敌意，或有寻衅滋事的嫌疑。

5. 表示感兴趣

目光始终盯在对方身上，偶尔离开一下，注视对方的时间在全部相处时间的 2/3 以上，有时表示对对方较感兴趣。

（二）眼神注视的角度

注视别人时，目光的角度，即目光从眼睛里发出的方向，可以表示与交往对象的亲疏远近。

1. 平视

平视也叫正视，即视线呈水平状态。常用在普通场合，一般与身份、地位平等的人进行交往时使用（见图 12-1 平视）。

2. 侧视

侧视是一种平视的特殊情况，即位于交往对象的一侧，面向并平视对方。侧视的关键在于面向对方，否则即为斜视对方，那是很失礼的（见图 12-2 侧视）。

3. 仰视

仰视即主动居于低处，抬眼向上注视他人，以表示尊重、敬畏对方，适用于面对尊长之时（见图 12-3 仰视）。

4. 俯视

俯视即向下注视他人，一般用于身居高处之时，可表示对晚辈宽容、怜爱，也可表示对他人轻慢、歧视（见图 12-4 俯视）。

图 12–1　平视

图 12–2　侧视

图 12–3　仰视

图 12–4　俯视

（三）眼神注视的部位

眼神注视的区间界限不是绝对的，谈话人应根据说话性质的不同，选择更具体一些的注视区间。一般眼神注视的常规部位有：

1. 双眼

注视对方双眼，表示自己聚精会神，一心一意，重视对方，但时间不要太久，也叫关注型注视。

2. 额头

注视对方额头，表示严肃、认真、公事公办，也叫公务型关注，适用于业务洽谈、商务谈判、布置任务等正规的公务活动场合，常为企图处于优势的商人、外交人员、指挥员所采用，以便帮助他们掌握谈话的主动权和控制权。

3. 眼部—唇部

注视这一区域，容易形成平等感，表示礼貌、尊重对方，也叫社交型注视，常被公关人员在茶话会、舞会、酒会、联欢会以及其他一般社交场合使用。

4. 眼部—胸部

注视这一区域，多用于关系密切的男女之间、恋人之间、至爱亲朋之间，表示亲近、友善，也叫亲密型注视，一般能够激发感情、表达爱意。

5. 眼部—腿部

适用于注视相距较远的熟人，表示亲近、友善，也叫远亲密型注视，但不适用于关系一般的异性。

6. 任意部位

对他人身上的某一部位随意一瞥，多用于在公共场合注视陌生人，也叫随意型注视，可表示注意，也可表示敌意，最好慎用。

案例故事

面试中的眼神

在北京大学举行的一次模拟面试中，18位选手并坐一排，面对6位资深面试官，台下则有近百名现场观众。

不久，面试官之一的通用电气FMP项目主管王女士指出：一些选手在回答问题时眼睛总是环顾四周。因此，她提醒同学们，在正式面试时，一定要注意眼神交流，这不仅表示相互尊重，更是坦然无惧的体现。

二、笑容

笑容，即人们在笑的时候的面部表情。利用笑容，可以消除彼此间的陌生感，打破交际障碍，为更好地沟通与交往创造有利的氛围。

（一）笑的种类

在人际交往中，合乎礼仪的笑容大致可以分作以下几种：

1. 含笑

不出声，不露齿，只是面带笑意，表示接受对方，待人友善，适用范围较为广泛。

2. 微笑

唇部向上移动，略呈弧形，但牙齿不外露，表示自信、充实、热情、友好，适用范围最广。

3. 轻笑

嘴巴微微张开一些，上齿显露在外，不发出声响，表示欣喜、愉快，多用于会见客户、向熟人打招呼等情况。

4. 浅笑

笑时抿嘴，下唇大多被含于牙齿之中，多见于年轻女性表示害羞之时，通常又称为抿嘴而笑。

5. 大笑

表现太过张扬，一般不宜在商务场合中使用。

案例故事

微笑换得生命

在西班牙内战时，一位国际纵队的普通军官不幸被俘，并被投进了阴森冰冷的单人监牢。

在即将被处死的前夜，他搜遍全身竟发现半截皱皱巴巴的香烟，很想吸上几口，以缓解临死前的恐惧，可是他发现自己没有火。在他的再三请求之下，铁窗外那个木偶式的士兵总算毫无表情地掏出火柴，划着火。当四目相对时，军官不由得向士兵送上了一丝微笑。令人惊奇的是，那士兵在几秒钟的发愣后，嘴角也不太自然地上翘了，最后竟也露出了微笑。后来两人开始了交谈，谈到了各自的故乡，谈到各自的妻子和孩子，甚至还相互传看了珍藏的与家人的合影。

当曙色渐明，军官苦泪纵横时，那士兵竟然动了感情，并悄悄地放走了他。微笑，沟通了两颗心灵，挽救了一条生命。

（二）笑的方法

笑的共性是面露喜悦之色，表情轻松愉快。但是，如果发笑的方法不对，要么笑得比哭还难看，要么会显得非常假，甚至显得很虚伪。

1. 发自内心

笑的时候要自然大方，显示出亲切。

2. 声情并茂

笑的时候，要做到表里如一，使笑容与自己的举止、谈吐有很好的呼应。

3. 气质优雅

笑的时候，要讲究笑得适时、尽兴，更要讲究精神饱满，气质典雅。

4. 表现和谐

从直观上看，笑是人们的眉、眼、鼻、口、齿以及面部肌肉和声音所进行的协调行动。

（三）笑的禁忌

在很多场合，严禁下述几种笑出现。

1. 假笑

违背笑的真实性原则，即笑得虚假，皮笑肉不笑，不但毫无价值还让人厌烦。

2. 冷笑

即含有怒意、讽刺、不满、无可奈何、不屑一顾、不以为意等容易使人产生敌意的笑。

3. 怪笑

即笑得怪里怪气，令人心里发麻，多含有恐吓、嘲讽之意，使人反感。

4. 媚笑

即有意讨好别人，非发自内心，具有一定的功利性目的的笑。

5. 怯笑

即害羞、怯场，不敢与他人交流视线，甚至会面红耳赤的笑。

6. 窃笑

即偷偷地扬扬自得或幸灾乐祸的笑。

7. 狞笑

即面容凶恶，多表示愤怒、惊恐、吓唬。

第二节 高铁服务人员的眼神训练与服务

眼睛是心灵的窗口，灵魂集中在眼睛里，眼神是一种更含蓄、更微妙、更复杂的语言，高铁服务人员应该让亲善的目光，如火炬般有力的眼神成为服务中的法宝！

一、眼神训练方案

（一）训练目标

练就炯炯有神的、神采奕奕的、会放电的、会说话的眼神；同时，学会用敏锐的眼睛洞察别人的心理。

（二）训练方法

（1）学会查看别人的眼色与心理，锻炼自己丰富多彩的眼神。

（2）配合眉毛和面部表情，充分表情达意。

（3）注意眼神礼仪。不能对陌生人长久盯视，除非感情很亲密或者欣赏、观看演出；眼睛眨动不要过快或过慢，过快贼眉鼠眼、挤眉弄眼或不成熟，过慢死气呆板；不要轻易使用白眼、媚眼、斜眼、蔑眼等不好的眼神，除非特殊情况。

（4）习惯眼部化妆，以突出刻画眼神，富有情调。生活妆，清新亮丽可增添情趣和信心；职业妆，大方时尚凸显知性女性魅力；舞台妆，浓重或随心所欲，可产生形象多变的效果。

（三）训练步骤

1. 眼部操分解动作训练

熟悉掌握眼部肌肉的构成，锻炼肌肉韧性，眼神构成要素如下：

（1）眼球转动方向——平视、斜视、仰视、俯视、白眼等。

（2）眼皮瞳孔开合大小——大开眼皮、大开瞳孔，开心，欢畅，惊愕；大开眼皮、小开瞳孔，愤怒，仇恨；小开眼皮、大开瞳孔，欣赏，快乐，色眯眯；小开眼皮、小开瞳孔，算计，狡诈。

（3）眼睛眨动速度快慢——快，不解，调皮，幼稚，活力，新奇；慢，深沉，老练，稳当，可信。

（4）目光集中程度——集中，认真，动脑思考；分散，漠然，木讷，游移不定，心不在焉。

（5）目光持续长短——长，深情，喜欢，欣赏，重视，疑惑；短，轻视，讨厌，害怕，撒娇。

2. 眼神综合定位训练

眼神综合定位是指以上要素凝结在一起的综合表现。注意细微的变化，淋漓尽致地表现富有内涵、积极向上的眼神。如“这是你的吗？”用不同的眼神表示愤怒，表示怀疑，表示惊奇，表示不满，表示害怕，表示高兴，表示感慨，表示遗憾，表示爱不释手等。

3. 模仿动物的眼神

男性眼神像鹰一样刚强、坚毅、稳重、深沉、锐利、成熟、沧桑、亲切、自然；女性眼神像猫像凤一样柔和、善良、温顺、敏捷、灵气、秀气、大气、亲切、自然。

二、高铁乘务人员目光注视的基本要领

在与旅客交谈时，目光应注视着对方，同时应不断地用各种眼神与对方交流，以调整交谈的气氛。当聆听旅客说话时，目光应始终注视对方，不要左顾右盼，否则会给人一种不感兴趣或不尊重他人的感觉，但也不要死盯着对方的眼睛，这是很失礼的行为。

在一般的工作场合，与旅客交谈时应注视对方的双眼、鼻尖、嘴唇之间的三角区域内。在交谈中，随交谈内容、话题的变化，做出及时恰当的反应，用目光流露出了解、会意的万千情意。言语交流结束时，目光要抬起，表示结束。这样会使整个交流融洽、和谐、生动、有趣。

三、高铁乘务人员目光交流时的禁忌

交谈时，忌讳始终盯着对方的眼睛，这样会有逼视感，会让对方感到紧张、难堪。

交谈时不要左顾右盼，这样给人一种不被尊重的感觉。

交谈时不要迅速移开目光，会给人留下冷漠、傲慢的印象，当对方缄默或失语时，不应再看对方。

交流时应面对对方，不要斜视或是背对对方，这些都是不礼貌的行为。

交流时不要不停地上下打量对方，这样会给人一种挑衅、傲慢之感。

交流时不要瞪眼或是眯着眼看对方，表示敌意或轻视，是表情礼仪大忌。

第三节 高铁服务人员的微笑训练与服务

人际交往时，表情应以喜、乐为主调，微笑是人类最美好的语言。微笑是自信的象征，是礼貌的表示，是心理健康的标志。在各种场合恰当地运用微笑，可以起到传递情感、沟通心灵、征服对方的积极心理效应。

一、微笑训练方案

微笑的作用是万能的、神奇的，可以温暖人心，化解矛盾，获得理解和支持。但是要笑得自然、亲切、高雅是不容易的，所以要勤加练习。

（一）训练目标

养成习惯性富有内涵的、善意的、真诚的、自信的微笑习惯。

（二）训练方法

1. 他人诱导法

同桌、同学之间互相通过一些有趣的笑料、动作引发对方发笑。

2. 情绪回忆法

通过回忆自己曾经的往事，幻想自己将要经历的美事引发微笑。

3. 口型对照法

通过一些相似性的发音口型，练习嘴角肌肉，使嘴角自然露出微笑，从而找到适合自己的最美的微笑状态。如“一”“七”“茄子”“呵”“哈”“威士忌”等。

4. 习惯性佯笑

强迫自己忘却烦恼、忧虑，假装微笑。时间久了，次数多了，就会改变心灵的状态，发出自然的微笑。

5. 牙齿暴露法

笑不露齿是微笑；露上排牙齿是轻笑；露上下八颗牙齿是中笑；牙齿张开看到舌头是大笑。

6. 情景熏陶法

通过美妙的音乐或容易使人开心的环境，营造良好的氛围，渐渐陶醉微笑。

（三）训练步骤

1. 基本功训练

（1）课堂上，每个人准备一面小镜子，做脸部运动。

（2）配合眼部运动。

（3）做各种表情训练，活跃脸部肌肉，使肌肉充满弹性；丰富自己的表情仓库；充分表达思想感情。

（4）观察、比较哪一种微笑最美、最真、最善，最让人喜欢、接近、回味。

（5）每天早上起床，经常反复训练。

（6）出门前，心理暗示“今天真美、真高兴”。

2. 创设环境训练

假设一些场合、情境，让同学们调整自己的角色，绽放笑脸。

3. 课前微笑训练

每次上课前早到一会儿，与老师、同学微笑示意，寒暄。

4. 微笑服务训练

课外或校外，参加礼仪迎宾活动和招待工作。

5. 具体社交环境训练

遇见每一个熟人或打交道的人都展示自己最满意的微笑。

知识链接

1. 有一种东西，比我们的面貌更像我们，那便是我们的表情；还有另外一种东西，比表情更像我们，那便是我们的微笑。——［法］雨果

2. 真正值钱的是不花一文钱的微笑。——［美］查尔斯·史考勃

二、筷子训练法

（1）首先站在镜子前面，观察自己的嘴部形状，看看自己平时不笑的时候，嘴角是向上微翘还是嘴角下垂，并观察这时候的表情是否好看（见图 12-5 观察）。

（2）用上下两颗门牙轻轻咬住筷子，看看自己的嘴角是否已经高于筷子了。如果嘴角还是低于筷子，就不容易出现笑容。笑的时候注意要露出牙齿（见图 12-6 咬筷）。

（3）继续咬着筷子，嘴角最大限度地上扬。也可以用双手手指按住嘴角向上推，在上扬到最大限度的位置保持 30 秒（见图 12-7 上推）。

图 12-5　观察

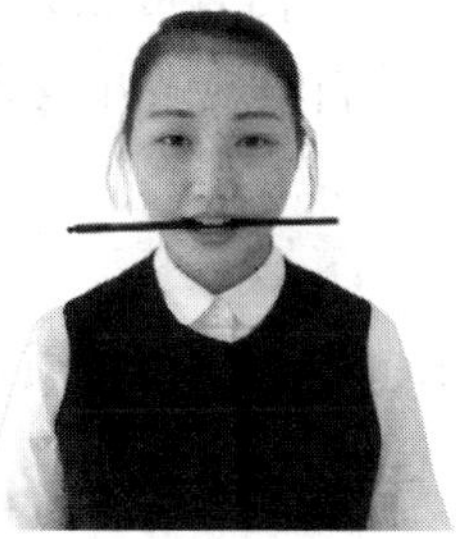

图 12-6　咬筷

图 12-7　上推

（4）保持上一步的状态，拿下筷子。这时的嘴角就是你微笑的基本脸型。能够看到上排 10 颗牙齿就合格了。记住这时候嘴角的形状，平时就要努力笑成这个样子（见图 12-8 记型）。

（5）再次轻轻地咬住筷子，发出“yi”的声音的同时嘴角向上向下反复运动，持续 30 秒（见图 12-9 咬筷发声）。

（6）拿掉筷子，查看自己微笑时的基本表情。用双手托住两颊从下向上推，同时要发出声音反复地数“1、2、3、4”，持续 30 秒（见图 12-10 上推发声）。

（7）放下双手，同上一个步骤一样数“1、2、3、4”，也要发出声音。重复 30 秒结束。数到“1”的时候嘴角要努力上扬。双手要一直托着两颊（见图 12-11 发声）。

图 12–8　记型

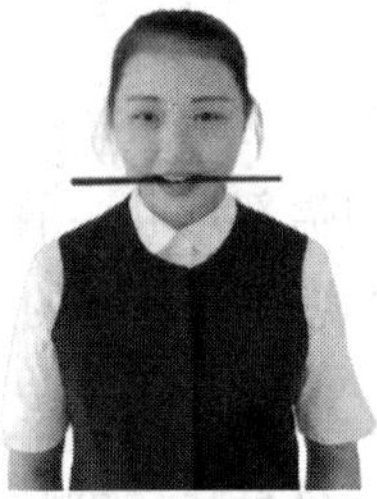

图 12–9　咬筷发声

图 12–10　上推发声

图 12–11　发声

三、微笑纠正法

虽然我们认真地进行了训练，但有可能笑容还是不那么完美，就要寻找其他部分是否有问题。但如果能自信地敞开地笑，就可以把缺点转化为优点，不会成为大问题。

1. 嘴角上升时会歪

两侧的嘴角不能一齐上升。这时利用木质筷子进行训练很有效。刚开始会比较难，但若反复练习，就会不知不觉中两边一齐上升，形成干练而老练的微笑。

2. 笑时露出牙龈

笑的时候露出很多牙龈的人，往往笑的时候没有自信，不是遮嘴，就是腼腆地笑。自然的笑容可以弥补露出牙龈的缺点，但由于本人太在意，所以很难笑出自然亮丽的笑。露出牙龈时，通过嘴唇肌肉的训练弥补弱点，可以以各种形状尽情地试着笑，在其中挑选最满意的笑容，然后确认能看见多少牙龈，大概能看见 2mm 以内的牙龈，就很好看。

四、高铁乘务人员微笑的基本要领

高铁乘务人员要试着用微笑化解矛盾，用微笑打动旅客，用微笑塑造自我成功的形象。

（一）发自内心地笑

微笑是一种嘴部行为和内心的结合，内心一定要坦诚，不可以应付，假意奉承，所以，高铁乘务人员在和旅客打交道时，微笑要真切地发自内心，表情安详，不能带有情绪。

（二）微笑注意适宜

微笑之所以美丽，不仅体现在笑的程度上，也体现在注视的时间上，所以，高铁乘务人员在和旅客打交道时，不能长时间地盯着对方的脸或者整个人看。在一般场合，无意间与旅客的目光交接也不能马上移开，应自然对视1~2 秒钟，然后慢慢移开，与异性目光相对不要超过 10 秒。同时，不能刻意地去看某个旅客或人体的某个部位，更不能不停地在对方身上来回上下地看，这是很不礼貌的行为，应当看得自然、稳重、柔和。

（三）微笑与眼睛结合

目光与微笑都是最富感染力的表情语言。高铁乘务人员在和旅客打交道时，目光要与微笑相协调，当你在微笑的时候，你的眼睛也要微笑，否则，给人的感觉是皮笑肉不笑。

五、高铁乘务人员微笑的禁忌

不要张嘴大笑，应笑不露齿。

不要皮笑肉不笑，不要露出笑容后随即收起，或对人神秘地笑。

不要缺乏诚意地笑，强装笑脸，表现出没有发自内心的勉强的笑、机械呆板的笑。

微笑时不要被情绪左右，忧郁的笑和痴呆的笑都是不礼貌的行为。

本章小结

本章介绍了面部表情的两大构成要素眼神和笑容，在介绍眼神时着重介绍了在跟对方交流时需要注意眼神注视的时间、眼神注视的角度、眼神注视的部位，在介绍笑容时着重介绍了笑的种类、笑的方法、笑的禁忌。高铁服务人员在对旅客服务时尤其要注意自身的眼神和微笑，所以高铁服务人员在上岗前要进行眼神和微笑训练。

思考与练习

一、多选题

1. 在社交场合交谈时，一定要注意眼神礼仪，目光要______、______、______、______。

A. 坦然　　B. 温和　　C. 大方　　D. 亲切

2. 在人际交往中，合乎礼仪的笑容大致可以分作______、______、______、______、大笑五种。

A. 含笑　　B. 微笑　　C. 轻笑　　D. 浅笑

3. 从直观上看，笑是人们的______、______、______、______、齿以及面部肌肉和声音所进行的协调行动。

A. 眉　　B. 眼　　C. 鼻　　D. 口

二、填空题

1. ______是一种更含蓄、更微妙、更复杂的语言，高铁服务人员应该让亲善的目光，如火炬般有力的眼神成为服务中的法宝！

2. 男性眼神像______一样刚强；女性眼神像______像凤一样柔和。

3. 在与旅客交谈时，目光应注视着______，同时应不断地用各种眼神与对方交流，以调整交谈的气氛。

三、简答题

1. 简述高铁乘务人员微笑的禁忌。

2. 简述微笑的训练方法。

四、实训题

与不同年龄、不同性别、不同职业、不同性格、不同情境的人交流，大胆尝试使用不同的眼神，并考察社交效果如何。

第十三章

高铁服务人员的站姿

引　言

言为心声，行为心表。美好的行为是美丽心灵的表现。我们追求真、善、美，希望做一个成功者，那么，我们就应当注意自己的言谈举止，使一言一行、一举一动都符合行为规范，展现出美丽的光彩。“站如松，坐如钟，卧如弓，行如风。”这 12 个字生动、形象地概括了正确的站姿、坐姿、卧姿和行姿，我们要想做到站有站相，坐有坐相，走有走相，就必须讲究站姿、坐姿和行姿。

本章从如何举止优雅，介绍了高铁服务人员的站姿方法及其礼仪。

学习目标

知识目标

1. 通过本章学习了解高铁服务人员的站姿及礼仪；

2. 了解服务人员站姿的注意事项。

技能目标

1. 通过教师指导掌握男性和女性的站姿，并纠正常见不良的站姿；

2. 掌握服务站姿、礼宾站姿、交流站姿的不同要点；

3. 掌握站姿的礼仪。

第一节 女性高铁服务人员的站姿

● 导学案例

进京高铁动姐练站姿 每天站两小时

重庆至北京高铁车型为CRH380AL型高速动车组，有“地面航班”的美誉。列车由16节车厢组成，定员为1061人，设有商务座、一等座、二等座等多种座席。该车将配备2名乘务长、7名乘务员和2名餐车员。

重庆直达北京的高铁就要开通了，高铁上的女乘务员是如何炼成的？昨天，重庆晨报记者打探得知，她们都是从动车和普速列车上选拔出来的，经过服务礼仪、设备设施使用、服务流程、应急处置等岗前适应性培训后才能正式上岗。练站姿，双腿夹张白纸，站姿要挺胸收腹、双肩下沉，身体才自然挺直。这样的站姿培训每天要坚持一两个小时。练笑容要对着镜子笑，还要咬着筷子，露出6至8颗牙齿，这样看上去才文雅。面对乘客要有微笑，即使乘客有不合理要求，乘务员也要微笑面对。与乘客交谈要保持45度角，在动车、高铁上，乘务员服务要求靓、柔、细、巧、韧，如何才能达到这个要求呢？在与乘客交谈时，乘务员要身体略倾，保持45度的角度。这样的姿势，乘务员每天要培训半小时到一小时。蹲姿、鞠躬、端茶倒水、泡咖啡、调酒等服务都要进行培训。如果遇到紧急情况，乘务员还要及时组织乘客疏散，这方面也要进行严格培训。

（来源：重庆晨报）

思考：高铁服务人员为什么要严格训练站立姿势？

一、服务站姿

如果客户去某酒店用餐，门口的引领员站得像军训时挺拔的军姿一样，估计客户会以为自己走错了地方，因为过于严肃的站姿在服务场合很容易给客户以不易接近和交流的感觉。同样，如果一个银行女职员在接待客户或与同事交谈时两手插在裤兜里，也会大煞风景，因为这会让人有不规范、不职业的感觉，甚至会质疑她的业务能力。因此，服务人员的站姿一定是大方得体的。

站立应该姿态端正，自然，亲切，稳重。塑造大方的服务形象，站立是最常用的一种姿态，但站得挺拔且有职业气质却不容易，需要经过训练和练习，才能体现出良好的职业形象。

服务人员在工作场合的站姿可以传达很多信息，比如工作的专业性、敬业意识、职业素养和专业操守，这些有时通过一个站姿就能体现出来。女士的站姿要柔美，以体现女性娴静、优雅的韵味。

自然挺拔站立，双臂自然下垂，双手虎口相交叠放于身前（小腹的位置），右手在上左手在下，手掌尽量舒展，两手服帖成自然弧度，不能僵硬地重叠在一起，那样看上去会很做作刻意，手指伸直但不要外翘，这样的站姿会传达一种有专业素养的感觉（见图 13-1 站姿）。

图 13-1　站姿

二、礼宾站姿

自然挺拔站立，将双臂自然下垂，双手虎口相交叠放于腰际，右手在上左手在下，拇指可以顶到肚脐处，手掌尽量舒展，两手服帖成自然弧度，让别人可以看到女性修长纤细的手指，不要僵硬地重叠在一起，手指伸直但不要外翘，这样能够体现出职业特点，又能够恰到好处地表现女性的优美（见图 13-2）。

图 13-2　礼宾站姿

图 13-3　交流站姿

三、交流站姿

自然挺拔站立，挺直的脊背总是会彰显女性的优美身材和端庄的气质，然后右手轻握左手放在腰际，手指可自然弯曲，这样的站姿看上去比较轻松自然，但又不过分随意（见图 13-3）。

当然女士的站姿不只手部位置会变化，脚的姿势也是可变化的，如“八字步”“丁字步”。

知识拓展

仪态美的标准

1. 文明大方

文明大方是要求服务人员的仪态要讲究礼貌，体现修养，能够给客户带来美好的视觉享受。不要当着顾客的面擤鼻涕、掏耳朵、剔牙齿、修指甲，以及打哈欠、咳嗽、打喷嚏，实在忍不住，要用手帕捂住口鼻，面朝一旁，并且不要乱丢果皮纸屑等。这虽然是一些细节，但它们组合起来就构成了顾客对你的总体印象。

2. 端庄自然

端庄自然是要求服务人员的仪态端庄大方、训练有素，但又不装腔作势或者非常做作。服务人员需要通过仪态服务体现规格和品质，经过良好训练后的仪态呈现出的应是自然的美感，而不是婀娜多姿或者刚硬有力。好的仪态是不惹人眼球的，但是能够潜移默化带给人愉悦舒服的感受，从而对服务产生信赖之感。

3. 优雅得体

优雅得体是要求服务人员的举止不仅文明自然，同时能够给客户带来美的享受，这是高层次的要求。所谓优雅得体就是建立在美观耐看的基础上的，在一些强调服务品质和档次的企业，服务人员高雅的仪态是尤为重要的。现在很多服务人员有一个误区，认为:“人们是如此不拘礼节，灵活随和，服务人员过分讲究礼仪会使客户产生距离感，应该顺势应变。”其实客户是需要一载体来体会服务的绝妙之处，比如大方职业的仪表、端庄自然的举手投足、热情文雅的服务语言都能给客户带来享受。服务礼仪的规格和品质需要与服务环境、客户群体密切相关，因此，服务并没有唯一的定式，它需要根据客户的需求不断变化和调整，但无论怎样，客户都欣赏并喜欢那些令人赏心悦目的服务举止。

4. 体现尊重

仪态敬人就是要求服务人员的仪态举止能够传达对客户的尊重之情。讲究仪态的目的不是让客户欣赏某个服务人员多么美丽，讲究仪态的本质是通过优雅得体的行为向客户传达尊重之情。

5. 男女有别

男性的仪态举止要体现“阳刚之美”。“刚”是男性的气质，即便在服务场合，男性的举止动作也要有力度，比如站立时可以双腿分开彰显自信和宽广的胸怀。如果男性在工作场合长时间双腿并拢站立，则会给人以拘谨、小家子气的感觉。因此男性的仪态要求和女性是不同的，要让其表现出男性刚劲、强壮、英勇和威武之貌。从男性握手的力度、站立时的手势也可以看出不同，客户欣赏的也是富有男子汉气质的服务人员。女性的仪态举止则强调优雅得体，虽不需要婀娜多姿，但亦要呈现出女性的端庄、温柔、轻盈、娴静之感。流畅、柔和，但是不能做作，或是搔首弄姿，职业人士应该呈现的是落落大方的举止风貌。

达·芬奇所言：“从仪态了解人的内心世界，把握人的本来面目，往往具有相当的准确性与可靠性。”举止并不是单独出现的，我们说一个人有气质时，举止、谈吐就成了重要的指标，一个有文明举止的人，可以给人一种好感。要重视你的举止礼仪，养成良好的习惯，克服各种不雅举止。播下行为的种子，你会收获习惯；播下习惯的种子，你会收获性格；播下性格的种子，你会收获一生的命运。

第二节 男性高铁服务人员的站姿

一、服务站姿

两脚跟相靠，脚尖展开 45~60 度角，身体重心主要支撑于脚掌，两腿并拢直立，腿部肌肉收紧，大腿内侧夹紧，髋部上提。脊柱、后背挺直，胸略向前上方提起。两肩放松下沉，脖颈挺直，双目平视前方（见图 13-4 服务站姿）。

图 13-4 服务站姿

二、交流站姿

双手交叉握于腹前，右手握住左手，两腿自然分开，两脚距离约半步（20cm 左右），身体重心落于两脚之间，脚部疲惫时可让重心在两脚上轮换，这种站姿显得郑重而略显自由，常适用于一般社交场合（见图13-5 交流站姿）。

三、礼宾站姿

双脚平行不超过肩宽，腿部肌肉收紧，大腿内侧夹紧，髋部上提。脊柱、后背挺直，胸略向前上方提起。双手交叉置于背后，右手自然贴于背部并握住左手腕，两腿自然分开，两脚距离不超过肩宽，两脚尖呈 V 或平行步（见图 13-6 礼宾站姿）。这种站姿略带威严，常适用于较为正式、严肃的迎送场合。

图 13-5　交流站姿

图 13-6　礼宾站姿

第三节　站姿中的礼仪

站姿是人的最基本仪态，站立姿态应该端正、自然、亲切、稳重。塑造大方的高铁乘务形象，站立是最常用的一种姿态，但站得挺拔且有职业气质却不容易，需要经过训练和练习，才能体现良好的职业形象。

一、站姿的基本要求

头正：目光平视，颈部挺直，下颌微收。

肩平：双肩舒展、放平，自然放松，稍向后下方下沉。

臂垂：双臂放松，自然下垂于身体两侧，手指并拢、自然弯曲。

挺胸：后背挺直，胸部直挺舒展。

收腹：应收腹部，腰部挺直，保持肋骨上升的姿态，自然呼吸。

提臀：臀部肌肉向内、向上收紧，使臀部有结实感。

腿直：双腿挺直，双膝紧贴，腿部肌肉向内收紧，身体重量平均分布于两脚，重心不能落在脚尖或者脚跟的任何一边上，如图 13-7 基本站姿正面、图 13-8 基本站姿侧面所示。

图 13-7　基本站姿正面

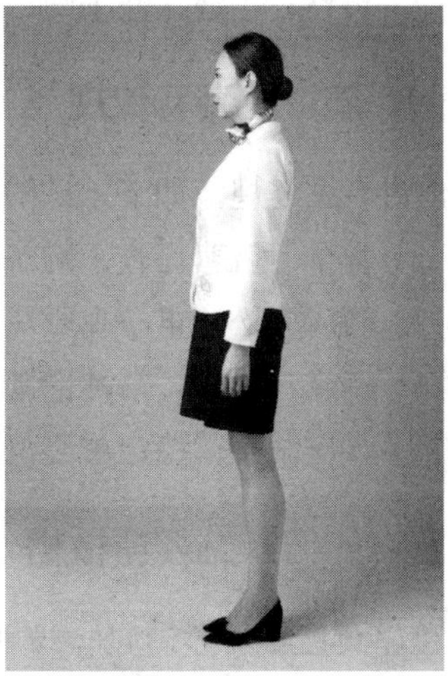

图 13-8　基本站姿侧面

二、练习方法

将身体靠墙壁站立，让后脑勺、脊背、臀部、小腿和脚后跟成一条直线，后脑勺靠墙，下颌微微收回，把双腿绷直尽力贴靠在墙壁上。脚后跟抵住墙壁，可以尝试把手掌塞在腰和墙之间，如果刚好塞进去就是非常合适的站姿；

如果塞进去空隙太大，可把手一直放在背后，然后屈腿慢慢蹲下，直到腰与墙之间的空隙刚好可以放一只手，就站直，寻找站立时挺拔的感觉。

找到感觉后要经常练习，坚持不懈才能够有挺拔的身姿，好的仪态绝对不是一朝成就。

三、正式场合的站姿

1. 肃立

身体直立，双手置于大腿外侧，双腿自然并拢，脚跟靠紧，脚掌分开呈“V”字形。

2. 直立

身体直立，双手置于腹部。

（1）女性将右手搭握在左手四指，两脚成“V”字形。

（2）男性右手握住左手腕，两脚可平行分开，略窄于肩宽。

四、演讲站姿礼仪规范

演讲者站姿规范如下（见图 13-9 演讲站姿）：

（1）脊椎、后背挺直，胸略向前上方挺起。

（2）两肩放松，重心主要在支撑脚脚掌脚弓上。

（3）挺胸，收腹，精神饱满，气息下沉。

（4）脚应绷直，稳定重心位置。

图 13-9　演讲站姿

五、如何从站姿看性格

脊背挺直、胸部挺起、双目平视的站立：说明有充分的自信，给人以“气宇轩昂”“心情乐观愉快”的印象，属开放型。

弯腰曲背、略显佝偻状的站立：属封闭型，表现出自我防卫、闭锁、消沉的倾向，同时，也表明精神上处于劣势，有惶惑不安或自我抑制的心情。

两手叉腰而立：是具有自信心和精神上优势的表现，属于开放型动作。对面临的事物没有充分心理准备时绝不会采用这个动作的。

别腿交叉而立：表示一种保留态度或轻微拒绝的意思，也是感到拘束和缺乏自信心的表示。

将双手插入口袋而立：具有不坦露心思、暗中策划、盘算的倾向；若同时配合有弯腰曲背的姿势，则是心情沮丧或苦恼的反映。

靠墙壁而站立：有这种习惯者多是失意者，通常比较坦白，容易接纳别人。

背手站立者：多半是自信心很强的人，喜欢把握局势，控制一切。一个人若采用这种姿势处于人面前，说明他怀有居高临下的心理。

第四节 常见的不良站姿

导学案例

某企业的王丽丽去某市政服务厅，人群拥挤，她正在排队的烦闷无聊之时，听到了一个洪亮的女声，抬起头就看到一位穿着该市政单位制服的女士正从里面往外走，一看就是位领导，走起路来风风火火，刚打开门，人还没有走出来就冲着外边喊：“哎，小黄，某某公司的人来了没？”小黄正在一个开放式的柜台处接待客户咨询，闻听此言连忙站了起来。开放式柜台只做咨询，设在比大厅地面砌得略高出30厘米左右的台阶上。女领导走过来便把右脚踏在了这30厘米高的台阶上，右手也顺势扶撑在这条右腿上，她的动作和她身上的职业装搭配在一起是那么不伦不类，她在讲话的时候，右手有时还在膝盖上来回动……

一、不良的站姿

英国脊柱治疗协会调查显示，除了医生推荐的正常体位外，绝大多数人在站立的时候不外乎是4种站姿：勺型、斜塔型、桥型、直背型。这四种站姿和你是否会头痛、颈痛、背痛，甚至整体健康都密切相关。

1. 勺型

骨盆相对于正常人的骨盆位置向前推出，会积累更多压力于下背部，容易产生下背部问题。

2. 斜塔型

由于头前伸姿势，容易出现肩颈问题。并且枕下张力过高，亦是容易引起颈源性头痛。

3. 桥型

由于后背呈拱形，使腰椎的负担非常大。

4. 直背型

看起来似乎正确，但是由于故意挺胸，颈椎又没有处于中立的位置，使头部相对往前，容易造成中背部的问题。

二、站姿的注意事项

高铁乘务服务工作人员作为一个处于公众视线内的职业人士，应注意不太得体的行为，如：

1. 不能倚靠在柱子、墙壁或是桌子旁

将身体倚靠在柱子、墙壁或是桌子旁，看上去非常萎靡不振，似乎连自己的身体都支撑不住的样子，又如何能让旅客满意和信赖。除非身体情况和工作环境不允许，否则不要借助外力站立，健康自信的形象才符合旅客的期待。

2. 任何时候女性都不能双腿分开站立

女性双腿分开站立的姿态给人的感觉绝不仅仅是大大咧咧、不拘小节，而是粗鲁、没教养。

3. 在站立的过程中不能抖动双腿或晃动上体

在站立过程中抖动双腿或晃动上体的动作千万不能在职场出现，这会让旅客感觉你是一个做事漫不经心的人，同时对工作不重视、不放在心上。

4. 减少不必要的小动作

站立的时候要控制无意识的小动作。很多女性服务人员在与人交谈时会不自觉地摆弄衣角、抚摩发梢，殊不知这样的动作出现在生活中可能比较可爱，但在工作场合则显得不够端庄和职业。另外，双手也不要抱在胸前，这种动作往往表示消极、抗议、防御等意思，很难让交谈对象感觉亲切放松。至于双手叉腰站立，则是一种潜意识中带有挑衅或者侵犯意味的举动。还有诸如摆弄手指或是签字笔等小动作也是不可取的，过多的小动作，会让人感觉你心不在焉，并让人心烦意乱。所以，当手中没有东西时，可将双手轻握放在腰际，如果手里有东西则应该端正拿好。

5. 站立的时候不能驼背含胸

驼背含胸的姿态使人感觉萎靡不振，穿上再漂亮的衣服站得不够挺拔，衣服看上去也不会好看，尤其是穿职业装的时候，优美的体态配以职业的服装才能够相得益彰。站立时不要过于随便，驼背、塌腰、耸肩、两眼左右斜视、双腿弯曲或不停颤抖，都将影响站姿的美观。

站立是人体最基本的也是最重要的姿态，不良的站姿会影响体内血液循环，可能会压迫内脏，导致消化不良，并可导致胃、肺机能变差。反映在形体上，会造成驼背、垂胸、下腹肥胖等情况；反映在外貌上，会出现眼睛模糊无神、皮肤暗淡无光。站姿是良好行走姿态以及得体坐姿的基础，所以良好的体态语也是从站立开始的。古话讲，人要“站如松，坐如钟，卧如弓，行如风”，其将站姿放在第一位，可见站姿对一个人是多么重要。这也是我们在与人交往时的一张名片。

本章小结

本章介绍了高铁服务人员的站姿基本方法和站姿礼仪，以及不良的站姿。在学习的过程中要特别注重男士与女士服务站姿和礼宾站姿的区别。为体现良好的职业形象，在教师的指导下从基本的站姿礼仪训练开始，提升自身优雅得体的仪态。

思考与练习

一、选择题

1. 高铁服务人员的站姿有______。

A. 服务站姿　　B. 礼宾站姿　　C. 交流站姿

2. 礼仪服务人员的站姿，脚的姿势也是可变化的，一般选用______。

A. 八字步　　B. 丁字步　　C. 一字步

3. 站姿的注意事项有______方面。

A. 不能倚靠在柱子、墙壁或是桌子旁

B. 女性都不能双腿分开站立

C. 在站立的过程中不能抖动双腿或晃动上体

D. 站立的时候不能驼背含胸

二、填空题

1. 站姿的基本要求______、______、______、______、______、______、______。

2. 高铁礼仪人员正确的站姿、坐姿、卧姿和行姿要求，______、______、______、______。

3. 服务人员的站姿有______、______、______。

三、简答题

1. 高铁服务人员交流时应该采用怎样的站姿?

2. 站姿的基本要求有哪些?

四、实训题

分组实训：小组成员之间互相观察，指出不良的站姿，并根据不同场合进行站姿的调整，且提出改造意见。

第十四章 高铁服务人员的坐姿

引 言

坐姿是人在就座以后身体所保持的一种姿势，端正优美的坐姿，会给人以文雅稳重、自然大方的美感。坐姿的特点是：安详、雅致、大方、得体。在高铁服务中，为了给乘客留下文雅稳重、自然大方的印象，学习坐姿是十分必要的。高铁服务人员的坐姿强调的是大方、端庄，使客户产生受尊重的感觉。

本章介绍了高铁服务人员的坐姿方法及其礼仪。

学习目标

知识目标

1. 通过本章学习了解高铁服务人员的坐姿及礼仪；

2. 了解各种坐姿的注意事项。

技能目标

1. 通过教师指导掌握男性和女性的坐姿，以及纠正常见不良的坐姿；

2. 掌握男女坐姿的礼仪。

导学案例

王老师今天带着三位毕业生前去应聘某铁路局动车组乘务员，面试当天王老师怕学生面试紧张，和人力资源部主管商量让三位同学一起面试。三位同学进入人力资源部主管办公室时，主管上前请三位同学入座。当主管回到自己办公桌前，抬头一看，欲言又止，只见两位同学坐在沙发上，一位架起了二郎腿，而且两腿不停地颤抖，另一位同学则身体松懈地斜靠在沙发扶手上，两手攥握，手指咯咯作响，只有一位同学端坐在椅子上等候面试。主管立即起身非常客气地对坐在沙发上的两位同学说："对不起，你们二位的面试已经结束了，请退出。"两位同学四目相对，不知是怎么回事，他们感觉还没有开始面试怎么被告知结束了。

点评：仪态是一种无声的语言，是一个人道德品质、修养水平的体现。良好的仪态不仅展示出个人良好的素质，同时也是对他人的尊重。坐在沙发上的两位同学在应聘时坐姿不雅，动作行为过于随意，既破坏了个人形象，又使人感觉其对面试不重视，甚至有藐视他人之嫌，自然面试失败。作为高铁乘务服务人员要时时刻刻注意自己的仪态形象，体现自己的专业素养，在举手投足间展示自己的良好修养。

第一节 女性高铁服务人员的坐姿

礼仪绝对不是仪态的负担，而是指导大家采用优雅、美丽、舒服得体的身体语汇，所有的姿势一定是简单而方便的，像舞蹈家一样高难度的动作是不会成为普通人的礼仪典范的。但现在，有很多人显然误读了礼仪，把它当作了一项表演的内容。比如坐姿，我们经常看到一些女性忸怩作态，故作优雅地坐着，其姿势的难度之大绝非普通人轻易可以模仿，有时看着对方扭捏着姿态，控制着身体，非常辛苦。其实过分强调动作美的坐姿，反而会使交谈对象有距离感。坐姿礼仪讲究的是不同场合适用不同的坐姿，从容并且能够营造优雅、融洽的气氛。

女士在坐着的时候要膝盖并拢，永远都不能分开双腿，因为这体现着女性的修养。

一、正位坐姿（标准坐姿）

正位坐姿适合大多数场合，上身与大腿、大腿与小腿、小腿与地面均呈 90 度，双腿并拢，双膝紧贴，双脚并排靠拢，双手虎口相交置于双腿上（见图 14-1 标准坐姿正面、图 14-2 标准坐姿侧面）。

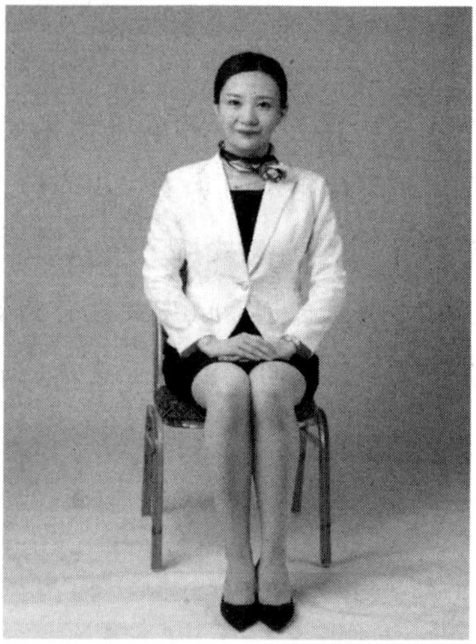

图 14-1　标准坐姿正面

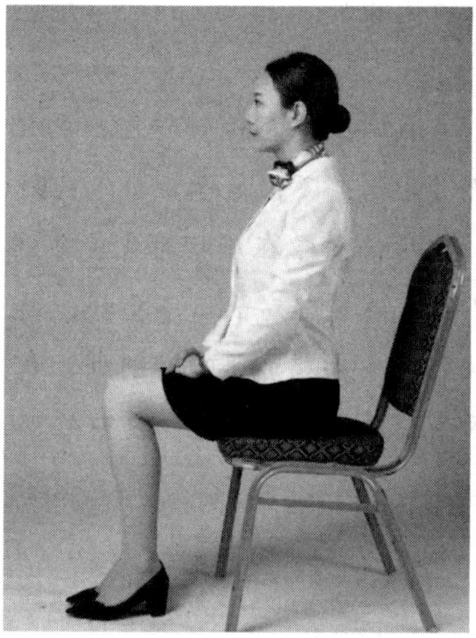

图 14-2　标准坐姿侧面

二、双腿斜放式坐姿

双腿斜放式坐姿上身端正，双膝紧贴，两小腿并拢平移至身体一侧，与地面约呈 45 度，双脚平放或点地，双手虎口相交轻握放在腿上（见图 14-3 双腿斜放式坐姿）。

三、双腿交叉式坐姿

双腿交叉式坐姿是一种既舒服又漂亮的坐姿。上身端正，双膝紧贴，双脚在踝关节处交叉后略向身体一侧斜放，一脚着地，另一脚点地，双手虎口相交轻握放在腿上（见图 14-4 双腿交叉式坐姿）。采用这种坐姿时，也可将双脚交叉略向后屈。这种坐姿适用于工作场合，如与客户或领导交谈时。采用双腿交叉式坐姿既不会太累又端庄自然。

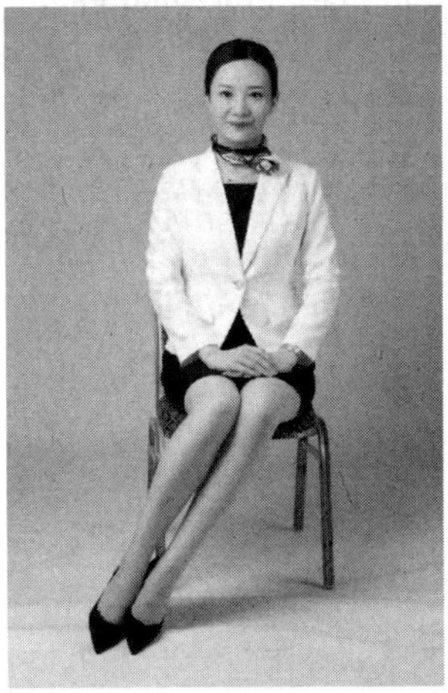

图 14-3　双腿斜放式坐姿

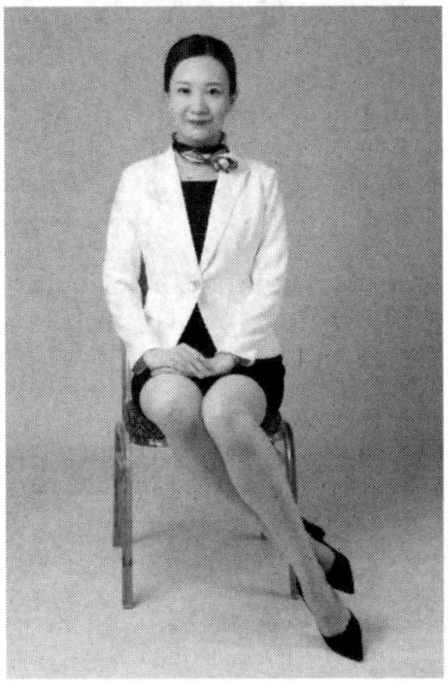

图 14-4　双腿交叉式坐姿

四、前伸后屈式坐姿

长时间采用坐式服务的女性建议采用前伸后屈式坐姿，因为这种坐姿长时间保持也不会觉得累。上身端正，双膝紧贴，左小腿与地面垂直，右小腿屈回，左脚掌着地，右脚尖点地，两脚前后位于同一直线上（见图 14-5 前伸后屈式坐姿）。采用这种坐姿时，可双腿互换，挺胸直腰，面带微笑。

五、双腿重叠式坐姿

双腿重叠式坐姿是最能体现女性腿部完美曲线的一种坐姿，尤其是坐在矮沙发上更是十分漂亮且具有性感的味道。上身端正，两小腿平移至身体右侧，与地面约呈 45 度，左腿重叠于右腿之上，左脚挂于右脚踝关节处，脚尖向下，右脚掌着地；也可以交换两腿的上下位置，将右腿重叠于左腿之上，将两小腿移至身体左侧（见图 14-6 双腿重叠式坐姿）。

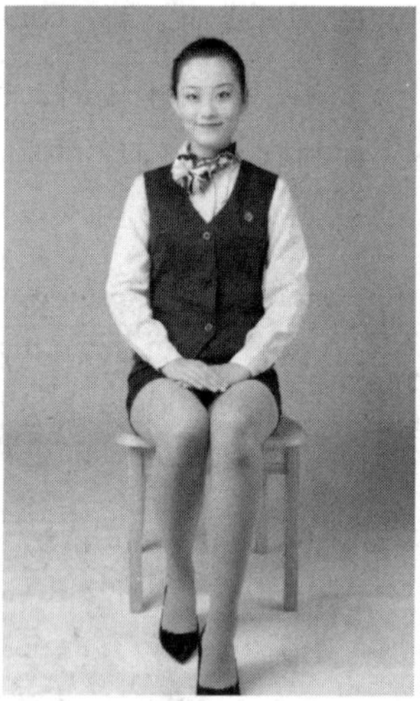

图 14-5　前伸后屈式坐姿

图 14-6 双腿重叠式坐姿

第二节　男性高铁服务人员的坐姿

一、正位坐姿

上身端正，与大腿垂直，双膝、双脚完全并拢，双手掌心向下分别放在两大腿上，表现出男性的自信（见图 14-7 正位坐姿）。

二、重叠式坐姿

重叠式坐姿即在正位坐姿的基础上，将右腿抬起放在左腿上，上身保持端正，双腿交叠，左小腿垂直于地面，右小腿向里收，右脚尖向下倾，双手放在架起的腿上，采用这种坐姿时，交叠的双腿可以互换位置，男士不可将双腿叉得过开，或将双腿过分伸张，或一腿弯曲、一腿伸直呈现“4”（见图 14-8 重叠式坐姿。）

三、交叉式坐姿

上身端正，与大腿垂直，双脚在踝关节处交叉，略向前伸或略向后屈回，双手自然放于腿上（见图 14-9 交叉式坐姿）。

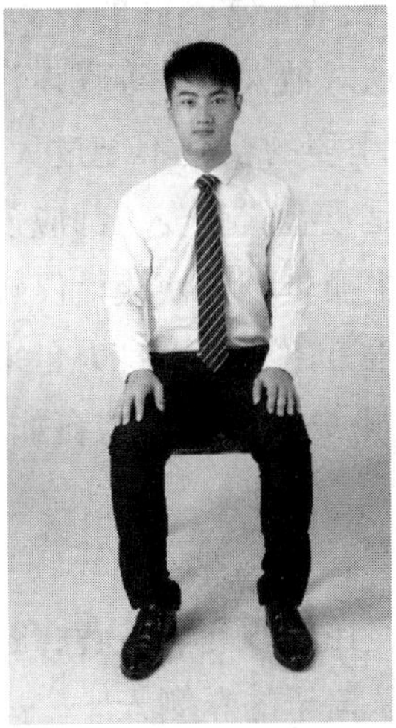

图 14-7 正位坐姿

图 14-8 重叠式坐姿

图 14-9 交叉式坐姿

第三节 坐姿礼仪

一、坐姿礼仪

1. 坐椅子的 2/3 处能够体现对客户的尊重

与客户交流时不能坐满整个椅面，如果把身子靠在椅背上，脊背因过分舒适而弯曲，看上去就感觉精神不振，一般坐椅面的 2/3 就比较合乎礼节了，而且也因脊背直立而显得很有精神。在与人交谈时，为表示重视不仅应面向对方，而且同时要把整个上身朝向对方，而不仅仅是把头扭向对方。

2. 坐着的时候不能有太多的小动作

坐着的时候不能有太多的小动作，其中最令人厌恶的就是抖腿，这是烦躁不安的表现。如果与人交谈时抖腿，会使交谈对象认为这是逐客令。很多动作都具有传染性和感染性，这个抖腿尤为如此，会使看到的人感到心烦意乱，或产生莫名其妙的不安。另外，用鞋的高跟敲地也是非常不好的行为，哪怕敲击得如鼓点般富有韵律都是令人生厌的，因为这对他人是一种噪声污染。还有，坐着的时候不能频繁更换坐姿，而且更换坐姿的幅度不能过大。当与人交谈时，无论采用双腿斜放式、双腿交叉式还是重叠式坐姿，都应该将膝盖朝向对方，将双脚放在另外一侧。也不要为了更换坐姿而使谈话停顿下来，继续讲话若无其事地调整腿脚位置就可以了，千万不要用上身力量来带动腿部大幅度地更换坐姿。不但要坐得漂亮，变换坐姿同样要轻巧自如，控制住上身仅用腿部力量来完成就可以了。

3. 掌握入座规则“左进左出”

要注意入座的礼节，一定要请受尊重的人先入座，比如领导、长者、客户，要先请他们入座，然后自己再坐下，并且要记住从椅子的左侧入座，离开也是从椅子的左侧进行。入座和离座在挪动椅子时，要用双手搬起，动作要轻巧，不能拖拉椅子发出很大的响动，如果不小心使椅子在搬动时发出很大声响，要对其他人表示抱歉、失礼。坐下时要顺便整理衣服，不能坐下以后反复拽拉裙子以使它保持平整，不断地欠身整理衣服是很不雅观的。如果有裙角被压在身下，也要不动声色地略微欠身整理一下，上半身仍要保持相对稳定。我们常说的“坐如钟”，是指坐着的时候要有一个沉稳而从容的姿态及表情，看上去端庄而不做作。

二、坐姿的注意事项

女士入座前应轻拢裙摆，保持裙边平整、不起皱。

不可将头依靠在椅背上，或者低头注视地面。

不可双臂交叉抱胸，或双手做出多余的动作，切忌将双手夹放在双腿之间。

女士应始终靠紧双腿，不可大腿并拢而小腿分开。

男士不可将双腿叉得过开，或将双腿过分伸张，或一腿弯曲、一腿伸直呈现“4”字形，或将小腿搁在大腿上，用脚打拍子，甚至不停地抖腿。

跷腿时，切忌将悬空的脚尖朝上或指向他人。

与邻座交谈时，可以侧坐，并将上身和腿同时转向交谈对象。

第四节 常见不良坐姿

一、不良坐姿

1. 椅子只坐一半

有的人坐着时习惯臀部只与椅子搭个边，背部斜靠椅背，腰部悬空，更有甚者两腿前伸张开，其实这种看上去似乎很自在惬意的坐姿对腰部伤害很大。主要是因为这样会令脊椎拱起，腰部失去椅背的支撑，压力会很大，容易引起腰背痛。

建议：坐着时，要保证臀部都在椅子上，整个背部要紧贴椅背。

2. 身体前倾

有的人本身就有近视，可没有佩戴眼镜，这时看电脑时就会不自觉地身体往前倾，这样也会伤害腰部。这种情况在司机中很常见，因为绑着安全带，这样就会使腰部所受的拉力很大。

建议：正确的坐姿是腰部紧靠椅背，挺直背部。

3. 趴着睡

“不管趴睡枕设计得多好看，宣传怎样的功效，趴在桌上睡午觉都是不科学的。”某中医院骨科专家说，长期趴着午睡，会对颈椎造成一定压力，容易出现头、肩、颈等部位的酸痛，甚至患上颈椎病。

而对于女性来说，趴着睡的影响更为严重，会挤压到乳房，导致它提前老化，皮肤松弛、乳房变形外扩，乳房血液循环不良。

4. 驼背

驼背会导致肩、背脂肪堆积，虎背熊腰，失去女性灵秀的感觉。驼背会压迫胸部组织，时间长了，就会影响到胸部的健康。所以，应该保持昂首挺胸的姿势。

因为驼背的人的重心位于下肢前方，因此重心不稳，易摔倒而引起各种损伤，尤其是强直性脊柱炎患者脊柱已融合为一条长骨，很容易发生外伤性脊柱骨折，严重者可合并截瘫。更为严重的是驼背畸形引起的椎管狭窄，常会诱发很难治疗的晚发截瘫。

二、不雅的坐姿

1. 动作幅度过大、过急

在入座过程中，节奏太快，动作不轻稳，容易给人造成做事潦草、忙乱的不良印象；离座时出现急、快的情况，易刮倒座椅、发出响声等，也会影响个人形象。

2. 坐姿不端正

上身放松，半坐半躺在座椅上，或者完全瘫坐在椅子上，上身在坐立的过程中不停地晃动、左右歪斜、前仰后合等，以上坐姿均是素质低、没有修养的表现。

3. 手臂位置不恰当

双臂应根据脚位摆放在适合的位置上，以表现优雅的姿态。以下是不恰当的手臂位置：手夹在两腿之间、双手抱在腿上、手插在衣袋中、手摆弄物件等。

4. 双腿姿态不规范

双腿姿态不规范的坐姿有：两腿叉开很大距离；两脚并拢，而两膝距离较大；两腿向前伸度太大；两腿不停抖动；双腿交叉时没有收紧，两膝之间有距离；双腿重叠，一条腿跷起（俗称二郎腿）。在日常工作和生活中应尽量避免以上不规范的坐姿。

5. 脚位不雅观

双脚没有平放在地面上，脚尖翘起，以脚蹬踏别的物体，这些姿态会给人轻浮、粗俗的印象。

三、坐姿训练方法

常用的坐姿方式较多，在基本坐姿训练的基础上，可以利用具体情境进行训练，同时加强入座和离座的训练，使整体就座过程连续、流畅，更富感染力。

1. 重视基本坐姿训练

在明确坐姿的基本要求和进行站姿训练的基础上，可以进行坐姿训练。在训练过程中，可以采用对镜规范训练、工具辅助训练（如头顶书籍）等方式。初级练习，每次的训练时间应保持在 20~30 分钟，以后可随技能的掌握水平，逐渐减少连续练习时间。

2. 运用具体情境练习

为提高学习者的兴趣，调动其学习积极性，可模拟具体情境进行训练，如招聘会、见面会、校友会等，把坐姿与情境相结合，由学习者自行设计并保持姿态，达到强化的目的。每次训练控制在 10~15 分钟，可分多次进行。

3. 加强入座和离座训练

在坐姿训练时，往往较重视姿态训练，忽略过程训练，因此学习者会表现出动作过程不完整或缺失的现象。入座和离座应分别进行单一动作训练，每次训练控制在 5~10 分钟，单一训练后再合成动作，保持动作的连贯性和准确性，达到体现优雅、庄重坐姿的目的。

4. 坐姿腿部姿态训练

（1）双手轻握转体，一侧一个八拍，共八个八拍。

（2）手指轻握放于胸前上半身转体，右手在前即抓左边，共八个八拍。

（3）前伸后屈腿部力量练习，叉腰，左右脚交替，每次一个八拍，共八个八拍。

（4）半脚尖站立：一拍起，八拍落，共八个八拍。

本章小结

本章主要介绍了职业仪态形象塑造的女性高铁服务人员的坐姿，介绍了女性正位坐姿、双腿斜放式坐姿、双腿交叉式坐姿、双腿重叠式坐姿、前伸后屈式坐姿，介绍了男士的正位坐姿、重叠式坐姿、交叉式坐姿，介绍了坐姿礼仪和常见不良坐姿。

思考与练习

一、选择题

1. 女士的坐姿有______。

A. 正位坐姿　B. 双腿斜放式　C. 双腿交叉式　D. 双腿重叠式

2. 以下哪种坐姿是一种既舒服又漂亮的坐姿？______

A. 正位坐姿　B. 双腿斜放式坐姿

C. 双腿交叉式坐姿　D. 双腿重叠式坐姿

3. 男士的坐姿有______。

A. 正位坐姿　B. 重叠式坐姿

C. 交叉式坐姿　D. 双腿斜放式坐姿

二、填空题

1. 正位坐姿，上身与大腿、大腿与小腿、小腿与地面均呈______度。

2. 坐椅子的______处能够体现对客户的尊重。

3. 高铁服务人员入座规则是______。

三、简答题

1. 坐姿的注意事项有哪些？

2. 女士正位坐姿的基本要求有哪些？

3. 女士双腿交叉式坐姿的动作要领是什么？

四、实训题

分组实训：小组成员之间互相观察，指出不良的坐姿，并根据不同场合进行坐姿的调整，且提出改造意见。

第十五章

高铁服务人员的行姿

引　言

古人云行如风，要求人们行走时要如同清风和煦、洒脱飘逸，但是高铁服务人员的行姿却有更高的要求，除了轻快外，还要静、稳、美，给人舒展俊美、精力充沛、积极向上的感觉，能集中体现稳健、协调、敏捷、优雅的姿态。

学习目标

知识目标

1. 领悟男女行姿的基本规范和要点；
2. 了解各种行姿使用场合及注意事项。

技能目标

1. 熟练按照行姿礼仪规范做出良好的行姿；
2. 能根据高铁服务人员岗位要求灵活调整行姿。

第一节 高铁职业行姿要求

导学案例

美丽的行走

高铁乘务是一份高度紧张而又周密细致的工作，出发前，乘务员们身着制服，优雅整齐地走入等候在铁轨上的高铁列车，飒爽的英姿吸引了无数乘客的目光。列车行进中，她们全程站立或行走巡视自己负责的车厢，时刻关注是否有旅客需要帮助……穿着高跟鞋稳稳当当地在时速近300千米的高铁上行走，举手投足都要保持仪态万方，要做到这一点并不简单；一般情况，每名列车员各自负责4节车厢，每趟车需要走20多千米。行走的服务，这是高铁乘务员必须遵守的服务宗旨。

思考：如何在高铁上走稳？

一、行姿与性格

长期以来，直立行走被认为是人类出现的标志之一，是从猿到人转变过程中“具有决定意义的一步”，是每个人需要具备的基本技能。坐、立、行是我们生活中经常发生的动作。一个人的坐姿、站姿、行姿，能够恰当反映出他对生活及人生的态度，也是一个人心境的外在体现。

通过行姿能判断出一个人的处世风格和大概的性格特征。用大踏步的方式走路的人，其身体非常健康而善良，喜欢争强好胜；走路姿态非常柔弱的人，固然体格健壮但是其精神一般较脆弱，意志力不坚定；拖着鞋子走路的人，抑或说是鞋跟磨损较严重的人，缺乏积极性，不喜欢变化，消极悲观；以小快步伐行走的人性情急躁；走路抬头挺胸，步伐稳健，说明自信、干练；

走路动作僵硬，说明她处事不圆滑，为人呆板；走路左右摇摆，说明她遇事没主意，办事没主见。

所以，平时就要注意自己的姿势，逐渐培养自己的风度。正确的行姿能够体现一个人积极向上、朝气蓬勃的精神状态。

案例赏析

有什么紧急情况吗?

一天，动车快到站了，乘务员张小楠一路小跑着去开车门，引起了许多乘客的惊慌，纷纷跟在她后面涌向车门，以为动车发生了什么紧急情况。

思考：这位服务员的动作出了什么错?

分析：行姿能够反映出一个人的心理状态，高铁乘务人员在工作期间要保持步态稳健优雅，不能跑步行进，以免引起不必要的恐慌。

二、规范行姿标准

行姿是一种动态的姿势，是立姿的一种延续，可以展现人的动态美。行姿的基本要求是“行如风”。

正确的行姿要以正确的站姿作为基础。走路时，上身应挺直，头部要保持端正，微收下颌，两肩应保持齐平，应该挺胸、收腹、立腰。双目也要平视前方，表情自然，精神饱满。行走有节奏感，双脚平行，跨步均匀，步伐稳健，步履自然，臀部、腰部随腿脚自然摆动，身体各部位之间要保持动作和谐，使自己的步调一致，显得优美自然。

（一）规范行姿分解动作要领（见图 15-1 行姿）

1. 第一步：准备动作要领——保持标准站姿

（1）头正：双目平视前方，微收下颌，表情自然平和。

（2）肩平：两肩应保持齐平。

（3）躯挺：上身挺直，收腹立腰，重心稍微向前，双手自然垂放大腿两侧。

2. 第二步：起步要领——方向明确

起步时两脚脚尖略开，保持脚跟先着地，重心放在前脚掌，必须保持明确的行进方向，不要突然转向，更不能突然翻转身。

3. 第三步：行走要领——步态优美

行路时步态是否美观，关键取决于步度、步位、步幅、步速和步韵。

（1）步度：行进时前后两脚之间的距离。在通常情况下，男性的步度是25厘米，女性的步度大约为20厘米。

（2）步位：行走时脚落地的位置。行路时最佳步位是两脚踩在同一条直线上，并不走两条平行线。女性走路之时，倘若两脚分别踩两条线走路，则是有失大雅的。

（3）步幅：步幅是前脚的脚后跟与后脚的脚后跟之间的距离，一般而言行进中迈出的步幅和本人一只脚的长度相近，男子每步约40厘米，女子每步约36厘米。

（4）步速：每分钟行走时的速度。要使步态保持优美，行进速度应该保持平稳、均匀，过快过慢都是不允许的。一般情况，男子每分钟108~110步，女子每分钟118~120步。

（5）步韵：行走的节奏感。在行进过程中，膝盖和脚腕要有弹性，腰部理应成为身体重心移动的轴线，双臂在身体两侧一前一后自然地摆动。身体各部位之间要保持动作和谐，使自己的步调一致，使自己走在一定的韵律中，这样显得优美自然一些，否则就显得没有节奏。

图 15–1　行姿

（二）男女规范行姿要求

1. 男子规范行姿

男子行走时，两脚跟交替前进在平行线上，两脚尖稍外展，通常速度较快，脚步稍大，步伐奔放有力，充分展示男性的阳刚之气。男子穿西装时，走路的幅度可略大，以体现挺拔优雅的风度（见图15–2 男士行姿）。

图 15–2　男士行姿

2. 女子规范行姿

女子行走时，两脚尖稍外展，两脚交替走在一条直线上，脚尖正对前方，称“一字步”，显优雅（见图 15–3 女士行姿）。

（1）穿上高跟鞋后，脚跟提高了，身体重心就自然地前移，为了保持身体平衡，膝关节要绷直，胸部自然挺起，并且收腹、提臀、直腰，使行姿更显挺拔，会平添几分魅力。穿高跟鞋走路，步幅要小，脚跟要先着地，两脚落地脚跟要落在一条直线上，像柳条上的柳叶一样，这就是所谓的“柳叶步”。

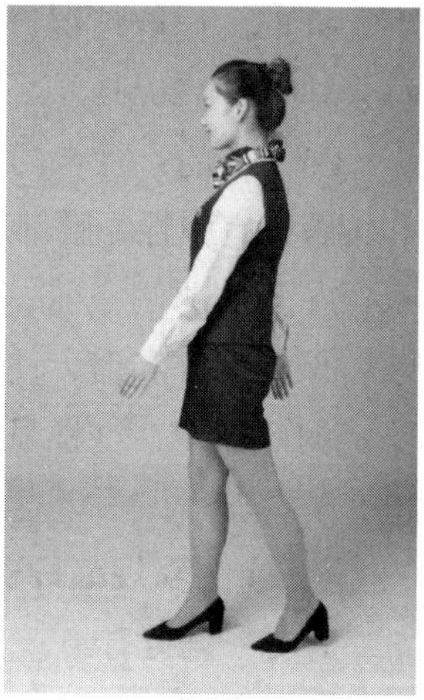

图 15–3　女士行姿

（2）女子穿旗袍和中跟鞋时，步幅宜小些，以免因旗袍开衩较大露出大腿，显得不雅。

（3）女子着长裙行走要平稳，步幅可稍大，因长裙的下摆较大，更显得女子修长、飘逸潇洒。

（4）年轻女子穿短裙（指膝盖以上）时，步幅不宜太大，步频可稍快些，以保持轻盈、活泼、灵巧、敏捷。

三、文明行姿要求

（一）互相礼让

行走过程中，如有急事需要超越别人，要从旁边绕过，不可强行闯过，最好轻声招呼，不慎撞了行人应该表示道歉。

（二）礼宾次序

（1）二人同行，前为尊，后为卑，右为大，左为小。

（2）三人并行以中央为尊，右边次之，左边又次之。

（3）男女同行，进出门口，男士礼让女士先行。

（4）如出入电梯门，无人值守时男士先进后出，女士则应后进先出，男士服务于女士控制好电梯开关门和上下行。

（5）推门下车或在黑暗区域通过时，男士应该率先行动。

（6）在餐会上，男士应该让女士先行，以便介绍或就座。

（7）男女二人在街上并行时，男士应该让女士走在比较安全的一边，指的是男士应该走靠马路车辆来往的一面。在平时，应该遵循男左女右的原则。

（8）男士若与两位女士搭伴同行，不能走在中间，应该走在最左边。

（9）如果路窄只允许一个人通过，男士应该在女士身后行走。

（10）两男一女行走，可让女士在中间行走。

（三）遇友主动问候

行路过程中碰到好朋友，要与其主动打招呼互致问候，但是切忌高声喊叫，以免使路人受到影响；遇见熟人应该点头施礼；遇见尊者可以停下说话；如遇到老幼病残应该在行路中提供帮助；如果遇到久别的故交，寒暄之后如果想要交谈，应该主动走到路边，不宜在道路当中或人多拥挤的地方说话，更不能将路口堵塞，以免妨碍人们的行走或车辆的流通。

（四）遵守交通规则

城市的街道人来人往，络绎不绝，在行路过程中，要遵守交通规则、交通信号灯的指示，确保人身安全。过马路时要走人行横道，来往车辆要避而远之，在人流拥挤的地方应讲求循序而行，做到不抢不挤。碰到气候不佳或天气恶劣，必须注意安全。对意外跌倒、碰伤的人要尽力帮助。骑自行车或驾驶汽车也要严格遵守交通规则，保持谦逊礼让，确保安全。

四、服务行姿特殊要求

（一）变向行姿要领

所谓变向行姿是指在行走中需转身改变方向时，采用合理的方法，体现出规范和优美的步态。

1. 后退步

与人告别时，应当先后退两三步，再转身离去，退步时脚轻擦地面，步幅要小，先转身后转头。

2. 引导步

引导步是用于走在前边给宾客带路的步态。引导时要尽可能走在宾客左侧前方，整个身体半转向宾客方向，保持两步的距离，遇到上下楼梯、拐弯、进门时，要伸手示意，并提示请客人上楼、进门等。

3. 前行转身步

在前行中要拐弯时，要在距所转方向远侧的一脚落地后，立即以该脚掌为轴，转过全身，然后迈出另一只脚。即向左拐，要右脚在前时转身，向右拐，要左脚在前时转身。

（二）服务引领礼仪

引领，即为旅客指引行进的方向，并陪同旅客一同前往目的地。

1. 陪同客人的行姿

在“基本行姿”的基础上，陪同时可以走在对方旁侧身后，引导时应该走在对方前方。一般的规则是礼让右方，因此，引导者应走在对方左前方 1 米左右的位置。陪同人员行走的速度要考虑到和对方相协调，不可以走得太快或太慢。每当经过拐角、楼梯或道路坎坷、照明欠佳的地方，都要提醒对方留意，并伴有必要的手势和采取些特殊的体位。如请对方开始行走时，要面向对方，稍微欠身；在行进中和对方交谈或答复提问时，把头部、上身转向对方（见图 15-4 陪同客人的行姿）。

图 15-4　陪同客人的行姿

2. 与客人同向行进的行姿

在“基本行姿”的基础上，尽量不要超过客人；如果确实是工作需要又不能避免时，要先道歉后超越，再道谢。

3. 与客人反向行进的行姿

在“基本行姿”的基础上，当接近客人时应放慢速度；与客人交会时，应暂停行进将身体侧向客人，微笑致意，礼让客人通过后再前进。

4. 上下楼梯

楼梯上行人来往频繁，所以不要停在楼梯上休息，不要站在楼梯上和人交谈或是在楼梯上慢慢悠悠地走。坚持“右上右下”原则。上下楼梯、自动扶梯时，都不应该并排行走，而要从右侧上下，让出左边的地方供有急事的人通过。上下楼梯时，不要和别人抢行。出于礼貌，可以请对方先行。如果是陪客人上楼，陪同人员应该走在客人的后面；如果是下楼，陪同人员应该走在客人的前面。

5. 进出电梯

使用电梯时，应当注意以下四个问题。

①如果是无人驾驶的电梯，工作人员必须自己先进后出，以方便控制电梯。如果是有人驾驶的电梯，则应“后进后出”。

②牢记“先出后进”。乘电梯一般的规矩是先让里面的人出来，外面的人再进入。

③尊重周围的乘客。进出电梯时，应该侧身而行，免得碰撞别人。进入电梯后，要尽量站在里面。人多的话，最好面向内侧，或与他人侧身相向。下电梯前，应做好准备，提前换到电梯门口。

④使用专用的电梯。假如本单位有这样的规定，就一定要自觉遵守。有可能的话，工作人员不要和来访客人混用同一部电梯。

6. 出入房门

进入或离开房间时，应注意以下细节：

①先通报。在出入房间时，特别是在进入房门前，一定要先轻轻叩门或按铃，向房内的人进行通报。贸然出入或者一声不吭，都显得很失礼。

②以手开关。出入房门，务必要用手来开门或关门。用肘部顶、用膝盖拱、用臀部撞、用脚尖踢、用脚跟蹬等方式都是不妥的做法。

③后入后出。和别人一起先后出入房门时，为了表示自己的礼貌，应当自己后进门、后出门，而请对方先进门、先出门。推门后要使自己处于门后或门边，以方便他人的进出。

第二节 常见不良行姿

案例赏析

总是不能上岗的实习生

王丽丽是今年招入武汉动车组的乘务员，身材高挑、面容姣好，对待旅客也很热情，但是她岗前培训一直不能通过，眼看一起培训的小姐妹都上车了，她还没能被分配进班组。原来王丽丽哪里都好，就是走路不太稳，原来是因为王丽丽长期玩手机，造成了她高低肩的问题。要知道在行驶中的动车上，列车员自己都走不稳，就更不能为旅客提供服务了。因此，王丽丽被留下来强化训练行姿。

问题：王丽丽的不良行姿是怎么造成的？能改善吗？

“行如风”指的是人们行走时像风一样轻盈。行姿是站姿的延续动作，是在站的基础上展示人的动态美。走路往往是最引人注目的身体语言，一个人的行姿折射着一个人的内在，也最能表现其风度和活力。行姿是高铁服务员的基本功，在与旅客同行时，要处处体现对旅客的尊重和礼遇。

正确的行姿，能增添自信；不良的行姿，会给人留下不好的印象（见图15-5 不良行姿与正确行姿对比）。为此，以下几种不良行姿在工作中需要极力避免：

（1）方向不定：行走时方向要明确，不可忽左忽右、变化多端、瞻前顾后；行走时不应左顾右盼、左右摇晃。

（2）速度多变：行走时不可忽快忽慢、突然快步奔跑或突然止步不前。

（3）声响过大：行走时用力过猛、鞋底蹭地等制造声响都是不良行姿。

（4）八字步态：行走时两脚脚尖向内侧或外侧构成“内八字”或“外八字”，都是不正确的步态。

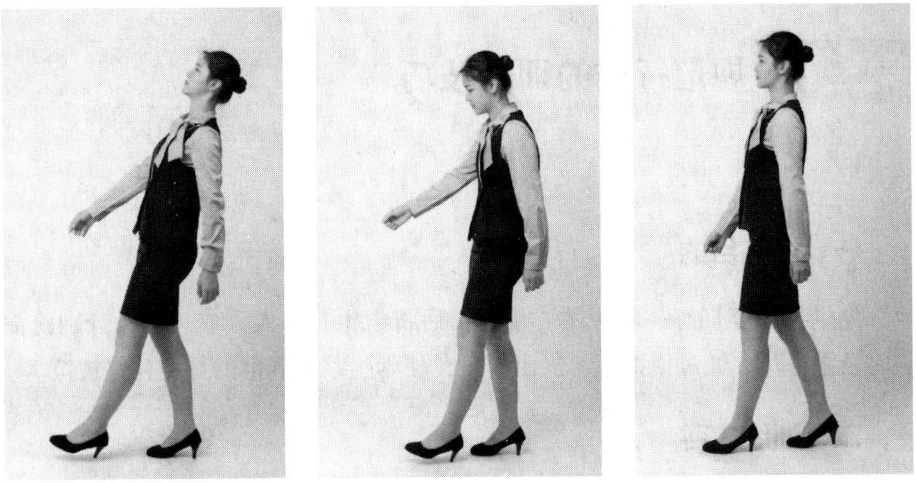

图 15-5　不良行姿与正确行姿对比

知识拓展

不良的行姿影响大脑健康

低头、弯腰、“外八字”……这些不良的走路姿势不仅难看，还能影响大脑健康。走路抬头挺胸有利于周身与大脑的气血回流，也就是说，抬头挺胸走路时，是让大脑得到休息。人在走路时，全身经脉都跟着一起活动，而含胸、弯腰的走路姿势正好让这些经脉得不到很好的舒张，身体得不到应有的供氧。此外，不良走姿造成的脊柱问题，也会反射到大脑，使大脑处于紧张状态。

“外八字”走路有碍阳经，使肝、脾、肾脏血流不畅，影响大脑血液的供应。“内八字”则影响胆、胃和膀胱的经络，而这些经络均在脊柱的周围，脊柱周围气血不畅，一样影响大脑血液循环。青少年侧颈、斜肩的走路姿势也会影响督脉的气血运行，造成气血不畅，从而影响大脑健康。正确的走路姿势应该是，双目平视前方，头微昂，颈正直，胸部自然上挺，腰部挺直，收小腹，臀部略向后突，步行着力点侧重在跖趾关节内侧。

第三节 规范行姿的训练技巧

一、训练目的

先进行站姿训练，掌握站姿规范；后将学生每 3 人分成一组，分别扮演旅客及乘务员，通过模拟旅客进出场景，使学生掌握规范的行姿礼仪规范。

二、训练内容

（1）基本行姿练习：双眼平视，手臂放松，挺胸收腹，收髋提膝，双手自然摆动，步幅以一只脚长为宜，行走稳定。

（2）特殊步法练习：进行前行步、侧行步、后退步和平衡性练习。

（3）服务引领练习：陪同旅客上下楼、进出电梯、出入房间。

三、训练重点

（1）方向明确。在行走时，必须保持明确的行进方向，尽可能地使自己在一条直线上行走，不突然转向，更忌突然大转身。

（2）步幅适中。就一般而言，行进时迈出的步幅男子每步约 40 厘米，女子每步约 36 厘米。

（3）步速均匀。在正常情况下，男子每分钟 108~110 步，女子每分钟 118~120 步。不突然加速或减速。

（4）重心放准。行进时身体向前微倾，重心落在前脚掌上。

（5）身体协调。走动时要以脚跟首先着地，膝盖在脚步落地时应当伸直，腰部要成为重心移动的轴线，双臂在身体两侧一前一后地自然摆动。

（6）有节奏感。昂首挺胸，体态优美，步伐轻松而矫健。

四、训练方法

（1）要练习腰部力量。行走属于动态美，是全身协调性运动，其中腰部的控制力又是至关重要的。练习时，双手固定于腰部，脚背绷直，踮脚正步行走，不需要额外找场地、找时间，在家中随时都可以练习。

（2）良好身姿还体现在背部。脊背是行进中最美妙的音符，因此要练习脊背和脖颈的优雅。头顶上放本书走路，保持齐背伸展和头正、颈直、目平，起步行走时，身体略前倾，身体的重心始终落于行进在前边的脚掌上，前边的脚落地时带动后边的脚离地，膝盖要伸直，脚落下时再放松。

（3）要练习脚步，内八字和外八字绝对是不可取的。在地上画一条直线或利用地板的缝隙练习，并不是完全踩在线上，两脚内缘的着力点力求落在直线两侧、贴近直线即可，速度要均匀，不能走得过快。通过不断的练习，保持好行走的轨迹和稳定性。

（4）要进行全身的协调性训练，使行走中身体的每一个部分都能呈现出律动之美。步伐要矫健，保持稳定的节奏感。

知识拓展

影响行姿的5种体型缺陷

（1）颈部前伸：又叫探颈。生活中的一些坏习惯使颈部肌肉不均衡，后上背、斜方肌、颈部的肌肉肌力较弱，并且长期处于被拉伸的状态，胸部肌肉则绷得很紧，逐渐养成了含胸的习惯，逐渐演变为驼背，从而体态发生了改变。长期低头玩手机的少年、长期使用电脑的白领、伏案工作的人群，都是这类疾病的敏感人群。颈部前伸带来的危害最主要的就是人的体态上面很奇怪，整个状态觉得不够精神。其次也会造成生理方面的影响，经常会出现头痛、肩颈酸痛、大脑供血不足、记忆力减退、呼吸不畅等。

（2）高低肩：高低肩的实质是脊柱弯曲畸形。很多时候都是因为肩膀负重过多，肩颈肌肉僵硬所致，很多时候单肩背包、睡觉姿势不对、长期玩电脑、打麻将、躺在床上看书、看电视都会引起高低肩的出现。高低肩不是简单的身体不平衡，最重要的是引起了脊柱的变形。

（3）驼背：驼背也叫圆背，是脊柱变形的一种表现，平常不注意保持正确的身体姿势，背部肌肉不主动用力，最终导致胸椎后突所引起的形态改变，男女老幼都可发生。

（4）塌腰：没有养成收腹立腰的良好习惯，使腰椎长年累月处于负重状态，导致腰椎正常的生理弯曲加大，久而久之形成“塌腰”的不良姿态。

（5）八字脚：八字脚，就是指在走路时两脚分开像“八字”，分为内八字和外八字，都是因为足部错误受力所致。“内八字”的人走路时足尖相对，足底朝外；“外八字”的人走路时则相反。

本章小结

本章重点讲了高铁服务标准行姿要点和训练技巧，即身体协调、女士一条线、男士平行线；分析了不良走姿的产生原因和矫正方法，为进一步规范高铁服务人员行为打下基础。

思考与练习

一、多选题

1. 行走有节奏感，双脚______，跨步______，步伐______，步履______。

A. 平行　　B. 均匀　　C. 稳健　　D. 自然

2. 行路时步态是否美观，关键取决于______、______、______、______和步韵。

A. 步度　　B. 步位　　C. 步幅　　D. 步速

3. 步速：每分钟行走时的速度，一般情况，男子每分钟______步，女子每分钟______步。

A. 108~110　　B. 120~150　　C. 80~100　　D. 118~120

二、填空题

1. 行姿的基本要求是______。

2. 男子行走时，两脚跟______，两脚尖稍外展，通常速度较快，脚步稍大，步伐奔放有力，充分展示男性的阳刚之气。

3. 行走过程中，如有急事需要超越别人，要______，不可强行闯过，最好轻声招呼，不慎撞了行人应该表示道歉。

三、简答题

1. 简述变向行姿要领。

2. 简述进出电梯的引领礼仪。

四、实训题

结合所学到的正确站姿、坐姿和行姿，拍摄一小段个人姿态美礼仪视频，上传课程群，评选最佳礼仪示范。

第十六章

高铁服务人员的鞠躬礼仪

引　言

鞠躬，即弯腰行礼，是表示对他人敬重的一种郑重礼节。它不仅是我国的传统礼仪之一，也是很多国家常用的礼貌方式。鞠躬用于服务中，更能显示服务者热情、真诚、恭敬的服务态度，往往会给顾客留下良好的印象。

学习目标

知识目标

1. 领悟鞠躬礼仪的基本规范和要点；
2. 了解各种鞠躬礼仪的使用场合及注意事项。

技能目标

1. 熟练按照鞠躬礼仪规范鞠躬；
2. 能根据不同场合要求得体使用鞠躬礼仪。

第一节 鞠躬礼仪文化渊源

导学案例

鞠祭与鞠躬

商代有一种祭天仪式叫“鞠祭”，具体是把祭品（猪、牛、羊等）整体弯卷成圆的鞠形，放到祭处奉祭，以此来表达祭祀者的恭敬与虔诚。这种习惯一直保持到现在。人们在现实生活中，逐渐援引这种形式来表达自己对地位崇高者或者长辈的崇敬。

思考：表达敬意为什么要弯腰？

一、鞠躬的文化内涵

鞠躬是中国、日本、韩国、朝鲜等国家传统的、普遍使用的一种礼节。鞠躬礼最早起源于中国，在中国有相当长的历史，其含义也几经流变，主要有以下五种含义。

（一）祭祀

商代有一种祭天仪式“鞠祭”：祭品牛、羊等不切成块，而将整体弯卷成圆的鞠形，再摆到祭处奉祭，以此来表达祭祀者的恭敬与虔诚。这种习俗在一些地方一直保持到现在，人们在现实生活中，逐步沿用这种形式来表达自己对地位崇高者或长辈的崇敬。这也是“鞠躬”一词最早的由来。

（二）恭敬谨慎貌

《仪礼·聘礼》：“执圭，入门，鞠躬焉，如恐失之。”《汉书·冯参传赞》：“宜乡侯参鞠躬履方，择地而行，可谓淑人君子”。颜师古注：“鞠躬，谨敬貌。”唐韩愈《谒衡岳庙遂宿岳寺题门楼》诗：“庙令老人识神意，睢盱侦伺能鞠躬。”清侯方域《拟思宗改元追复杨涟等官爵并起被废诸臣旋钦定逆案颁示百官廷臣谢表》：“此祖宗养士之恩，共扶名教；亦臣子鞠躬之义，岂问存亡。”苏联西蒙诺夫《蜡烛》：“但是即使在这个当儿，老妇人也没有说话，她不过抬起眼睛来，朝这些脱了帽的肃立着的人们看了一眼，十分庄严地对他们深深一鞠躬。”

（三）弯腰屈体

南朝梁沈约《上宋书表》：“臣远愧南董，近谢迁固。以闾阎之才，述一代盛典，属辞比事，望古惭良，鞠躬局蹐，靦汗亡厝。”宋孔武仲《瓜步阻风》诗：“昨日焚香谒圣母，青山鞠躬如负弩。”清蒲松龄《聊斋志异·山魈》：“急视之，一大鬼鞠躬塞入，突立榻前，殆与梁齐。”朱自清《绿》：“揪着草，攀着乱石，小心探身下去，又鞠躬过了一个石穹门，便到了汪汪一碧的潭边了。”

（四）弯腰行礼

晋陆机《辩亡论下》：“执鞭鞠躬，以重陆公之威。”《东周列国志》第六回：“州吁佩玉秉圭，方欲鞠躬行礼”。《儿女英雄传》第十七回：“说罢，便向姑娘执手鞠躬，行了个半礼。”老舍《茶馆》第二幕：“这是怎么啦？ 民国好几年了，怎么还请安？你们不会鞠躬吗？”

（五）“鞠躬尽瘁”的省语

清李载《遥赠阎古古先辈》诗：“鞠躬讵肯输诸葛，断指终期报贺兰。”清唐孙华《诸葛武侯祠》诗：“委寄寻前诺，艰危誓鞠躬。”参见“鞠躬尽瘁”。

总之，古时，鞠躬礼是下级对上级、学生对老师、晚辈对长辈的一种礼节。弯腰、低头，避开对方视线，向其表示恭顺和没有敌意，主要表达“弯身行礼，以示恭敬”的意思。

它不仅是我国的传统礼仪之一，至今仍然是我们日常生活、社交活动中的重要礼节之一，已经成了向人致意、表示尊敬、谢意、致歉等方面的常用礼节。除了中国外，日本、韩国、朝鲜等东亚国家也普遍使用这种礼貌举止。

二、鞠躬的场合

在我国鞠躬礼既适用于庄严肃穆或喜庆欢乐的仪式，也适用于一般的社交场合。

（一）祭祀场合

鞠躬礼在传统祭奠仪式上不可缺少，如公众祭奠炎黄始祖、家庭祭奠逝世的先人等。现在，坊间婚丧仪式上，鞠躬礼也无可替代。日常生活中，晚辈向长辈、服务人员向宾客鞠躬致意，也很常见。

（二）社交场合

在日常交往中，也有很多场合需要使用鞠躬礼仪，一是演讲者或演员感谢观众的热情欢迎掌声、上台领奖后向授奖人及与会观众表示感谢时；二是拜托别人帮忙，行鞠躬礼表示感谢；三是由于做错了事，行鞠躬礼表示道歉。

（三）服务场合

现代服务行业，在与客人见面时，为了表达对宾客的尊重，会行鞠躬礼，此举更能显示服务者热情、真诚、恭敬的服务态度，往往会给顾客留下良好的印象。

知识链接

中国古代的见面礼

礼仪是华夏文明的重要组成部分，“有章服之美谓之华，有礼仪之大称之夏”。《礼记》曰：“夫礼者，自卑而尊人”，作为曾经最讲究礼仪的国家，在握手礼普及之前，国人常用的礼仪又有如下几种。

揖礼是古代宾主相见时最常用的礼节，起源于西周以前，有三千年以上的历史。武王伐纣灭商建立周朝，武王死后，其子周成王年幼即位，由叔叔周公旦摄政。摄政王周公采取许多措施来巩固政权，建立周朝各项典章制度和礼乐制度，确立以宗法制度为中心的政治体制。在此之后，揖礼行于天下。

拱手行礼，是为揖。这是古代宾主相见的最常见的礼节。揖让之礼分为三种：一专用于没有婚姻关系的异姓，行礼时推手微向下；二专用于有婚姻关系的异姓，行礼时推手平而至于前；三专用于同姓宾客，行礼时推手微向上。

长揖：这是古代不分尊卑的相见礼，拱手高举，自上而下。

拱为古代的一种相见礼，两手在胸前相合表示敬意。如“子路拱而立”

(《论语》)。拜为古代表示恭敬的一种礼节。古之拜，只是拱手弯腰而已，两手在胸前合抱，头向前俯，额触双手，如同揖。如《孔雀东南飞》中的“上堂拜阿母，阿母怒不止”，这儿的“拜”就是焦仲卿对母亲行的这种礼节。后来亦将屈膝顿首、两手着地或叩头及地称为“拜”。如《鸿门宴》中的“哙拜谢，起，立而饮之”，这儿的“拜”应是这种跪拜礼。

拜手是古代的一种跪拜礼。行礼时，跪下，两手拱合到地，头靠在手上。《周礼》中作“空首”，也作“拜首”。如“光明呀，我景仰你，我景仰你，我要向你拜手，我要向你稽首”(《屈原(节选)》)。

拜两次为再拜，表示礼节之隆重。如“谨使臣良奉白璧一双，再拜献大王足下”(《鸿门宴》)。过去书信末尾也常用“再拜”以表示敬意。

跪而头叩地为顿首。“顿”是稍停的意思。行礼时，头碰地即起，因其头接触地面时间短暂，故称顿首。通常用于下对上及平辈间的敬礼。如官僚间的拜迎、拜送，民间的拜贺、拜望、拜别等。也常用于书信的开头或末尾。如“……丘迟顿首”(《与陈伯之书》)。稽首是古代的一种跪拜礼。跪而头触地做较长时间停留为稽首。“稽”是停留拖延的意思。行礼时，施礼者屈膝跪地，左手按右手，拱手于地，头也缓缓至于地，手在膝前，头在手后。头在地必须停留一段时间。稽首是最重的礼节，常为臣子拜见君王时所用。如孟明稽首曰:“君之惠，不以累臣衅鼓，使归就戮于秦。”(《崤之战》)。

思考：对比古今见面礼仪，找出现代鞠躬礼仪与古代见面礼仪的异同。

第二节 高铁服务人员的鞠躬礼

● 案例赏析

深鞠躬展示的形象

日本人讲礼节，行鞠躬礼是司空见惯的，日本人的鞠躬礼令人印象深刻。

有位游客来到了日航大阪饭店的前厅。那时，正是日本国内旅游旺季，大厅里宾客进进出出，络绎不绝。一位手提皮箱的客人走进大厅，行李员立即微笑地迎上前去，鞠躬问候，并跟在客人身后问客人是否要帮助提皮箱。这位客人也许有急事吧，嘴里说了声："不用，谢谢。"头也没回径直朝电梯走去。那位行李员朝着那匆匆离去的背影深深地鞠了一躬，嘴里还不断地说："欢迎！欢迎！"这位游客看到这情景困惑不解，便问身旁的日本经理："当面给客人鞠躬，是为了礼貌服务，而那位行李员朝客人的后背深鞠躬又是为什么呢？""既为了这位客人，也为了其他客人。"经理说，"如果此时那位客人突然回头，他会对我们的热情欢迎留下印象。同时，这也是给大堂里的其他客人看的，他们会想，当我转过身去，饭店的员工肯定对我一样礼貌。"

（资料来源：张永宁．饭店服务教学案例［M］．北京：中国旅游出版社．）

［分析提示］

（1）这个例子可以使我们对日本人的鞠躬礼的作用有进一步的了解，当面鞠躬热情问候是为了礼貌服务，背后鞠躬虔诚备至是为了树立良好的形象。

（2）这个案例说明，在这些日本饭店，服务人员有着明确的公关意识。鞠躬也是公关，这对树立饭店良好形象，赢得宾客对饭店的好感，进而争取更多的客源能起到良好的作用。

（3）客人消费心理告诉我们，进酒店的客人通常把尊重看得比金钱更重要，这就要求我们认真讲究礼仪礼貌，使客人感到他在酒店里是受到尊重的。

鞠躬是高铁服务人员特别是乘务员经常用到的一种礼仪。而一个成功的鞠躬要具备优美且让人感觉舒服这两个条件，为了达到这两个条件，高铁乘务员往往会经过很长时间的训练让自己的身体达到一种本能的反应。

鞠躬礼是由中国传统礼节“半跪礼”“万福礼”“叩拜礼”等演变而来，因此，其施礼流程及要求也沿袭了古代见面礼的一些要求。

一、鞠躬礼的施礼步骤分解

第一步：立正站好，在标准站姿基础上，注视前方，面带微笑（见图 16-1 鞠躬礼第一步）。

第二步：鞠躬时以腰部为轴心，上身前倾。男士双手贴于两腿外侧的裤线，女士双手在肚脐附近交叉搭好或自然垂于身侧（见图 16-2 鞠躬礼第二步）。

第三步：弯腰时目光随身体弯曲而落于脚尖前 1~1.5 米处（见图 16-3 鞠躬礼第三步）。

第四步：鞠躬完毕，立即恢复标准站姿，目视前方客人。

图 16-1　鞠躬礼第一步

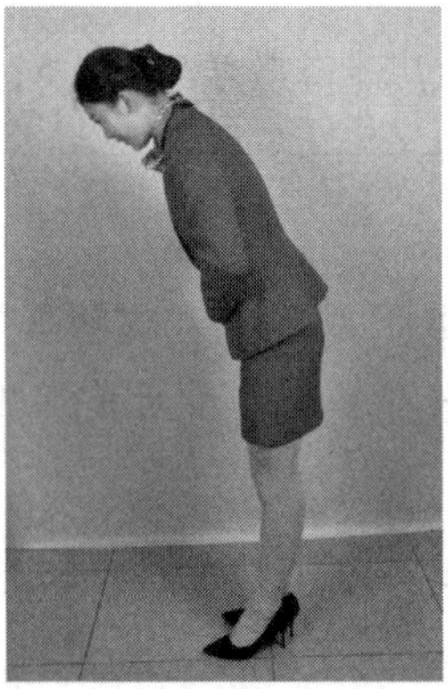

图 16-2　鞠躬礼第二步

图 16-3　鞠躬礼第三步

二、鞠躬礼的动作要领

（1）施礼距离：遵循“321”原则，当客人行至距离自己 3 米远时，面带微笑注视客人，当行至距离自己 1~2 米远时行鞠躬礼，同时向旅客致以一声问候（见图 16-4 鞠躬礼）。

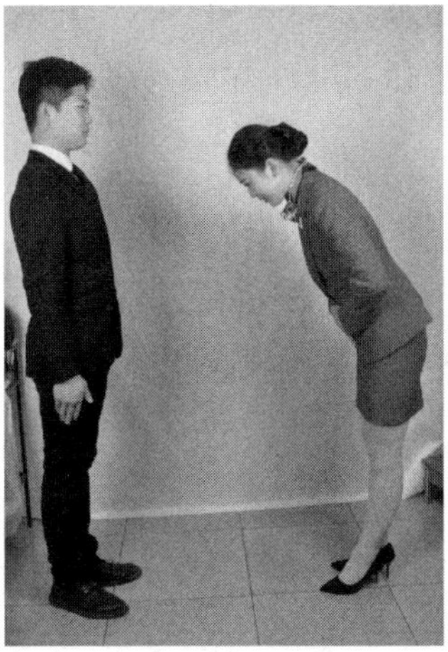

图 16-4 鞠躬礼

（2）鞠躬时动作要协调，优雅得体、快慢适度，头、颈、背尽量呈直线；抬头直腰时动作可稍微放慢点，这样会令人感觉舒服。鞠躬要与呼吸相配合，弯腰下倾时吐气，身直起时吸气，使人体背中线的督脉和脑中线的任脉进行小周天的循环。行礼时的速度要尽量与别人保持一致，以免尴尬。

（3）鞠躬要配合微笑和礼貌问候，微笑要自然真诚、问候要热情亲切，音量适中。

（4）鞠躬时目光应该随着身体前倾而向下看，表示一种谦恭的态度。

（5）鞠躬完毕，双眼应随着身体的直立而有礼貌地注视对方，如果一行完礼视线就看向别处，会让人感觉不真诚。

（6）若迎面碰上对方行鞠躬礼时，应在鞠躬结束后向右挪一步，给对方让路。

（7）鞠躬时必须要脱帽。戴帽鞠躬不礼貌，而且施礼过程中帽子容易脱落造成尴尬。

三、鞠躬礼的类型

在日本，据说火车列车员一天要鞠躬 2100 次，对于服务行业来说，“顾客永远是对的”“顾客就是上帝”，为此，向顾客行鞠躬礼是表达敬意最得体的方式。当然，不同的场合鞠躬礼实施的幅度是有区别的，具体分为四类（见图 16-5 不同度数鞠躬礼）。

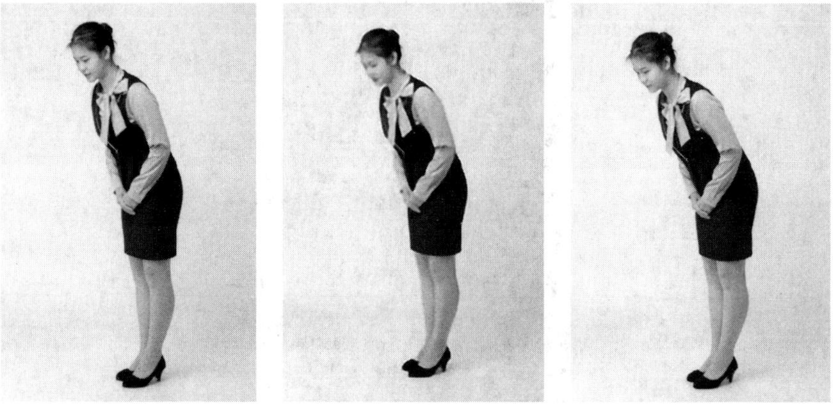

图 16-5　不同度数鞠躬礼

1. 15 度鞠躬礼

15 度鞠躬礼又称点头礼或颔首礼。在乘务服务的迎客和送客工作中，因同时碰上多位旅客，无法一一问候时，可以行 15 度鞠躬礼；另外，同事之间、路遇熟人或者是一般社交场合也可以行点头礼。

2. 30 度鞠躬礼

30 度鞠躬礼一是用于火车站贵宾厅，接待初次来访客人或者重要贵宾时，行 30 度鞠躬礼表示服务人员郑重、尊重之意；二是服务过程中表示致意。

3. 45 度鞠躬礼

45 度鞠躬礼一般用于服务过程中表达谢意或者是歉意，态度要真诚恳切。

4. 90 度鞠躬礼

90 度鞠躬礼为最高礼节，主要用于类似追悼会、婚礼等特殊社交场合。

四、常见不雅鞠躬姿态（见图16-6不雅鞠躬礼）

（1）只弯头的鞠躬。

（2）不看对方的鞠躬。

（3）头部左右晃动的鞠躬。

（4）双腿没有并齐的鞠躬。

（5）驼背式鞠躬。

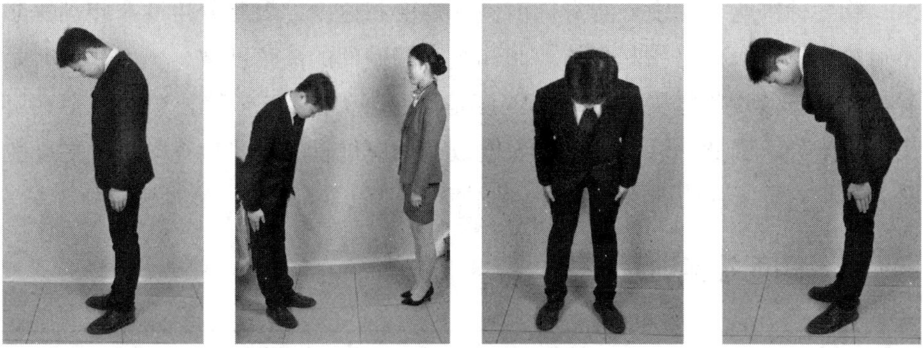

图 16-6　不雅鞠躬礼

五、鞠躬礼训练方法

（一）训练重点

（1）一般的应酬，如问候、介绍、握手、递物、让座、让路等，练习 15 度鞠躬。

（2）迎送宾客，练习 30~35 度鞠躬。

（3）下级向上级、学生向老师、晚辈向长辈，以及服务人员对来宾，练习 45 度鞠躬。

（4）最高礼节，练习 90 度三鞠躬。

（5）如果在办公室见到一般客人，而且手上的工作离不开，也可以行 15 度鞠躬礼。

（6）如在办公室见到客人、领导、长辈，应起立鞠躬致意。

（7）如迎面碰到对方行鞠躬礼时，则在鞠躬过后，应向右边跨出一步，给对方让路。

（二）训练方法

（1）对镜自检法：对照镜子分项练习不同的鞠躬角度。

（2）两两互查法：在一间空教室里两两相对排队站立，按照鞠躬的基本要求练习。老师不断提醒动作要领，并逐个纠正。学生进行自我调整，尽量用心去感觉动作要领。

（3）鞠躬专项训练法

鞠躬标准与否，主要看身体前倾的角度和速度，因此分角度弯腰训练必不可少。弯腰角度是指其身体前倾和垂直墙壁间的夹角度数，一般测量时是看你目光下落点与脚尖的距离，15 度是落在脚尖前 1.5 米处，30 度是落在脚尖前 1 米处，因此，可以根据鞠躬度数在相应位置拉线，检查学生鞠躬度数是否达标。反复强化训练，让学生内化为职业习惯。

六、鞠躬礼实训考核表

项目	讲解纲要	讲解标准与分值	注意事项	得分
鞠躬礼	a. 15 度鞠躬（欢迎礼） b. 30 度鞠躬（服务礼） c. 45 度鞠躬（致谢、致歉） d. 90 度鞠躬（庆典、祭祀）	1. 身体立正，目光平视，面带微笑，面对受礼者（10 分） 2. 男士双手在体侧自然下垂，女士双手在肚脐附近交叉搭好或自然垂于身侧（10 分） 3. 以腰部为轴，腰、背、颈、头呈一条直线，身体前倾 15~90 度，视线也随之自然下垂（20 分） 4. 身体前倾到位后停留一秒钟再恢复原状（10 分） 5. 鞠躬的同时致以问候或告别语，如：“您好，欢迎光临！”“谢谢光临，请慢走！”（10 分）	1. 精神饱满，面带微笑（5 分） 2.15 度鞠躬时目光注视受礼者的眼睛；30 度鞠躬时目光落在身体前方 1.5 米处（5 分） 3. 不要点头（5 分） 4. 不可翘臀（5 分） 5. 身体正直（5 分） 6. 鞠躬礼分类配相应的礼貌用语（5 分）	
考核标准		1. 满分为 100 分，采用扣分制 2. 讲解每缺一项扣对应小项分 3. 讲解错误、示范动作错误，均按注意事项中对应小项分数扣分		

知识拓展

外国的鞠躬礼

虽然全世界有多种不同的文化并存，在不同的文化领域之中会有大相径庭的表达方式，但在非语言行为上，人们却可以找到不同国家和民族的共同点。出于人类天性等缘由，很多非语言行为有着相似或相同的含义，微笑、竖起大拇指等非语言行为，不管什么人看到都能理解。而鞠躬则是这些通用的非语言行为中的一种，不管哪个国家的人都可以用它来表达自己的敬意。

一、日本的鞠躬礼

现在的日本，鞠躬礼是最讲究的。在现实生活中，逐步沿用这种形式来表达自己对地位崇高者或长辈的崇敬，因此鞠躬成了日本非常重要并且经常使用的礼仪。

1. 标准式和普通式

标准式鞠躬。男子双手贴紧裤缝身体直立头慢慢向下呈 90 度，两眼要看鞋尖一秒钟，同时腰呈 38 度到 45 度，然后和头同时抬起，全过程约三到四秒。女子则必须双手于前交叉、左手叠在右手上，其他的和男子没有多少区别。

普通式鞠躬。和中国人的点头示意差不多，通常是在熟人之间、谈话的时候或者不太严肃的场合，只是一种打招呼的表示。我们通常可以看见日剧中（现代的）谈话时不时点头好像在随声附和，其实那就是在鞠躬。不过在正式场合即使是跪坐着鞠躬也不能马虎，如果对方也是跪坐着就必须双手伏地来个五体投地。通常所见古装日剧中大名坐在折凳上发布命令，所有的将领同时面向大名齐刷刷地跪着鞠躬。

2. 站式鞠躬和跪式鞠躬

站式鞠躬：用于主客之间的“真礼”以站姿为预备，然后将相搭的两手渐渐分开，贴着两大腿下滑，手指尖触至膝盖上沿为止，同时上半身由腰部起倾斜，头、背与腿呈近 90 度的弓形（切忌只低头不弯腰，或只弯腰不低头），略做停顿，表示对对方真诚的敬意，然后，慢慢直起上身，表示对对方连绵不断的敬意，同时手沿腿上提，恢复原来的站姿。若主人是站立式，而客人是坐在椅凳上的，则客人用坐式答礼。

跪式鞠躬：用于主客之间的“真礼”以跪坐姿预备，背、颈部保持平直，上半身向前倾斜，同时双手从膝上渐渐滑下，全手掌着地，两手指尖斜相对，身体倾至胸部与膝间只剩一个拳头的空当（切忌只低头不弯腰或只弯腰不低头），身体呈45度前倾，稍做停顿，慢慢直起上身。同样行礼时动作要与呼吸相配，弯腰时吐气，直身时吸气，速度与他人保持一致。用于客人之间的“行礼”方法与用于主客之间的“真礼”相似，但两手仅前半掌着地（第二手指关节以上着地即可），身体约呈55度前倾；而用于说话前后行“草礼”时仅两手手指着地，身体约呈65度前倾。

在不同的场合和对不同的人鞠躬的标准和先后也有不同。比如在严肃正式的场合一定要用标准的鞠躬礼，且名分分明。晚辈要向前辈先行礼、下级先于上级等。

在行礼时一般不能说话，寒暄通常是在行礼以后，当然先打声招呼再鞠躬别人也不会不理你。但是在正式严肃场合行礼的时候千万不能说话，否则对方将视为不敬。如果对方是自己十分尊敬的先辈可以在呼名字时附带一个鞠躬以表示敬畏。面对对方，不要光嘴里打招呼，鞠躬也是相当重要的行为。

二、西方人的鞠躬礼

在崇尚个性张扬的西方国家，鞠躬礼是一种非常庄严的礼节。最初，鞠躬礼是古代强者征服弱者时，弱者为表示服从的礼仪，须低下头或平伏在地上。后来的鞠躬礼摆脱了屈辱遵从之意，仅仅表示尊重和谦恭。具体要求脖子不可伸得太长，不可挺出下颌；耳和肩在同一高度：保持正确的站立姿势，两腿并拢，双目注视对方的胸部，随着身体向下弯曲，双手逐渐向下，朝膝盖方向下垂。

在西方社会一般的社会交际中，人们通过握手来表示彼此的好感，而在握手的时候微微弯曲自己的身体，便已经是西方人认为的鞠躬。而且这种弯曲身体的动作只会在遇到长辈与非常值得尊敬的人时才会出现。

在东欧，依然保持着一种古老的鞠躬礼。当人们遇到彼此时，会顿一下自己的足跟，并微微鞠躬。这个古老而优雅的礼仪现在仅存于一些老人的身上，年轻人被鼓励表达自我，很少有人会用这么严谨的礼仪去对待别人。

第三节 高铁服务中的其他致意礼

在现代社会交往中致意指的是特殊情形下表示无声的问候的礼节。在对方能看到自己，但又不方便与对方语言交流的时候，致意是传达问候的一种最好的方式。根据双方所处情形的不同，致意可有四种不同的形式。

一、微笑致意

微笑致意即面带浅浅的笑容向对方致意。它适用于初次见面的人或相识不深者，在同一地点，彼此距离较近但又不适宜交谈的场合；也可用于在同一场合多次相遇的相识者之间的相互问候。

二、举手致意

彼此相识的人在公共场合相见，且相隔距离较远时，可以相互举手致意。致意时应将右手高举过头顶，掌心面向着对方，同时目光注视对方，轻轻晃动下手即可，摆动幅度不要太大，也不要来回反复摆动。高铁乘务服务接待人员若看到客人用这种方式和自己打招呼，切不可也使用这种方式向客人回礼，而应施以鞠躬礼。

三、点头致意

点头致意是指目光注视对方，头微微向下点的致意形式。在不便于和客人交谈的场合，如在会议、会谈进行中；在迎送客人或其他没有必要正式鞠躬行礼却又需要向客人示意的场合，旅游接待人员可以向客人点头致意。

四、欠身致意

欠身致意即身体的上部稍微向前倾斜，表示对他人恭敬的致意形式，通常欠身幅度应在15度以内。当旅游接待人员坐着时，如酒店前厅的大堂经理，可以以欠身致意的方式和客人打招呼。只需将上身微微向前一躬，不必完全站起来，就能表示对客人的欢迎和尊重了。

案例赏析

请向国徽敬礼

第一次世界大战中美国一名黑人少校军官和一名白人士兵在路上相遇，士兵见对方是黑人，就没有敬礼。当他掠身而过，忽然听到背后一个低沉而坚定的声音："请等一下。"黑人军官对他说："士兵，你刚才拒绝向我敬礼，我并不介意。但你必须明白，我是美国总统任命的陆军少校，这顶军帽上的国徽代表着美国的光荣和伟大。你可以看低我，但必须尊敬它。现在我把帽子摘下来，请你向国徽敬礼。"士兵终于向军官行了礼。这位黑人就是后来成为美国历史上第一个黑人将军的本杰明·戴维斯。

问题：为什么说是向国徽致意而不是向个人？

本章小结

本章重点讲了高铁服务人员鞠躬礼的行礼标准和技巧，解析了鞠躬礼不同度数所表达的不同含义。高铁服务人员应根据不同的场合熟练运用不同类型鞠躬礼，做到一丝不苟，为进一步规范高铁服务人员行为打下基础。

思考与练习

一、多选题

1. 鞠躬用于服务中，更能显示服务者的______、______、______的服务态度，往往会给顾客留下良好的印象。

A. 热情　　B. 真诚　　C. 恭敬　　D. 谦虚

2. 鞠躬礼是由中国传统礼节______、______、______等演变而来。

A. 半跪礼　　B. 万福礼　　C. 叩拜礼　　D. 谢恩礼

3. ______度鞠躬礼一般用于服务过程中表达谢意或者歉意，态度要真诚恳切；______度鞠躬礼在乘务服务的迎客和送客工作中，因同时碰上多位旅客，无法一一问候时使用。

A. 15　　B. 30　　C. 45　　D. 90

二、填空题

1. 鞠躬，即 ________，是表示对他人敬重的一种郑重礼节。

2. 鞠躬时以 ______ 为轴心，上身前倾。

3. 弯腰时目光随身体弯曲而落于脚尖前 __________ 米处。

三、简答题

1. 简述鞠躬礼的施礼步骤。

2. 常见不雅鞠躬姿态有哪些？

四、实训题

分组练习不同服务场合的鞠躬礼。

第十七章

高铁服务人员的服务手势

引　言

手势是最具表现力的一种肢体语言。在旅游服务工作中，手不仅是用来完成对旅客服务的具体工作的，更多的时候是通过手势来表达一定的意思，展示仪态的优美以及表达对客人的尊重。恰当地用手势有助于服务人员更好地为客人提供明确的服务，通过手势来达到让客人心领神会的目的。

学习目标

知识目标

1. 领悟高铁服务过程中各种服务手势的基本规范和要点；
2. 了解各类手势的适用场合；
3. 熟悉各类手势的文化含义。

技能目标

1. 掌握基本高铁服务手势操作技巧；
2. 熟练运用各类服务手势。

导学案例

会说话的肢体语言

有一次，意大利著名表演艺术家罗西在一场欢迎宴会上被来宾要求念一段悲剧的台词。罗西说："演过的戏，台词多已忘记了。"宾客们却坚持请他随便念一段，罗西盛情难却，便站起来用意大利语念了一段。他音调凄凉悲切，动作内敛，听者都潸然落泪。尽管那些外宾听不懂意大利语，但显然被他脸上悲怆的表情、哀伤的肢体语言所感染，再加上他那悲戚的语调听着让人心酸，因此很多人都为之动情落泪。只有一位意大利同行，忍不住到外面走廊里大笑起来。大家都很奇怪地去问他，才知道原来罗西念的不过是摆在桌上的一张菜单。尽管流畅纯熟的语言交流技巧很有必要，但有时肢体、表情等语言更具有打动人心的力量。而罗西打动大家的无疑是姿态和语调。所以，服务人员在工作中也应该借助无声的语言来辅助有声服务。

思考：谈谈服务人员为什么要重视肢体语言？

第一节 手势的文化与礼仪

一、手势与手势语

手的姿势，通常称作手势。它指的是人在运用手臂时，所出现的具体动作与体位。它是人类最早使用的、至今仍被广泛运用的一种交际工具。在一般情况下，手势既有处于动态之中的，也有处于静态之中的。在长期的社会实践过程中，手势被赋予了种种特定的含义，具有丰富的表现力，加上手有指、腕、肘、肩等关节，活动幅度大，具有高度的灵活性，手势便成了人类表情达意的最有力的手段，在体态语言中占有最重要的地位。手势是指人类用语言中枢建立起来的一套用手掌和手指位置、形状构成的特定语言系统。

手势的美是一种动态美，如果能够恰当地运用手势来表达自己的情感，将会增进与对方的相互理解，还能传情达意，提升个人形象。在日常生活中，手势具有指引方向、沟通交流、提升形象和辅助语言表达的多重作用。

二、常用手势解析

（一）食指刮下巴

以食指背刮下巴，有如刮胡子一般，这是法国人特有的手势，女性对不喜欢的追求者表示拒绝时常用。常可在咖啡厅见到法国美女一面微笑一面以手指刮下巴，非常迷人可爱，而追求者一见，也多会识趣地走开。

这个动作原始意思就是令人厌烦的，因为在法语中剃刀与厌烦同义，所以巧妙地以剃刀表达了自己不喜欢之意。

（二）V 字（见图 17–1 V 字手势）

V 字早已成为世界语了，源自英国，因为 V 字在英国代表胜利 Victory，所以用 V 来表达胜利的欢欣，用此手势时需以手指背向自己。但在希腊用此手势则必须把手指背向对方，否则就表示侮辱、轻视对方之意。

图 17–1　V 字手势

（三）OK（见图 17–2 OK 手势）

将大拇指和食指搭成一个圆圈，再伸直中指、无名指和小指，这一手势在美国和英国经常使用，相当于英语中的“OK”，一般用来征求对方意见或回答对方所征求的话，表示“同意”“赞扬”“允诺”“顺利”和“了不起”。在中国，这个手势表示数目“0”或“3”。在法国，表示“0”和“一钱不值”。在泰国，表示“没有问题”。在印度，表示“对”“正确”。在荷兰，表示“正在顺利进行”“微妙”。在斯里兰卡，表示“完整”“圆满”和“别生气”。在日本、韩国、缅甸，表示“金钱”。在菲律宾，表示“想得到钱”或“没有钱”。在印度尼西亚，表示“一无所有”“一事无成”“啥也干不了。”在突尼斯，表示“无用”“傻瓜”。在希腊、独联体，这个手势被认为是很不礼貌的举止。另外，有些国家用这一手势来表示“圆”“洞”等。

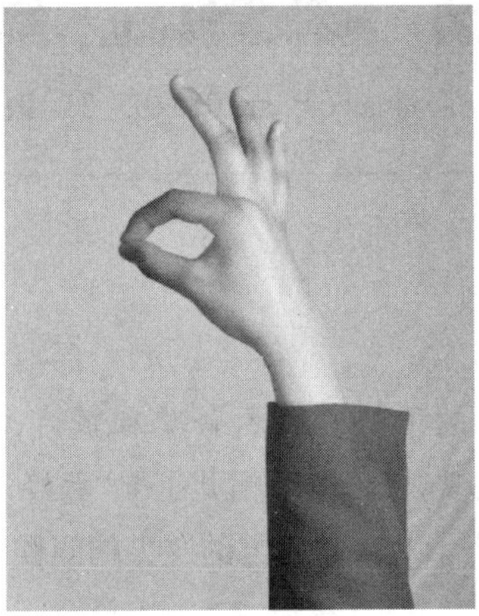

图 17-2 OK

（四）暂停手势

一般情况下用的人多右手平放，左手伸出一个手指顶在右手手心，惯于使用左手的人反之。

知识拓展

控烟三手势

2015 年 5 月 31 日，是第 28 个世界无烟日，来自四川西南航空职业学院空乘专业的美丽准空姐向全社会推广“控烟三手势”，旨在提醒大家吸烟有害健康，呼吁吸烟者主动放弃吸烟，表达对无烟环境的期望和对无烟成都的支持。据这几位同学介绍，她们推广的控烟三手势分别代表“不可以”“请停止”“我介意”。在公众场合中，如果遇到吸烟行为的时候，就可以动动手，用一个简单的动作来保护自己以及身边的人。

（资料来源于http：//sc.sina.com.cn 2015-05-31 19：04：42 新浪四川教育）

（五）伸出拇指

1. 向上伸大拇指

这是中国人最常用的手势，表示夸奖和赞许，意味着“了不起”“高明”“绝了”“最作”“顶呱呱”“盖了帽儿了”“登峰造极”。在尼日利亚，宾客来临要伸出大拇指，表示对来自远方的友人的问候。

2. 向下伸大拇指

世界上有相当多的国家和地区都使用这一手势，但含义不尽相同。在中国，把大拇指向下，意味着“向下”“下面”。在英国、美国、菲律宾，大拇指朝下含有“不能接受”“不同意”“结束”之意，或表示“对方输了”。墨西哥人、法国人则用这一手势来表示“没用”“死了”或“运气差”。在泰国、缅甸、菲律宾、马来西亚、印度尼西亚，拇指向下表示“失败”。在澳大利亚，使用这一手势表示讥笑和嘲讽。在突尼斯，向下伸出大拇指表示“倒水”和“停止”。

（六）伸出食指

世界上使用向上伸食指这一手势的民族也很多，但表示的意思不一样。中国人向上伸食指表示数目，可以指“一”，也可指“一十”“一百”“一千”

等这样的整数。在日本、韩国、菲律宾、斯里兰卡、印度尼西亚、沙特阿拉伯、墨西哥等国，食指向上表示只有一个（次）的意思。在美国，让对方稍等时，要使用这个手势。在法国，学生在课堂上向上伸出食指，老师才会让他回答问题。在新加坡，谈话时伸出食指，表示所谈的事最重要。在缅甸，请求别人帮忙或拜托某人某事时，都要使用这一手势。在中东，用食指指示物品是不礼貌的行为。

（七）屈伸手指

在拉丁美洲、英国、美国、意大利、西班牙、葡萄牙、突尼斯以及亚洲、非洲部分地区，人们伸出下臂，稍微抬起，手心向上屈伸手指，表示“让人走过来”。但这一手势在中国是用作招呼动物或幼儿的。中国人招呼人的手势是：将手臂前伸，手心向下，变动所有手指。然而这一手势在英美等国又是招呼动物的。

（八）摆手

在欧洲，人们见面时习惯用“摆摆手”来打招呼。其具体做法是：向前伸出胳膊，手心向外，但胳膊不动，只是用手指上下摆动。如果欧洲人前后摆动整只手，则表示“不”“不对”“不同意”或“没有”。但是美国人打招呼时总是摆整只手。在世界许多地方，摆手表示让人走开。在希腊和尼日利亚，在别人脸前摆动整只手意味着极大的侮辱，距离越近侮辱性越大。在秘鲁，前后摆动整只手则表示“到这儿来”。

总之，手是人的第二张脸，在日常沟通中，我们不可避免地喜欢用一些手势来衬托、补充语言。但是，手势的运用一定要注意忌讳，只有合乎规范，才不至于引起是非。

三、手势使用的注意事项

手势是最具有表现力的一种肢体语言，手势能够恰当地表达情意，是一种动态美，为交际形象大幅增辉。

（一）手势语运用注意事项

（1）手势不应过于重复，单调。反复做一种手势会让人感觉修为不够，与别人交谈时不断地做手势，胡乱地做手势，会影响别人对你谈话的理解，应该约束自己，讲话注意手势的运用。

（2）手势语的使用有其规范性，使用时不可随心所欲，应按照约定俗成的习惯或岗位规范进行。否则，容易引起误解。

（3）相同的手势动作，在不同的地域有其含义上的差别，正所谓“同形不同意”。所以，在使用手势语时，要注意接受方的国别差异和宗教信仰差异，对这些方面一定要事先有所了解，正确使用手势。

（4）手势语要因时、因地、因人使用，不能全面代替口头语言的作用。口头语和手势语的合理结合，才能使旅游服务用语达到最佳的效果。

（二）常见的错误手势

1. 指指点点

勾动食指或除拇指外的其他四指招呼别人，用手指指点他人，都是失敬于人的手势。其中，食指指点他人，即伸出一只手臂，食指指向他人，其余四指握拢这一手势，因有指斥、教训之意，尤为失礼。

2. 随意摆手

与人交谈或是服务工作中，不要随意向对方摆手。即不要将一只手臂伸出，手指向上，掌心向外，左右摆动；也不要掌心向内，手臂由内向外摆动。这些手势都有抵触、拒绝、不耐烦之意。

3. 双臂交叉于胸前

这种姿势往往表达傲慢、气愤的情绪，或是置身事外、旁观他人、观看笑话之意。服务工作中应特别注意避免出现。

4. 摆弄手指

经常听到一些男士挤压自己的手指，发出关节的响声，或是看到反复握拳松拳的动作，这都会让旁人感到你的情绪焦躁。

5. 手插口袋

手插口袋容易给人你在休息的感觉，这在工作中应避免出现，尤其是服务人员在岗上工作中。

6. 伸懒腰

伸懒腰是劳累、困倦的表现，如果在工作时打哈欠、伸懒腰，会给人懒散、懈怠之感。

知识拓展

四个常见手势意想不到的起源

从人类诞生的第一天起，手势作为一种特殊的肢体语言就成了人类交流的一部分。有时，一个手势就可以代替千言万语。现在，有些我们非常熟悉的手势的意义和它们最初的起源没有很大差别，而另一些则表达着完全不一样的含义。以下四个常见手势，你可能就猜不到它们的起源意义。

点赞用的大拇指：竖起大拇指是我们这个时代几乎全球通用的一个流行手势，在大多数国家它都表示好、高、妙、一切顺利、非常出色等赞赏性的含义。不过这个手势最初起源于古罗马角斗场，嗜血的观众在角斗的最后，会用向上竖起的大拇指决定战败者可以苟且偷生，相反用向下的大拇指决定战败者应该去死。

代表胜利的V字手势：V字手势在自拍流行的年代也有了一个新名字——“剪刀手”。人们广泛使用“剪刀手”，用竖起的食指和中指来表达他们和平的意图或胜利的喜悦。当然，想象力丰富的中国人还把“剪刀手”当作竖起的兔子耳朵，拍照的时候在觉得可爱的人脑后恶搞。大多数人普遍认为，“剪刀手”表示胜利源于英文单词“victory”（胜利）的首字母“V”。然而，这个手势的起源与和平或胜利根本就没有关系。它可以追溯到欧洲的百年战争时期（1337—1453年），当时英国弓箭手射杀了许多法国士兵，所以一旦一个英国弓箭手被法国人俘虏，法国人会先砍断其右手的食指和中指，确保他再也不能在战争中射杀其他法国士兵。而从来没有被俘虏过的英国弓箭手，往往会向他们的法国敌人做出V字手势表示嘲讽：“嘿，看到我的食指和中指，你怕了吗？”

摇滚乐的标志手势——金属礼：金属礼，是指食指和小拇指向上伸直，中指和无名指自然弯曲，拇指压于这两弯曲的手指之上。看到这个手势，我们大多数人都会想到重金属摇滚音乐。随着近几年全国各种音乐节的兴起，以及电影《缝纫机乐队》的播出，越来越多人知道了这个摇滚乐的标志手势。不单是摇滚乐，其他形式音乐的粉丝们也用这个手势对自己的偶像致敬，或者表达爱意。这个手势还有一个名称叫作“魔鬼之角”，因为这个手势像黑山羊，而黑山羊是魔鬼的象征，所以这个手势也正好适合重金属音乐中的异教情结。许多西方人也用这个手势来表达自己的酷和时尚，即使他们根本不玩音乐。然而，这个手势的源头跟酷可扯不上关系。它的历史可以追溯到古印度，在那里，这个手势是佛陀用来驱赶恶魔，清除诸如疾病或消极思想等障碍用的。

用两只手指敬礼：这个手势和“剪刀手”只差一点，那就是食指和中指并拢，把打开的剪刀变成合起来的剪刀。用这个手势敬礼的人并不多，只有在波兰，它才是正规的军礼。然而，这个手势的起源其实并没有那么帅气，而是包含屈辱。它同样可以追溯到古罗马时代的角斗场，在那里，战败的角斗士们用这个手势来向角斗场的主人乞求一条生路。

第二节 常用高铁服务手势

高铁乘务员的整体素养，不单体现在具有扎实专业的基础知识、熟练的操作技能和美丽的外表等，更应该在他们的一言一行中透露着一种优雅的规范的礼仪。在高铁对旅客服务的过程中，手势礼仪是使用频率较高的一种礼仪规范，特别是在引导客人和递接物品方面有比较具体的礼仪要求。

导学案例

楼道间的对话

服务员小李正在三楼楼道里上菜，忽听到身后有人喊：“小伙子，请问315房间在哪边？”小李回头一看，见是一位住店客人，连忙热情地回答道：“您向左走，第六个房间就是。”客人说声“谢谢”，便向旁边走去。

问题：服务员小李在引导客人时有不妥之处吗？

［分析提示］

在本案例中，服务员小李十分热情地回答住店客人的问话，这样做是符合服务人员对旅客服务要求的。

但小李忽视了"您向左走，第六个房间就是"这句话所指的方位性。

所谓的"向左走"，究竟是小李面对的左边，还是客人面对的左边，毕竟此时小李是和客人相对而站的。

所以说作为服务人员，对旅客服务不仅要做到热情，更要耐心、细致。

一、服务手势分类及操作要点

1. 引导手势

服务人员在指示方向时，通常使用与顾客行进方向较近的手臂，五指并拢，掌心向上，头随手动，指示方向后要稍做停顿。具体可分为指示行进方向和指示物品所在处两大类，具体手势依据手位不同分为横摆式、前摆式、曲臂式、直臂式和斜摆式。具体礼仪要求和操作要点如下：

（1）横摆式（以右手为例）。右手五指并拢，手掌伸直，左手置于体侧。右手以肘关节为轴从体侧自下而上抬起，手心翻转向上，然后右前臂向身体右侧摆动，至身体侧边停住，右手掌与右肩在同一直线上，上身略向前倾，目视来宾，面带微笑（见图 17-3 横摆式）。

（2）前摆式（引导）。左手五指并拢，手掌伸直，右手置于体侧或腹部。左手以肘部为轴从体侧自下而上抬起，大臂和小臂呈 100 度角，手掌与小臂为一直线，目视来宾，面带微笑（见图 17-4 前摆式）。

图 17-3　横摆式

图 17-4　前摆式

在具体引导服务中，引导手势往往配合三项礼仪一起使用，为了传达“以右为尊，以客为尊”的理念，当客人在距离引导员 0.5~1 米距离时，引导员要面带微笑目视客人施礼，配合引导手势，要有一个微笑、一个得体称呼和一句邀请语言。

例如：您好，这边请。您好，请向右转。请小心台阶。采用前摆式，手臂停留两步放下，当再次遇到转弯时再次摆出手势。

（3）曲臂式。以右手为例，手臂弯曲，由体侧向体前摆动，手臂高度在胸以下，适用于请人进门时。

（4）直臂式。将左手自身前拿起，左手手指并拢，掌伸直，手臂至身前拿起打开，向指引的方向摆去，摆到肩的高度时停止，肘关节基本伸直。

（5）斜摆式。左手置于体侧，右手五指伸直、并拢，右臂向前抬起至腹前，然后以肘部为轴向右下方摆动，手心翻转向前，与地面呈 45 度，手部、腕部、腰部在同一直线上时停止，上身略向前倾，目视对方，面带微笑。采用此手势时，也可左、右手互换姿势。此手势常适用于请宾入座（见图 17–5 斜摆式）。

图 17–5　斜摆式

（6）引导客人过程中如果出现以下情况，要随机应变。

①上下楼梯时，服务人员的方位是左前方，身体体位是右侧，距离 2~3 步。注意，上楼时服务人员要走在客人的左下方；下楼时服务人员要走在客人的左前方。

②进出电梯时，如果电梯无人操作，服务人员要先进后出，如果电梯有人操作，服务人员要后进后出。

③引导进门时，若是手推门，服务人员要先用手推门进去站在门后，等候客人进来；若是手拉门，则是把门拉开，让客人先进去。

2. 递接物品的手势

（1）用双手递接物品。双手递物是体现对顾客尊重最为重要的一点。一般而言，递接物品时，应起身站立，用双手递送或接取物品。同时，上身略向前倾。即使不方便双手并用，也应尽量采用右手，切不可以左手递物（在很多信仰宗教的国家里，这种行为通常被视为失礼之举）。

（2）尽量递到手中。递给他人的物品，如果环境等因素允许的话，应直接交到对方手中；不到万不得已，最好不要将所递的物品经别处“中转”（见图 17-6 递接物品的手势）。

（3）礼貌主动。若递接双方相距过远，递物者应主动走近接物者；假如自己坐着的话，还应尽量在递物时起立。

（4）方便接取。服务人员在递物时，应为对方留出便于接取物品的空间，不要让其感到接物时无处下手。若是将带有文字的物品递交他人时，还须使文字方向合适，以便对方接过后利于阅读。

（5）尖、刃向内。将带尖、带刃或其他易于伤人的物品递给他人时，切勿将尖、刃的一头朝向对方，应使其朝向自己或他处。

图 17-6　递接物品的手势

3. 手持物品的手势

（1）手持物品时，可根据物品的重量、形状及易碎程度采取相应的手势，以稳妥为手持物品的第一要求，并且尽量做到轻拿轻放，防止伤人伤己。

（2）手持物品时，服务人员可以采用不同的姿势，主要由服务人员本人的能力以及物品的大小、形状、重量决定，但无论采用什么姿势，都一定要避免在持物时手势夸张、“小题大做”。

（3）手持物品时要有明确的方向感，不可将物品倒置。很多物品有其固定的手持位置，可“按物所需”而手持物品。

（4）为客人取拿食品时，切忌使自己的手指与食物接触，如不可把手指搭在杯、碗、碟、盘边沿，更不可无意之间使手指浸泡在其中等。

4. 展示物品的手势

（1）便于观看。展示物品时，定要将其正面朝向观众，如果物品上面有文字，一定要使文字的方向便于观众阅读，并且展示的高度和展示的时间以有利于观众观看为原则。另外，当四周皆有观众时，展示还须变换不同的角度。

（2）手位正确。在展示物品时，应将物品放在身体一侧展示，不能挡住展示者的头部。物品要与展示者的双眼齐高。如有必要，还可将双臂横伸，使物品向体侧伸出，物品应放在肩至肘之处，上不过眼部，下不过胸部。

5. 举手致意

此动作应用于服务人员工作繁忙而又无法向面熟的顾客问候时，可向其举手致意。这样，可消除误会，消除对方的被冷落感。正确做法是：

（1）面向对方。举手致意时，应全身直立，并且至少要使上身与头部朝向对方，面带微笑。

（2）手臂上伸。致意时手臂应自下而上向对应的肩头的侧上方伸出。手臂可略微弯曲，也可全部伸直。

（3）掌心向外。致意时须五指并拢，并且掌心面向客人，指尖向上。

6. 挥手道别的手势

（1）身体站直。挥手时身体要站直，不可走动、乱跑，更不可摇晃。

（2）手臂前伸。道别时，可用右手，也可双手并用，但手臂应向前平伸，与肩同高，注意手臂不要伸得太低或过分弯曲。

（3）掌心朝外。要保持掌心朝向客人，指尖向上，否则是不礼貌的。

（4）左右挥动。要将手臂向左右两侧挥动，但不可上下摆动。若使用双手时，挥动的幅度应大些，以显示热情。

（5）目视对方。挥手道别时，要目视对方，直至道别对象在服务人员的视线范围内消失，否则会被对方误解为他是“不速之客”。

二、服务手势训练技巧

（一）训练要点

通常情况下，服务人员的基本手势包括两种：一是自然垂放，二是自然搭放。

1. 自然垂放

自然垂放时，两手指尖朝下，掌心向内，手臂伸直并分别紧贴两腿裤线处。在此基础之上，可按照服务人员规范站姿加以调整。

2. 自然搭放

自然搭放又分为站姿手位和坐姿手位。

（1）站姿手位。身体距桌面或柜台半臂距离，上体正直；两臂微曲，肘部朝外；将两手的手指部分放在桌子或柜台边缘上，掌心向下，拇指与其他手指稍有分离。做此动作时，应注意不要距离桌子或柜台过远，同时还要根据桌面高矮来调整手臂弯曲程度，避免将整个手掌支撑在桌子或柜台上，避免上半身趴伏在桌子或柜台上。

（2）坐姿手位。在坐姿基础上，将手部自然搭放在桌面或柜台上。身体不宜距离桌子或柜台过远，尽量挺直上身，双手可以分开、叠放或相握，但不要将胳膊支起来或是将手放在桌子或柜台之下。

（二）训练禁忌

使用手势时，还应避免出现以下现象：

（1）指指点点。工作或与人交谈时，绝不可随意对客人指指点点，也不可在清点人数时，只使用一根手指，因为它含有教训和侮辱人的味道，是不礼貌的行为。

（2）随意摆手。一只手臂伸在胸前，指尖向上，掌心向外，左右摆动。这个动作含有拒绝别人和极不耐烦之意。

（3）端起双臂。心理学家认为：双臂抱起，端在胸前往往含有孤芳自赏、自我放松或是置身事外、袖手旁观、看人笑话之意。

（4）双手抱头。在服务时这一体态会给人以目中无人的感觉。

（5）摆弄手指。工作空闲时，反复摆弄自己的手指、关节或将其捏响，或莫名其妙地攥拳或松拳，手指来回动。

（三）训练方式

1. 递物训练

将学生进行两两分组，分别扮演前台接待员和客户，用书本、鲜花、名片、小刀作为交接的物品。具体步骤如下：

（1）用双手递接物品。

（2）递给他人的物品应直接交到对方手中。

（3）若双方相距过远，递物者应主动走向接物者。

（4）带有文字的物品递交他人时，要使之正面朝向对方。

（5）将尖利的物品递交给他人时，应使尖、刃朝向自己或是朝向别处。

（6）面带微笑且表情自然。

2. 引导手势训练

采用动作分解训练和情境综合模拟训练方法。

动作分解训练：两两分组对照训练或者是个人对镜训练。

首先，进行不同服务引导手位练习：单手横摆式、双手横摆式、斜摆式、直臂向上、直臂向下，重点是手臂角度、手指要求、手掌方向。

其次，引导手势与表情、语言、头部、身体配合度练习。注意：常规的商务服务中身体不前倾；但是礼仪人员礼宾采用礼宾站姿时，身体前倾。

再次，进行静止站立状态的引导手势练习和行进状态引导手势练习。

最后，情境应用练习：设置不同服务情境，配合其他礼仪规范进行综合练习。

知识拓展

肢体语言的重要性

人类学家雷·博威斯特（Ray Birdwhistell）是非语言交际（动作学）的最初倡导者。针对人与人之间发生的非语言交流，博威斯特也做出了相似的推断。他指出：一个普通人每天说话的总时间为10~11分钟，平均每说一句话所需的时间大约只有25秒。同时，他还推断出，我们能够做出并辨认的面部表情大概有25万种。

博威斯特还发现，在一次面对面的交流中，语言所传递的信息量在总信息量中所占的比例还不到35%，剩下超过65%的信息都是通过非语言交流方式完成的。我们对发生于20世纪七八十年代的上千次销售和谈判过程进行了详细的研究，其结果表明，商务会谈中谈判桌上60%~80%的决定都是在肢体语言的影响下做出的。同时，人们对一个陌生人的最初评判，有60%~80%的评判观点都是在最初不到4分钟的时间里形成的。除此之外，研究成果还指出，当谈判通过电话来进行的时候，那些善辩的人往往会成为最终的赢家，可是如果是以面对面交流的形式来进行的话，那么情况就大为不同了。

本章小结

手是服务人员使用频率最高的身体部位。在旅游服务工作中，手不仅是用来完成对旅客服务的具体工作的，更多的时候是通过手势来表达一定的意思，展示仪态的优美以及表达对客人的尊重。手势是一种表现力较强的体态语言。恰当地运用手势有助于服务人员更好地为客人提供明确的服务，通过手势来达到让客人心领神会的目的。

思考与练习

一、多选题

1. OK 手势在中国表示______和______。

A. 0　　B. 3　　C. 同意　　D. 钱

2. 向下伸大拇指：世界有相当多的国家和地区都使用这一手势，在英国、美国、菲律宾，大拇指朝下含有______、______、______之意，或表示“对方输了”。

A. 不能接受　　B. 不同意　　C. 结束　　D. 向下

3. 摆手是在欧洲人们见面时的习惯用法，如果欧洲人前后摆动整只手，则表示______、______、______或“没有”。

A. “不”　　B. “不对”　　C. “不同意”　　D. “到这儿来”

二、填空题

1. ______是最具表现力的一种肢体语言。

2. 手势的美是一种______，如果能够恰当地运用手势来表达自己的情感，将会增进与对方的相互理解，还能传情达意，提升个人形象。

3. 手势是指人类用语言中枢建立起来的一套用______和______位置、形状构成的特定语言系统。

三、简答题

1. 简述手势使用的注意事项。

2. 如何做好服务引导手势?

四、实训题

分组练习不同服务场合的服务手势。

第十八章

高铁服务人员的蹲姿

引　言

高铁服务人员在对旅客服务过程中，需要展现出专业的形象和气质，不仅要时刻注意自己的站姿、走姿和坐姿，更要注意自己的蹲姿。在正式上岗前需要掌握蹲姿的基本要点并能在服务情境中按照蹲姿礼仪的要求正确展示蹲姿。

学习目标

知识目标

1. 理解蹲姿的重要性；
2. 了解蹲姿的基本要求。

技能目标

1. 掌握各种蹲姿；
2. 能在服务情境中按照蹲姿礼仪的要求正确展示蹲姿。

导学案例

李小姐是某跨国公司董事长的助理，年轻貌美，工作能力也强，深得公司管理高层的赞许。有一天，公司客户来洽谈合作，会谈结束，董事长让李小姐把相关合同文件拿来签署。谁知，在李小姐推门进来时不小心把文件撒落一地，李小姐没多想，赶紧弯腰去收拾文件，可是她的臀部正对着客户，让客人感到非常不好意思。

点评：虽然下蹲的时间较少，但下蹲姿势特别能展现一个人的气质、风度、形象和教养，尤其是穿裙子的女士，稍有不慎，很容易“走光”，所以需要特别注意。

第一节 高铁服务人员的蹲姿礼仪

蹲姿不像站姿、走姿、坐姿那样使用频繁，因而往往被人所忽视。一件东西掉在地上，一般人都会直接弯下腰，把东西捡起来。但这种姿势会使臀部后撅，上身前倾，显得非常不雅。高铁服务人员在对旅客服务时需要讲究蹲姿。

一、蹲姿的基本要点

（1）下蹲拾物时，应自然、得体、大方、不遮遮掩掩。

（2）下蹲时，两腿合力支撑身体，避免滑倒。

（3）下蹲时，应使头、胸、膝关节在一个角度上，使蹲姿优美。

（4）女性高铁服务人员无论采用哪种蹲姿，都要将腿靠紧，臀部向下。

二、蹲姿的注意事项

（1）不要突然下蹲，蹲下来的时候，不要速度过快。当自己在行进中需要下蹲时，特别要注意这一点。

（2）不要离人太近。在下蹲时，应和身边的人保持一定的距离，和他人同时下蹲时，更不能忽略双方的距离，以防彼此相撞或发生其他误会。

（3）注意侧身下蹲。在他人身边下蹲时，最好是和别人侧身相向。正面面对他人或者背部面对他人下蹲，通常都是不礼貌的。

（4）在大庭广众面前，尤其是身着裙装的女士，一定要避免在毫无遮掩的情况下两腿叉开。

（5）不要蹲在凳子上。有些地方，有蹲在凳子或椅子上的生活习惯，但是在公共场合这么做的话，是很不雅观的。

第二节 女性高铁服务人员的蹲姿

在日常生活中，人们对掉在地上的东西，一般是习惯弯腰或蹲下将其捡起。而身为高铁服务人员对掉在地上的东西，也像普通人一样采用一般随意弯腰蹲下捡起的姿势是不合适的。女性高铁服务人员在下蹲时要迅速、美观、大方。

一、交叉式蹲姿

女性高铁服务人员在实际工作中常常会用到蹲姿，如帮助旅客捡拾物品需要下蹲时，可采用交叉式蹲姿，下蹲时右脚在前，左脚在后，右小腿垂直于地面，全脚着地。左膝由后面伸向右侧，左脚跟抬起，脚掌着地。两腿靠紧，合力支撑身体。臀部向下，上身稍前倾（见图 18-1 交叉式蹲姿）。

二、高低式蹲姿

女性高铁服务人员实际工作中也会常常用到高低式蹲姿。下蹲时左脚在前，右脚稍后，两腿靠紧向下蹲。左脚全脚着地，小腿基本垂直于地面，右脚脚跟提起，脚掌着地。右膝低于左膝，右膝内侧靠于左小腿内侧，形成左膝高右膝低的姿态，臀部向下，基本上以右腿支撑身体，需要注意的是，手叠搭在左膝上（见图 18-2 高低式蹲姿）。

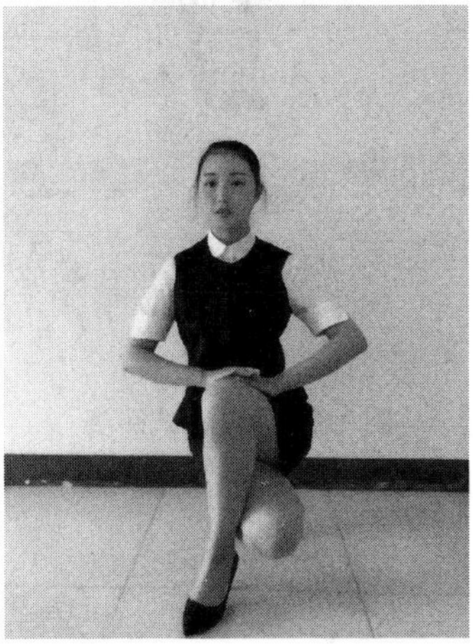

图 18-1　交叉式蹲姿

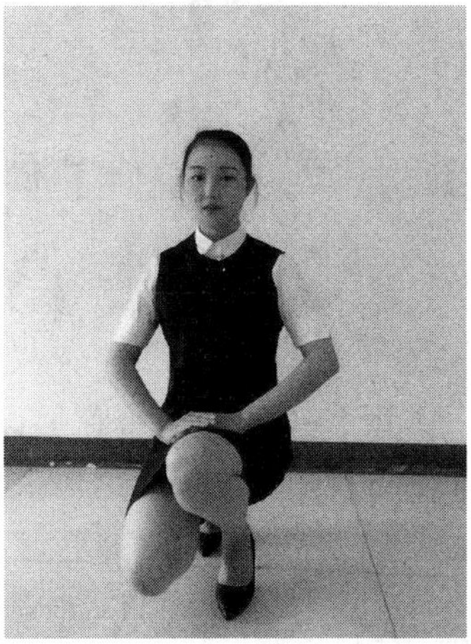

图 18-2　高低式蹲姿

三、半蹲式蹲姿

女性高铁服务人员在行进之中一般临时采用半蹲式蹲姿。基本特征是身体半立半蹲，其要求是：在下蹲时，上身稍许弯下，但不宜与下肢构成直角或锐角；臀部向下而不是撅起；双膝略为弯曲，其角度根据需要可大可小，但一般均为钝角，身体的重心应放在一条腿上（见图 18-3 半蹲式蹲姿）。

四、半跪式蹲姿

半跪式蹲姿又叫单跪式蹲姿，它是一种非正式蹲姿。女性高铁服务人员在工作过程中如果下蹲时间较长，或为了用力方便之时一般会用半跪式蹲姿。它的特征是双腿一蹲一跪，其要求是下蹲之后，改为一腿单膝着地，臀部坐在脚跟上，而以其脚尖着地；另外一条腿则应当全脚着地，小腿垂直于地面，双膝应同时向外，双腿应尽力靠拢（见图 18-4 半跪式蹲姿）。

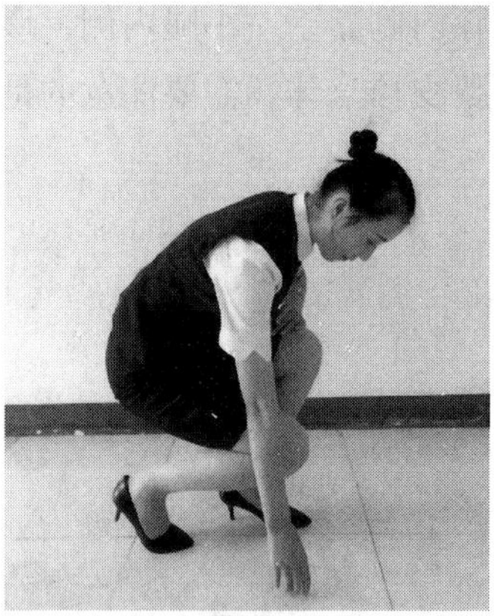

图 18-3　半蹲式蹲姿

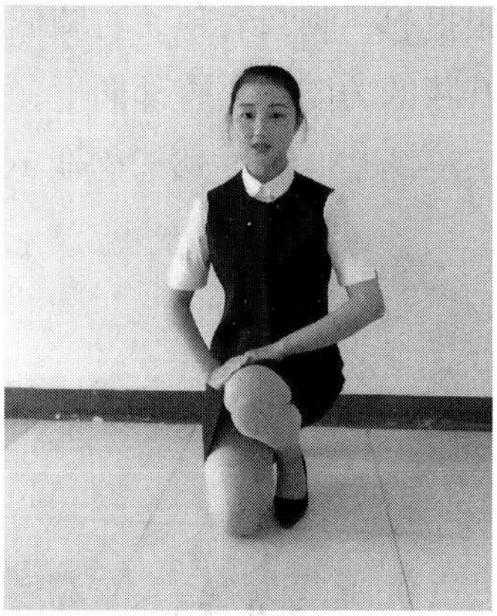

图 18-4　半跪式蹲姿

第三节　男性高铁服务人员的蹲姿

男性高铁服务人员在对旅客服务时一般采取高低式蹲姿和半跪式蹲姿。

一、高低式蹲姿

男性高铁服务人员在对旅客服务时，若要用右手捡东西，可以先走到东西的左边，右脚向后退半步后再蹲下来，脊背保持挺直，臀部一定要蹲下来，避免弯腰翘臀的姿势，两腿间可留有适当的缝隙。具体要点是：下蹲时左脚在前，右脚稍后，两腿靠紧向下蹲。左脚全脚着地，小腿基本垂直于地面，右脚脚跟提起，脚掌着地。右膝低于左膝，右膝内侧靠于左小腿内侧，形成左膝高右膝低的姿态，臀部向下，基本上以右腿支撑身体，与女性高铁服务人员不同的是，男性高铁服务人员的手分别搭在左右膝上（见图 18-5 高低式蹲姿）。

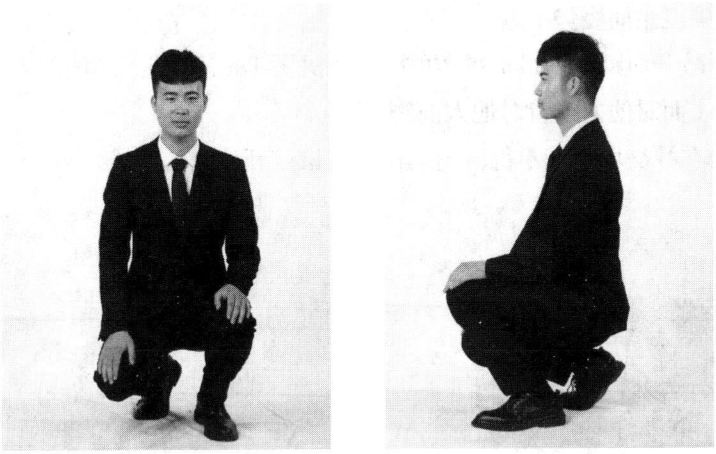

图 18-5　高低式蹲姿

二、半跪式蹲姿

男性高铁服务人员在对旅客服务时如果下蹲采取半跪式蹲姿，应该双腿一蹲一跪，其要求是下蹲之后，改为一腿单膝着地，臀部坐在脚跟上，而以其脚尖着地；另外一条腿则应当全脚着地，小腿垂直于地面，双膝应同时向外，双腿应尽力靠拢。

第四节　常见的不雅蹲姿

一、不雅蹲姿

（一）弯腰下蹲

弯腰捡拾物品时，两腿叉开，臀部向后撅起，是不雅观的蹲姿（见图 18-6 弯腰下蹲）。

（二）露衣露肉

下蹲时背后的上衣自然上提，露出臀部皮肉和内衣很不雅观。

（三）卫生间姿势

双腿敞开而蹲，是最不得体的蹲姿（见图 18-7 平衡下蹲侧面）。

（四）面对他人或背对他人而蹲

下蹲在社交场合是不得已的动作，应该避开他人的视线。

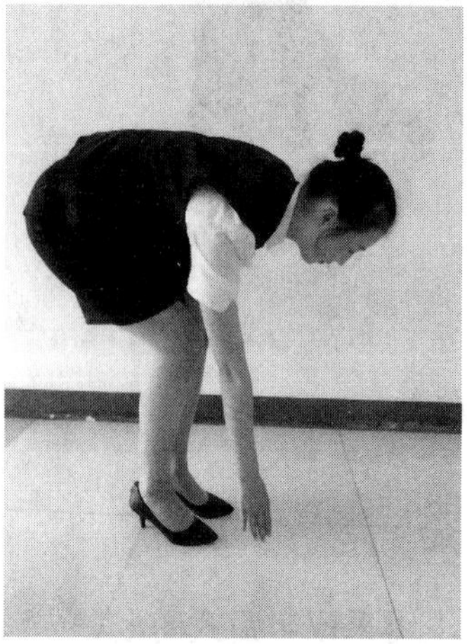

图 18-6　弯腰下蹲

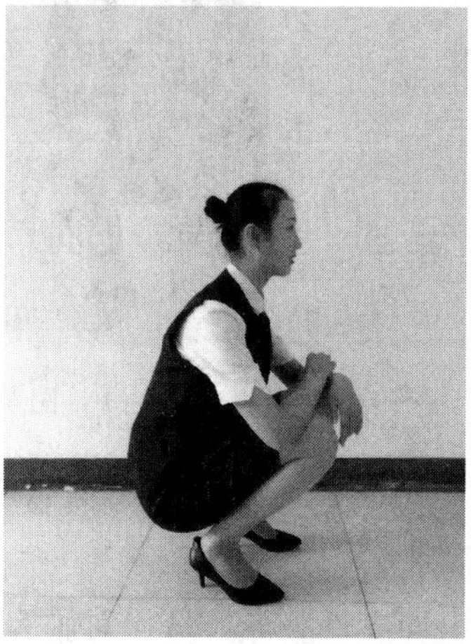

图 18-7　平衡下蹲侧面

二、蹲姿训练

（1）站立，向后撤右（左）脚。

（2）身体保持正直，腿逐渐弯曲，身体重心向下。

（3）腿部向下，靠近脚跟。

（4）男士双手分别搭放在两腿上，女士双手上下叠放，搭放在高的腿上。

（5）练习不同的几种蹲姿。

（6）练习下蹲低处取物。注意：走到物品的左侧（右侧），靠近物品一侧的腿向后撤下蹲。

本章小结

本章在介绍高铁服务人员蹲姿礼仪时主要介绍了蹲姿的基本要点和在日常工作过程中蹲姿的注意事项；女性高铁服务人员在对旅客服务中经常采用

的蹲姿有交叉式蹲姿、高低式蹲姿、半蹲式蹲姿、半跪式蹲姿，男性高铁服务人员在对旅客服务中经常采用的蹲姿有高低式蹲姿和半跪式蹲姿；高铁服务人员在工作过程中需要下蹲时必须注意不要弯腰下蹲、不要露衣露肉、不要采用卫生间姿势，也不要面对他人或背对他人而蹲。

思考与练习

一、多选题

1. 下蹲拾物时，应______、______、______、______。

A. 自然　　B. 得体　　C. 大方　　D. 不遮遮掩掩

2. 下蹲时，应使______、______、______关节在一个角度上，使蹲姿优美。

A. 头　　B. 胸　　C. 膝　　D. 脚

3. 下蹲的姿势有______、______、______、______。

A. 交叉式　　B. 高低式　　C. 半跪式　　D. 半蹲式

二、填空题

1. 女性高铁服务人员在实际工作中也会常常用到______。

2. 男性高铁服务人员在对旅客服务时，若要用右手捡东西，可以先走到东西的______，右脚向后退半步后再蹲下来，脊背保持挺直，臀部一定要蹲下来。

3. 弯腰捡拾物品时，两腿______，臀部向后撅起，是不雅观的蹲姿。

三、简答题

1. 简述女士高低式蹲姿要领。

2. 简述男士半跪式蹲姿要领。

四、实训题

每组 5~6 人，由组长带领，自行设定情景，用时 10 分钟；在小组内进行蹲姿演练；按顺序上台表演，每组限时 1 分钟。各组可派出代表进行表演，也可由全组成员进行现场秀。

参考文献

［1］崔鸿嵘 . 铁路客运服务礼仪［M］. 北京：中国铁道出版社，2016.

［2］顾凡颖 . 历史的衣橱：中国古代服饰撷英［M］. 北京：北京日报出版社，2018.

［3］韩雪飞 . 个人整体形象塑造［M］. 北京：化学工业出版社，2020.

［4］郝茹 . 化妆基础［M］. 郑州：郑州大学出版社，2014.

［5］何瑛，孔维娴 . 职业形象塑造［M］. 北京：科学出版社，2021.

［6］黄海燕，王培英 . 旅游服务人员礼仪［M］. 天津：南开大学出版社，2006.

［7］蒋璟萍 . 现代礼仪［M］. 北京：清华大学出版社，2017.

［8］李晓妍，刘慧，孟会芳 . 化妆技巧与形象设计［M］. 北京：航空工业出版社，2017.

［9］刘科，刘博 . 空乘人员化妆技巧［M］. 上海：上海交通大学出版社，2012.

［10］人民铁道网 https://www.peoplerail.com/rail.

［11］隋东旭 . 形象塑造与化妆技巧［M］. 北京：北京交通大学出版社，2020.

［12］王嘉嘉 . 高铁乘务人员形象塑造［M］. 成都：西南交通大学出版社，2015.

［13］肖宇强 . 形象色彩设计［M］. 合肥：合肥工业大学出版社，2017.

［14］鄢向荣，罗敏 . 高铁乘务服务礼仪［M］. 北京：旅游教育出版社，2020.

［15］於天．现代旅游服务礼仪实务［M］．长沙：湖南师范大学出版社，2017.

［16］张姝颖，李展．职业形象设计［M］．北京：外语教学与研究出版社，2014.

［17］中国国家铁路集团有限公司 http://www.china-railway.com.cn.

［18］周生力．整体形象设计［M］．北京：化学工业出版社，2017.

参考答案

参考答案